KB145790

그럼에도
일본은
전쟁을
선택했다

그럼에도 일본은 전쟁을 선택했다

청일전쟁부터 태평양전쟁까지

초판 1쇄 발행 2018년 1월 5일

초판 7쇄 발행 2024년 6월 10일

지은이   가토 요코
옮긴이   윤현명 이승혁
펴낸이   이영선

편집   이일규 김선정 김문정 김종훈 이민재 이현정
디자인   김회량 위수연
독자본부   김일신 손미경 정혜영 김연수 김민수 박정래 김인환

펴낸곳 서해문집 | 출판등록 1989년 3월 16일(제406-2005-000047호)
주소 경기도 파주시 광인사길 217(파주출판도시)
전화 (031)955 7470 | 팩스 (031)955-7469
홈페이지 www.booksea.co.kr | 이메일 shmj21@hanmail.net

이 도서의 국립중앙도서관 출판예정도서목록(CIP)은 서지정보유통지원시스템
홈페이지(http://seoji.nl.go.kr)와 국가자료공동목록시스템(http://www.nl.go.kr/
kolisnet)에서 이용하실 수 있습니다.(CIP제어번호: CIP2017033273)

청일전쟁부터 태평양전쟁까지

그럼에도
일본은
전쟁을
선택했다

가토 요코 지음
윤현명·이승혁 옮김

서해문집

머리말

이제껏 저는 중장년층을 대상으로 교양서나 전공서를 썼습니다. 하지만 이번에는 청일전쟁부터 태평양전쟁 시기까지 일본인이 어떤 선택을 했는지에 대해 중고등학생 여러분과 함께 생각해보려고 합니다.

도쿄대학에서 일본 근현대사를 가르친 지 벌써 15년이 지났습니다. 저는 문학부* 소속으로, 3학년 이상의 학부생과 대학원생을 주로 가르칩니다. 모두 우수한 학생입니다. 그러나 종종 의구심이 들 때가 있습니다. 학부생은 교양학부를 거쳐 문과와 이과로 나뉘고, 나아가 법학부와 경제학부로 갈립니다.** 따라서 저는 문학부 학생에게만 일본 근현대사를 가르치게 되는데, 학부 3학년이 돼서야 일본 근현대사를 배우는 것은 너무 늦지 않은가 하는 생각이 듭니다.

제 전공은 현재의 금융위기에 비견되는 1929년의 대공황과 그로 인한 세계경제 위기 그리고 전쟁 시대를 배경으로 합니다. 특히 1930년대의 외교와 군사가 주요 연구 영역입니다. 언론에서는 종종 1930년대의 역사와 현재의 상황을 아주 간단하게 비교합니다. 그러나 사실 '1930년대의 역사에서 어떠한 교훈을 얻을 수 있는가?'라는 질문에 대답하기란 매우 어렵습니다. 독자 여러분은 어떻습니까? 그런 질문을 받으면 바로 대답할 수 있습니까?

저는 두 가지를 말해보겠습니다. 첫째, 제국의회帝國議會***의 중의원衆

* 한국의 '문과대학'에 해당한다.
** 도쿄대학 입학생은 먼저 교양학부 소속이 되는데, 2년 후 전공별로 나뉜다.
*** 근대 일본의 국호는 '대일본제국'이었고 의회의 명칭은 '제국의회'였다.

議院 의원선거나 현縣*의원 선거 결과 등을 보면 알 수 있듯이, 1937년 중일전쟁 무렵까지 일본 국민은 정당정치를 통한 국내의 사회민주주의적 개혁(이를테면 노동자의 단결권·단체교섭권을 인정하는 법률 제정 등 전후 미군에 의해 실행된 개혁)을 요구하고 있었습니다. 둘째, 당시 사람들도 국민의 뜻이 정당하게 반영돼 정권을 교체할 수 있는, 새로운 정치체제를 열망했습니다.

그러나 전전戰前**의 정치체제하에서 국민의 생활을 풍요롭게 해줄 사회민주주의적 개혁은 기존의 정당, 귀족원, 추밀원 등 여러 정치 세력의 벽에 부딪혀 실현되지 못했습니다.*** 그 결과 어떤 사태가 벌어졌습니까? 사람들은 사회민주주의적 개혁이 기존 정치체제하에서는 무리라고 생각했습니다. 그래서 '왠지 개혁을 추진할 것만 같은' 군부의 인기가 나날이 높아졌습니다. 육군의 개혁안에는 자작농 육성, 공장법 제정, 농촌 금융기관 개선 등 훌륭한 사회민주주의적 개혁안이 담겨 있었습니다.

제가 왜 개혁을 '추진할 것만 같은'이라고 했을까요? '추진할 것만 같은'은 '추진하는 것'과 다릅니다. 육군이든, 해군이든 군軍이라는 조

---

* 일본의 행정구역 단위. 한국의 도道와 유사하다.
** 제2차 세계대전 이전. 대체로 일본의 근대에 해당한다.
*** 근대 일본에서 정당은 총선을 통해 의회의 하원에 해당하는 중의원을 장악할 수 있었다. 그러나 특수 계층으로 구성된 귀족원도 상원으로서 중의원과 비슷한 권한을 가졌다. 또한 천황의 자문기관인 추밀원은 황실과 국무에 대해 중요한 사항을 심사했다. 따라서 오늘날 국회에 해당하는 중의원의 권한은 크게 제한될 수밖에 없었다.

직은 국가의 안전보장을 최우선으로 생각합니다. 그래서 소련이나 미국과 전쟁을 해야 한다고 생각하면 국민 생활 개선을 위한 개혁을 가장 먼저 포기합니다.

요컨대 정치체제는 국민의 정당한 요구를 실현할 수 있어야 합니다. 그런데 이러한 기능이 마비되면 국민의 지지를 얻기 위해 실현할 수 없는 비전을 제시하는 정치 세력이 나타날 수 있습니다. 물론 제2차 세계대전 이전의 육군과 같은 정치 세력이 앞으로 다시 나타난다는 뜻은 아닙니다. 이를테면《레이테 전기レイテ戰記》,《부로기俘虜記》의 저자 오오카 쇼헤이大岡昇平는 또 다른 저서《전쟁戰爭》에서 역사는 단순하게 반복되지는 않는다고 했습니다. 그는 대담하게도 '이 길은 전에 왔던 길'이라고 생각하는 것 자체가 패배주의라고 말합니다. 과거와 똑같이 현재가 진행된다면 우리가 새롭게 할 수 있는 것은 없습니다.

그렇다면 오늘날 정치체제의 기능 마비란 어떠한 사태를 말하는 것일까요? 첫 번째는 선거제도의 문제점을 들 수 있습니다. 일본의 중의원 의원선거는 비례대표제를 병행하긴 하지만, 그래도 의석의 60퍼센트 이상은 소선거구제하에서 선거로 선출합니다. 하나의 선거구에서 한 명의 당선자를 뽑는 소선거구제하에서 여당은 국민에게 인기가 없을 때는 해산 후 총선거를 실시하지 않습니다. 2008년부터 2009년에 실제로 이런 일이 있었습니다. 원래 국민의 지지를 잃었을 때야말로 선거를 해야 하는데, 실제로는 그렇지 않습니다.

정치체제의 기능이 마비되는 두 번째 경우를 봅시다. 소선거구제하에서는 인구의 다수를 차지하고 투표에 열의가 있는 세대의 의견이 더 잘 받아들여집니다. 통계를 보면 2005년에는 65세 이상 고령자가 총인구의 20퍼센트에 달했습니다. 이들은 투표율까지 높습니다. 예를 들어 자민당自民黨은 2005년 선거에서 우편 민영화를 정국 돌파의 쟁점으로 삼았는데, 선거 결과 크게 승리했습니다. 이때 60대 이상 투표율은 80퍼센트를 넘었습니다. 반대로 20대의 투표율은 40퍼센트에 불과했습니다. 소선거구제하에서 위정자는 좀 더 확실한 표인 고령층의 의견을 무시할 수 없는 것이지요. 구조적으로 그럴 수밖에 없습니다. 지주의 지지를 많이 받았던 전전의 정우회政友會*가 자작농 육성이나 소작법 제정 같은 개혁을 실행할 수 없었던 것과 비슷합니다.

원래 의무교육 기간에 건강보험 지원, 불우 가정에 대한 생활 지원 확대는 다른 무엇보다 우선돼야 합니다. 그러나 소선거구제하에서 그런 쪽으로는 예산이 잘 분배되지 않습니다. 아이를 기르는 젊은 층의 목소리가 정치에 반영되기 어려운 구조이기 때문입니다. 그렇기 때문에 앞으로는 젊은 층을 편애한다는 비판을 감수하고라도 젊은이에게 희망을 돌려주겠다는 각오를 해야만 일본 정치가 공정하게 기능할 것 같습니다.

교육도 마찬가지입니다. 젊은이를 최우선으로 고려해서 빠른 시일 내에 우수한 교육과정을 준비하는 것이 중요합니다. 또한 젊은이는 각

* 제2차 세계대전 이전 일본의 최대 정당 중 하나.

자가 '국민을 대표하는 희망의 별'임을 자각해 이과, 문과의 구별 없이 열심히 역사, 특히 근현대사를 공부하기 바랍니다. 이처럼 1930년대의 역사는 우리에게 큰 교훈이 됩니다.

이 책은 아사히朝日출판사의 스즈키 구니코鈴木久仁子 씨가 오랫동안 준비해온 기획을 토대로 합니다. 여기에 가나가와현神奈川縣에 위치한 사립 에이코榮光학원의 이시카와 마사노리石川昌紀 선생님, 아이하라 요시노부相原義信 선생님, 후쿠모토 준福本淳 선생님을 비롯해 '후기'에서 언급한 여러 선생님의 노력이 더해져 완성됐습니다. 저는 중고등학교 시절을 도쿄도東京都의 사립 오인櫻蔭학원에서 보냈습니다. 에이코학원은 제가 발을 들여놓은 첫 남학교입니다.

이 책은 2007년 말부터 이듬해 설에 걸쳐 5일간 진행한 강의를 토대로 하며, 서장에서 5장까지로 구성돼 있습니다. 서장에서는 역사가는 그 대상을 어떻게 생각해야 하는지, 또 세계적인 역사가들이 얼마나 훌륭하게 문제 제기를 했는지 생각하면서 역사가 얼마나 흥미진진한 것인지에 대해 이야기할 것입니다. 이어서 1장에서는 청일전쟁, 2장에서는 러일전쟁, 3장에서는 제1차 세계대전, 4장에서는 만주사변과 중일전쟁, 5장에서는 태평양전쟁을 다루고자 합니다. 역사를 좋아한다면 어느 장부터 읽어도 재미있을 것입니다. 하지만 '역사는 결국 외우는 것이잖아', '역사는 진짜 학문인 것 같지 않아' 하는 생각이 든다면 꼭 서장부터 읽어보기 바랍니다.

예전에 저는《전쟁의 일본 근현대사》라는 책을 썼습니다. 그 책에서 일본이 청일전쟁에서 태평양전쟁까지 거의 10년마다 큰 전쟁을 치러 온 것 같다고 말했습니다. 당시 국가가 어떠한 논리를 가지고 전쟁을 정당화했는지, 그 논리를 깔끔하게 정리하고 싶었습니다. '혹시 나도 그 시대에 살고 있다면 그러한 설득 논리에 넘어갔을까?' 하고 생각해 보았는데, 결국 속아 넘어갈 것 같다는 생각이 들었기 때문입니다.

이 책에서 다루는 대상은 기본적으로《전쟁의 일본 근현대사》와 같습니다. 하지만 조금 더 시야를 넓혀보겠습니다. 일단 서장에서는 '9·11테러 이후의 미국과 중일전쟁기의 일본에서 나타나는 공통된 대외인식은 무엇인가', 왜 국가는 '방대한 사상자를 낳은 전쟁 이후 새로운 사회계약을 필요로 하는가', '루소는 전쟁을 상대국의 헌법과 사회를 성립시키는 기본 원리에 대한 공격이라고 했는데, 그렇다면 태평양전쟁의 결과 새롭게 규정된 일본의 기본 원리란 무엇인가' 등에 대해 생각할 것입니다. 전쟁의 근원적인 특징을 도출해보고 싶습니다.

결국 이 책의 주제는 '각 시기의 전쟁은 국제관계, 지역 질서, 해당 국가와 사회에 어떠한 영향을 미쳤는가? 또 각 시기의 전쟁 이전과 이후에는 어떠한 변화가 일어났는가?'입니다. 전쟁은 자국민과 타국민을 함께 절망의 구렁텅이로 몰아넣는 것입니다. 그러한 참화가 계속 일어나도 전쟁은 지겨울 정도로 반복됩니다.

그래서 학생들에게 '만약 여러분이 당시 작전 계획의 입안자였다면, 혹은 만주로 이민을 가게 됐다면 어떻게 했을까?'라는 식으로 의견을 묻고 대답을 들었습니다. 제 강의를 듣는 시간만이라도 전쟁의 시대를 체험하도록 한 것이지요.

그런데 이를 위해서는 먼저 각 전쟁의 근본적인 특징, 전쟁이 지역의 질서 및 국가·사회에 미친 영향과 변화를 간결하고 명확하게 정리할 필요가 있습니다. 그 성과가 바로 이 책입니다.

이번 책에는 일본만을 생각하는 관점이 아닌, 중국과 서구의 관점을 추가하고 최신 연구 성과도 많이 반영했습니다. 그래서 동아시아의 리더십을 두고 경쟁한 중국과 일본의 청일전쟁, 새로운 전쟁 형태로서 커다란 의의가 있는 러일전쟁 등을 실감 나게 이야기할 것입니다.

마지막으로 이 책은 중고등학생뿐만 아니라 중장년이 읽기에도 좋은 책임을 강조하고 싶습니다.

차
례

무엇을 알 수 있는가

3　제1차 세계대전　일본이 느꼈던 주관적인 좌절감

4 만주사변과 중일전쟁 일본의 자멸과 중국의 역할

5 태평양전쟁 전사한 장소를 알려줄 수 없었던 나라

일러두기

1. 이 책은 도쿄대학의 가토 요코加藤陽子 교수가 쓴《그럼에도 일본인은 '전쟁'을 선택했다それ
   でも、日本人は「戰爭」を選んだ》(朝日出版社, 2009)를 번역한 것이다.
2. 본문의 외래어 표기는 국립국어원 외래어표기법을 따랐다.
3. 원서에는 주석이 없지만 독자의 이해를 돕기 위해 옮긴이가 각주를 달았다.
4. 본문에 민족차별적 용어가 나오는데, 당시의 의식이나 상황을 정확하게 전달하기 위해 그
   대로 사용했다.

서

장

일본 근현대사를
생각하다

9·11테러의 의미

처음 뵙겠습니다. 가토 요코입니다. 오늘부터 여러분과 함께 근대의 전
쟁과 관련한 일본의 역사에 대해 생각해보고자 합니다. 오늘 모이신
분은 스무명 정도군요. 역사연구부 회원이라고 들었습니다만, 학년은
다른가요?

──── 중학교 1학년부터 고등학교 2학년까지입니다.

아, 딱 좋은 연령대네요. 저는 도쿄대학 문학부에서 러일전쟁부터 태평
양전쟁까지의 역사를 강의하고 있습니다. 전공은 1930년대 외교와 군
사입니다. 일본이 내리막길을 걷던 시대를 연구하는 게 뭐가 그리 재
미있느냐는 말을 자주 듣습니다만. (웃음) 물론 그 당시 역사를 당장

재미있게 느끼는 것은 조금 어려울 것 같습니다. 그래서 다음과 같은 예를 들어보겠습니다.

2001년 9월 11일 미국에서 발생한 테러를 기억하시나요? 당시 충격에 빠진 사람들은 이를 '새로운 전쟁'이라고 부르면서 그 '형태'에 주목했습니다. 선전포고 없이 여객기를 공중에서 납치한 후 미국의 상징인 뉴욕 쌍둥이 빌딩으로 돌진시켜 많은 민간인을 살해한 것이었지요. 적의 내부로 침투해서 시민이 일상적으로 이용하는 비행기를 이용해 일터와 생활공간을 기습 공격하는 방식입니다.

여기서 중요한 것은 무고한 시민이 일상의 공간에서 공격을 받았다는 것입니다. 9·11테러는 적국이 미국을 상대로 일으킨 전면적 전쟁이라기보다, 국내의 무법자가 죄 없는 시민을 몰살한 사건입니다. 따라서 테러의 주체는 국가권력으로 진압해야 할 대상으로 간주됩니다.

국가 대 국가의 전쟁이라면 전쟁으로 가는 과정이 있기 마련입니다. 각자 전쟁의 정당성을 주장하는 것은 어느 시대에나 마찬가지입니다. 다만 9·11테러 당시 미국은 전쟁에서 이긴다는 자세보다 악독한 범죄자를 잡는다는 입장을 견지했습니다. 싸움의 상대를 전쟁 상대로 인정하지 않는다는 것이지요. 사실 이와 비슷한 일은 과거 일본에서도 일어났습니다. 무슨 일인지 아십니까?

── 어느 시대를 말하는 건가요?

아직 학교에서 배우지 않았을지도 모르겠네요. 제가 주로 연구하는 1930년대 후반의 일입니다. 이때 일본은 중국과 전쟁을 하고 있었습니다. 명문가 출신의 고노에 후미마로近衛文麿*가 당시 총리였는데요. 일본은 중국의 군사적, 정치적 지도자였던 장제스蔣介石에 대해서 어떤 성명을 냅니다. 일본은 뭐라고 말했을까요?

―― "국민정부를 상대하지 않는다"입니다.

네, 맞습니다. 교과서에도 실려 있습니다. 1937년 7월 7일 베이징 교외의 루거우차오蘆溝橋에서 중국군과 일본군 사이에 충돌이 벌어집니다. 이것은 눈 깜짝할 사이에 전면전으로 확대되는데, 약 6개월 후인 1938년 1월 16일 고노에 내각은 "이후 국민정부를 상대하지 않는다"라는 성명을 발표했습니다.

보통은 '전쟁 상대국을 상대하지 않으면 앞으로 어떻게 하겠다는 거야?'라고 생각하겠지만, 당시의 군인과 고노에 총리를 보좌하는 참모들은 그렇게 생각하지 않았습니다. 그뿐 아니라 전쟁에 대해 더욱 기묘한 관점을 갖고 있었습니다. 이를테면 1939년 1월 현지에서 전투를 벌이던 일본

"국민정부를 상대하지 않는다."

고노에 후미마로

* 당시 최고의 명문 가문 다섯 곳 중 하나인 고노에 가문 출신 정치가. 세 차례에 걸쳐 총리를 역임했다. 총리로서 1937년 7월에 일어난 중국과의 군사 충돌을 중일전쟁으로 확대하는 데 커다란 역할을 했다. 중일전쟁은 이후 태평양전쟁으로 확대됐는데, 이 때문에 고노에 후미마로는 침략전쟁에 대한 책임에서 자유롭지 못했다. 일본의 패전 후 A급 전범으로 지정되자 1945년 12월 스스로 목숨을 끊었다.

군, 즉 중지나파견군中支那派遣軍 사령부는 "이번 사변事變은 전쟁이 아니고 보상報償*이다. 보상을 위한 군사행동은 국제관례상 인정된다"라고 말했습니다.

—— 보상이라는 건 처음 듣는데요.

무리도 아닙니다. 요즘 이 단어를 들어본 적 있는 사람은 거의 없을 것입니다. 보상은 상대국이 조약을 위반하는 등 불법을 행한 경우 그 행위를 중지시키기 위해 실력을 행사해도 된다는 뜻입니다. 중국이 일본과의 조약을 지키지 않았기 때문에 이를 지키게 하기 위해 싸운다는 것이 당시 일본군의 입장이었습니다.

그러나 당시 국제관례로 인정되던 보상은 훨씬 가벼운 의미였습니다. 예를 들어 상대국이 조약을 지키지 않을 경우 허용되는 실력행사는 화물이나 선박을 억류해 상대국을 곤란하게 만드는 정도였습니다. 따라서 1937년 8월부터 본격화된 중일전쟁이 보상으로 인정받을 리는 없었습니다.

군인뿐 아니라 고노에의 참모들이 쓴 사료에도 중일전쟁을 상당히 이상하게 부르는 사례가 등장합니다. 그들은 이 전쟁을 '일종의 토비전討匪戰'으로 보았습니다. 토비전이 뭘까요? 비匪는 비적匪賊입니다. 쉽게 말해 사회에서 불법행위를 일삼는 나쁜 사람, 갱 같은 무리를 말합니다. 토비는 이런 집단을 토벌한다는 뜻이지요.

---

* 일상에서 흔히 쓰이는 '손해, 손실을 갚는다'는 뜻의 보상補償과는 다르다.

결국 중일전쟁을 치르면서도 일본은 전쟁이 아니라며 상대국을 인정하지 않았던 것입니다. 어떤 의미에서 2001년의 미국과 1937년의 일본은 같은 관점으로 전쟁을 바라보았습니다. 상대가 나쁜 짓을 했으니까 무력을 행사하는 것은 당연하고, 그 무력행사를 마치 경찰이 나쁜 사람을 단속하는 것처럼 생각했던 것입니다. 이해가 되셨나요?

시대와 배경이 다른 두 전쟁을 비교함으로써 1930년대의 일본과 현대의 미국이라는, 언뜻 보기엔 전혀 다른 두 국가의 공통점을 발견한 셈입니다. 역사의 진정한 재미는 이처럼 비교하고 상대화하는 것에 있습니다. 자, 이제 '근대사 연구는 재미있을 것 같다', '전쟁을 주제로 근대사를 연구하기도 하는구나'라는 생각이 드시나요?

> 1930년대의 일본과 현대의 미국.
> 전혀 다를 것 같은 두 국가에도 공통점이 존재한다.

역사는 외우면 된다?

저는 중학생 때부터 역사를 좋아했습니다. 그래서 역사 동아리에 가입했습니다. 물리부에도 들어갔습니다만 역사를 더 좋아하고 시험 점수도 잘 나와서 역사는 가장 자신 있는 과목이 됐습니다. 그러나 역사를 좋아하면 친구들로부터 바보 취급을 당했습니다. 친구들은 "역사는 암기야. 다 외우면 아무 생각 하지 않아도 점수가 잘 나오거든"이라고 했습니다. 여러분은 어떻게 생각하시나요? 물리나 수학 등과 비교하며 "왜 역사가 좋아?"라는 말을 들은 적이 있습니까?

—— 별로 없었는데요.

그런가요? 요즘에는 그런 말을 안 하는 것 같군요.

—— 사실 역사 과목을 잘한다고 해서 특별히 좋은 건 아니고 … 그런데 확실히 역사는 암기 과목이라는 이미지가 있습니다.

그렇습니다. 시험 출제 방식 때문에 역사는 '외우는 것'이라는 생각이 박혀버렸습니다. 교과목으로서 불쌍할 지경입니다. 알기 쉽게 수학이나 물리 과목과 비교해보겠습니다.

수학·물리 과목의 경우 정답이 '1'인 문제를 풀어서 '1'이라는 답이 나왔다면 정답에 이르는 과정이 옳다는 것을 의미합니다. 계산이 잘못되면 정답 '1'을 구할 수 없기 때문입니다. 또 '1'이라는 정답을 찾아냈기 때문에 그 사람의 사고도 옳다고 말할 수 있습니다. 그래서 수학·물리와 같은 과목은 잘 정리된 설명과 예제 그리고 시험을 통해 학습 목표를 달성할 수 있고, 그 달성 여부도 눈으로 쉽게 확인됩니다.

그러나 역사 과목은 다릅니다. 예를 들어 고등학교 일본사B의 경우 학습지도요령의 '목표'는 다음과 같습니다.

우리 나라의 역사 전개를 여러 자료에 근거해 지리적 조건 및 세계의 역사와 관련지어서 종합적으로 고찰하게 하고, 우리 나라의 전통과 문화의 특색에 관한 인식을 심화함으로써 역사적 사고력을 배양하며 국제사회에서 주체적으로 살아가는 일본 국민으로서의 자각과 자질을 키운다.

무슨 말인지 쉽게 이해되십니까? 일본사에서 일어난 다양한 일을 세계의 움직임과 관련지어서 생각한다는 것은 그래도 이해가 됩니다. 하지만 일본과 세계의 관계를 고찰하고 전통과 문화에 대한 인식을 심화한다는 것, 그리고 그 결과로 국제사회에서 살아가기 위해 필요한 역사적 사고력을 습득했는지의 여부는 어떻게 확인할 수 있을까요? 사실과 사실의 인과관계를 연결할 때 그 해석의 타당성을 하나하나 확인해야 가능할 것입니다. 그리고 그 타당성을 확인하기 위해서는 의견을 말하게 해서 사고의 고찰 과정이 올바른지, 타당한지, 뛰어난지 파악해야 하지요.

이를테면 교사가 1776년 미국의 독립선언과 1789년 프랑스혁명의 인과관계를 묻는 시험문제를 낸다고 합시다. 교사는 몇 가지 사료를 이용해서 이 두 역사적 사실에 대해 인과관계를 서술하라고 하고 싶습니다. 그러나 제한된 시간 내에 수많은 문제지를 채점해야 하기 때문에 대입시험에서는 이런 문제를 낼 수 없습니다. 결국 "다음에 나오는 다섯 사건을 순서대로 나열하시오"라는 식으로 물어보게 됩니다. 그러니 학생은 공부를 할 때 인과관계에 관한 깊은 생각 없이 '미국의 독립선언은 1776년, 프랑스혁명은 1789년'이라고 외우기만 합니다. 결국 암기가 되는 것이지요.

최근에는 조금씩 개선되는 방향으로 나아가고 있기는 합니다. 'PISAprogram for international student assessment 조사'라는 말을 들어본 적이 있습니까? 이것은 경제협력개발기구OECD 가맹국이 만 15세 학생을 대상으로, 각국의 교육정책 수립에 필요한 기초 자료를 제공하기 위해 개발한 '국제학업성취도평가'입니다. 2006년 일본은 무척 나쁜 결과를 얻었습니다. 그때의 충격을 PISA 쇼크라고 부를 정도입니다.

PISA 조사에는 독해력, 수학적 응용력, 과학적 응용력 시험이 있습니다. 그중 역사 과목과 관련 있는 것이 논술 형식의 독해력 부문인데, 이것이 상당히 나빴던 것이지요. 이때 일본의 순위는 57개국 중 독해력 15위, 수학적 응용력 10위, 과학적 응용력 6위였습니다. 2000년에 실시된 첫 조사에서는 수학적 응용력 1위, 과학적 응용력 2위를 기록했습니다. 6년 동안 학력 저하가 나타난 셈입니다. 그 후 타인과의 비교, 외부로부터의 비판에 약한 일본 사회지만 이렇게 논술 없는 교육을 계속해서는 안 된다는 분위기가 나타나기 시작했습니다.

역사 시험을 논술 방식으로 바꾸고, 논리적인 설명과 암기는 다르다는 생각이 정착될 때 역사 공부에 진짜 재미를 느끼는 사람이 늘어날 것입니다.

국민의,
국민에 의한,
국민을 위한

남북전쟁의 와중에서

저는 이 강좌의 제목을 '역사가 좋은 사람을 위한 특별 강좌'라고 이름 붙였습니다. 왠지 나이 든 사람을 위한 제목 같은 느낌이 들지만, '역사가 좋은 사람을 위한'이라고 지은 데는 제 나름의 이유가 있습니다. 실은 미국의 제16대 대통령 링컨이 1863년 11월 19일 펜실베이니아 주 게티즈버그에서 행한 유명한 연설의 한 구절을 응용한 것이지요. 바로 이 구절입니다. '국민의, 국민에 의한, 국민을 위한of the people, by the people, for the people.'

자, 이제부터 이 연설을 중심으로 역사에 대해 생각한다는 것은 구체적으로 어떤 것인지, 역사적인 시각을 가지려면 어떻게 해야 하는지,

단순 암기를 넘어 역사가 얼마나 재미있는 것인지 설명하겠습니다.

앞에서 언급한 링컨의 연설은 너무나도 유명합니다. 미국의 정치가 민주주의 원리에 따라 운영된다는 이상理想을 드러내는 연설이지요. 그런데 왜 링컨은 '국민의, 국민에 의한, 국민을 위한'이라고 말했을까요? 일단 링컨이 이러한 이상을 언급해야만 했던 사정을 스물다섯 자 정도로 적어주세요.

—— 스물다섯 자로는 모자라지 않을까요?

아닙니다. 충분히 쓸 수 있을 것 같군요. 힌트를 좀 드릴게요. 이 연설과 밀접하게 관련된 전쟁은 다들 잘 아시지요?

—— 남북전쟁이요.

그렇습니다. 남북전쟁(1861~1865)은 미국을 구성하는 원리를 둘러싸고 북부의 연방정부와 남부의 남부연합이 격렬하게 싸운 전쟁이었습니다. 이 전쟁으로 미국이 크게 둘로 갈라졌기 때문에 링컨은 이런 연설을 했습니다. 여기서 포인트는 두 가지입니다. 다 쓴 사람은 읽어보세요.

—— 남북전쟁 중에 북부 사람의 사기를 높이기 위해서.

사기를 높이기 위해서 연설로 그러한 이상을 피력했다는 것이군요. 미국의 대통령 조지 W. 부시도, 태평양전쟁 중의 일본도 국민의 사기를 고양하기 위해 노력했습니다. 전쟁을 할 수 있도록 국민의 마음을 모으기 위해서는 '국민의…'라는 강한 말로 연설을 해야 했을 테지요.

게티즈버그는 남북전쟁에서 커다란 분수령이 된 곳입니다. 어느 쪽이 이길지 모르는 격전지였지요. 1863년 7월에 거의 비슷한 병력의 양군(북군 8만 명, 남군 7만 5000명)이 맞붙었는데, 북군이 커다란 희생을 치르고 승리했습니다. 당시 북군의 사상자는 2만 3000명이었습니다. 바로 그곳에서 북부 연방정부의 대통령 링컨은 '국민을 위한…'이라고 연설한 것입니다.

4년에 걸친 남북전쟁 기간 동안 전체 사상자는 62만 5000명이었습니다. 커다란 희생을 치른 전쟁이었습니다. 전쟁이 끝나고 지금은 국립묘지가 된 이곳에서 링컨은 전사자에게 애도를 표하는 한편, 이제부터 살아남은 자는 새로운 국가 건설에 참여해야 한다고 생각했을 것입니다. 또한 링컨은 이렇게 말했습니다.

우리는 이들 명예로운 전사자가 최후까지 목숨을 다해 바친 대의에 그들의 뒤를 이어 더욱 헌신할 것을 결의하고, 이들 전사자가 헛되이 죽지 않았다는 것을 굳게 다짐합니다.

이것이 첫 번째 포인트입니다. 두 번째 포인트는 무엇일까요?
—— 북부 연방정부의 정당성을 주장했습니다.
네, 맞습니다. 전쟁에서 사기를 높이는 것보다 더 어려운 문제가 바로 균열을 봉합하는 것입니다. 남북전쟁은 미국 사회에 거대한 균열을 초래했습니다. 내전의 상대인 남부연합뿐만 아니라, 심지어 연방정부 내에도 전쟁 수행을 둘러싸고 링컨과 다른 의견을 가진 사람이 많았습니다.

그래서 사기를 높이는 것만으로는 전쟁을 수행하기 힘들었습니다. 이 싸움이 최종적으로 미국을 재통합하는 데 도움이 될 것이라는 신념, 즉 가장 중요한 목표를 향해 국가를 통합하겠다는 의지가 필요했습니다. 결국 이것은 새로운 국가를 통합하는 헌법, 즉 새로운 국가의 목표와 연결됩니다. 링컨은 선조들이 건국한 국가를 지킨다는 사명에 대해서 다음과 같이 말했습니다.

87년 전 우리 선조는 자유의 정신 속에서 잉태되고 모든 사람은 평등하게 창조됐다는 신념에 따라 봉헌된 새로운 국가를 이 대륙에 세웠습니다. 현재 우리는 커다란 내전 중에 있으며 그로 인해 이 국가, 아니 그러한 정신 속에서 잉태되고 그렇게 봉헌된 국가가 오랫동안 존재할 수 있을 것인지를 시험받고 있습니다.

링컨의 이 연설문은 전쟁 희생자를 추모하는 동시에, 국가를 재통합하기 위한 새로운 목표를 제시합니다. 그러니까 '전사자를 추모하고 새로운 국가 목표를 제시하기 위해'라고 쓰면 대략 스물두 자가 됩니다. 요컨대 두 번째 포인트는 새로운 국가의 목표, 국가의 정당성입니다.

당시의 전사자 수를 다시 살펴봅시다. 앞서 언급한 사상자는 전사자와 부상자를 합한 것입니다. 그렇다면 전사자는 어느 정도였을까요? 통계 방법에 따라 차이가 있기는 하지만《세계연감 *World Almanac*》에 따르면, 남북전쟁으로 죽은 사람은 북군이 7만 4524명, 남군이 11만 70명으로 모두 18만 4594명입니다. 격렬한 전쟁이었기에 이렇게 많은 희생자가 나온 것이지요.

그럼 제2차 세계대전 당시 태평양전쟁에서 전사한 미군은 얼마나 될까요?

—— ···.

짐작하기 어려울 것입니다. 태평양전쟁 당시 일본과 싸운 미군 9만 2540명이 전사했습니다. 수치상으로 보면 남북전쟁으로 인한 전사자가 태평양전쟁으로 인한 전사자의 두 배나 됩니다. 어찌 보면 남북전쟁에 비해 가벼운 희생을 치른 셈입니다. 이것만 봐도 남북전쟁으로 인한 미국 사회의 상처가 대단히 깊었으리라는 것을 알 수 있습니다.

우리는 링컨의 절절한 연설문에서 내전으로 인한 미국 사회의 균열과 이를 다시 통합해야 하는 시대적 과제를 느낄 수 있습니다. 그래서 링컨은 '국민의, 국민에 의한, 국민을 위한' 정치가 사라지는 것을 막으려면 모든 미국인이 헌신해야 한다고 말한 것입니다.

무엇이 일본국헌법을 만들었는가

'국민의, 국민에 의한, 국민을 위한'은 한 번만 봐도 기억에 남는 아주 유명한 말입니다. 그런데 현재 일본 헌법에도 이러한 표현이 나옵니다.

1946년 11월 3일 공포된 일본국헌법 전문前文*을 봅시다.

국정은 국민의 엄숙한 신탁信託에 의한 것으로 그 권위는 국민으로부터 유래하고, 그 권력은 국민의 대표자가 행사하며, 그 복리는 국민이 향유한다.

'국정은 국민의 엄숙한 신탁에 의한 것으로 그 권위는 국민으로부터 유래하고'까지가 '국민의'에 해당합니다. 또 '그 권력은 국민의 대표자가 행사하며'가 '국민에 의한', '그 복리는 국민이 향유한다'가 '국민을 위한'에 해당합니다.

놀랍지 않나요? 어? 놀라지 않네요. 사실 일본국헌법은 전후 연합국총사령부GHQ(General Headquarters)**가 만든 초고를 바탕으로 제정됐습니다. 미국인이 만들었기 때문에 링컨의 말이 나오는 것이 당연하다는 반응인 것 같네요.

자, 이제 조금 이야기를 바꿔서 퀴즈를 내겠습니다. 나중에 이야기가 다 연결되니 지금은 조금 벗어나도 이해해주십시오. '역사는 수數'라고 말한 정치가가 있습니다. 구체적으로 이렇게 말했습니다.

---

* 본문에 앞선 헌법의 서문.
** 제2차 세계대전 후 일본 도쿄에 있었던 연합국 최고사령관의 기관. 일본이 태평양전쟁에서 패한 후 설치됐고, 1945년 10월부터 1952년 4월까지 존속했다. 총책임자는 더글러스 맥아더였다. 그는 이 기관의 수장으로서 1951년 4월까지 사실상 일본을 통치했다. 맥아더가 한국전쟁과 관련해 경질된 뒤 후임자로 매슈 B. 리지웨이가 부임했다.

정치는 대중이 있는 곳에서 시작된다. 수천 명이 아니라 수백만 명이 있는 곳, 즉 그곳이 진정한 정치가 시작되는 곳이다.

'역사는 수다. 정치는 수천 명이 호소한다 해도 움직이지 않는다. 수백만 명 정도는 돼야 비로소 움직인다.' 상당히 급진적입니다. 누가 이렇게 말했을까요? 20세기 전반기에 죽은 사람인데, 아시겠습니까?

—— 일본인은 아닌가요?

아닙니다. 일본인이 이런 말을 했다면 그 사람은 굉장한 사람입니다.

—— 히틀러인가요?

그럴 것 같지만 틀렸습니다.

—— 혹시 히틀러 이전이라면 우드로 윌슨?

윌슨이 들으면 아주 화낼 것 같군요. "나는 전체주의자처럼 그렇게 말하지 않습니다"라고 말할 것 같네요.

정답은 블라디미르 레닌Vladimir Lenin입니다. 윌슨과 동시대 사람으로, 러시아인입니다.

러시아는 제1차 세계대전 때 영국, 프랑스, 일본과 함께 연합국이었습니다. 당시 제정러시아는 독일과의 격전으로 몹시 쇠약해졌는데, 전쟁 와중인 1917년 11월에 혁명까지 일어났습니다. 이 혁명을 레온 트로츠키Leon Trotsky와 함께 추진한 사람이 레닌이었습

"역사는 수數다."

블라디미르 레닌

니다.

레닌의 말을 다시 살펴봅시다. 레닌은 수가 많은 곳에서 진정한 정치가 시작된다고 말했습니다. 다시 말해 지금까지의 정치는 진정한 정치가 아니었다는 뜻입니다. 사실 20세기 전반기의 대국 중 '진정한 정치', '대중의 정치'가 없다고 단언할 수 있는 나라는 러시아 정도였습니다. 왜냐하면 영국·미국·프랑스·독일은 물론 대국 중 입헌제 도입이 가장 늦었던 일본에서도 19세기 말에는 헌법·의회 제도가 도입됐기 때문입니다. 제정러시아가 무너지고 세계 최초의 사회주의 국가인 소비에트연방이 성립된 것은 1922년입니다.

그런데 여기서 이야기를 조금씩 되돌려보겠습니다. 전쟁의 기운을 혁명으로 바꾼 레닌. 그가 주장한 '역사는 수'라는 말은 전쟁 희생자가 압도적으로 많을 때 그 수의 충격이 전후 사회를 결정적으로 바꾸어버린다는 뜻입니다. 제정러시아의 붕괴도 마찬가지입니다. 제1차 세계대전 때 동부전선에서 러시아는 독일에 패해 엄청난 수의 사상자를 냈는데, 이를 고려하지 않고는 당시의 정권 붕괴를 이해할 수 없습니다.

자, 일본국헌법을 생각해봅시다. 태평양전쟁에서 일본이 엄청난 수의 희생자를 낸 것, 그로 인해 일본 사회가 깊은 후유증을 겪었던 사실을 고려해야 합니다. 물론 일본이 치른 희생의 이면에는 일본의 침략으로 인한 아시아 각국의 커다란 희생이 있었습니다.

'일본국헌법은 GHQ가 만든 것, 미국이 강요한 헌법'이라는 주장도 있습니다만,* 여기서 주목해야 할 것은 따로 있습니다. 일본국헌법이 링컨의 게티즈버그 연설과 같은 구조라는 것, 그리고 수많은 사람이 죽은 뒤에 국가는 새로운 사회계약, 즉 넓은 의미로 헌법을 필요로 하게 된다는 원리입니다.

일본에서 헌법이라고 하면 '불마不磨의 대전大典**'으로 불렸던 대일본제국헌법***의 이미지가 강할지도 모르겠습니다. 하지만 링컨의 게티즈버그 연설도, 일본국헌법도 크게 보면 새로운 사회계약, 즉 '국가를 이루는 기본적인 질서와 생각'을 규정한 것입니다. 이것을 넓은 의미로 헌법이라고 합니다.

> 방대한 수의 전사자가 생길 때 국가는
> 새로운 '헌법'을 필요로 한다.

결국 게티즈버그 연설의 '국민'이란 부분도, 일본국헌법의 '권위는 국민으로부터 유래하고, 그 권력은 국민의 대표자가 행사하며, 그 복리는 국민이 향유한다'는 부분도 배경을 보면 그러한 이념을 내세워야

* 미국 측, 즉 GHQ는 일본국헌법의 초안을 만들고 이를 채택하도록 일본 정부를 압박했다. 그러나 미국의 점령이 끝난 뒤에도 일본국헌법은 '평화헌법'으로 불리며 일본 내 자유주의 세력의 폭넓은 지지를 받았다.
** 근대 일본의 '대일본제국헌법'의 위상을 규정하는 말. '변하지 않고 영원히 전해진다'는 뜻이다.
*** 1889년에 공포된 일본제국헌법. 메이지明治 천황 대에 발표됐기 때문에 메이지 헌법이라고도 불린다. 근대 일본의 국가 체제를 규정했다.

했던 깊은 이유가 있었던 것입니다. 예를 들어 태평양전쟁의 일본인 희생자 수는 당시 후생성 집계로 약 310만 명(군인·군무원·민간인을 합친 수)에 달했습니다.

전쟁과
사회계약

국민의 힘을 총동원하기 위해

'총력전總力戰' 또한 새로운 헌법, 즉 새로운 사회계약을 필요로 하게 만드는 중요한 요소입니다. 총력전은 국가의 모든 힘을 기울여야 하는 전쟁이므로 그에 합당한 국가 목표를 내세워야 하는데, 이때 '국민에 의한'이 필요합니다. 단순하게 말해서 총력전은 전선과 후방의 구별이 없는 전쟁, 또 청년층 남성의 수와 동원 병력의 수가 점점 비슷해지는 전쟁이기 때문입니다.

제1차 세계대전 당시 유럽, 제2차 세계대전 당시 세계는 총력전 사회였다고 볼 수 있습니다. 총력전하에서는 청소년의 자원입대를 지원하기 위해 교육 분야에도 국가의 병력 조달 체계가 마련됩니다. 또 국가는 '민주주의 국가를 만들기 위해서'와 같은 국가 목표를 내세워야 합니다. 국가가 미래에 대한 희망과 보상을 보여주지 않으면 전쟁에 국민을 계속해서 동원할 수 없게 되니까요.

국가가 국민을 확실하게 장악하려면 새로운 국가 목표를 설정하는 것이 좋은데, 특히 국민이 전쟁의 정당성에 의구심을 갖지 않도록 먼저 전쟁의 목적을 분명히 할 필요가 있습니다. 예를 들어, 제1차 세계대전 당시 미국의 전쟁 슬로건은 '민주주의 수호와 세계평화', '모든 전쟁을 없애기 위한 전쟁'이었고, 이에 맞서 독일·오스트리아는 '민족의 존립을 위한 전쟁'을 국가 목표로 내세웠습니다.

대략 이해가 되시나요? 쉽게 말해 전쟁에서 많은 희생자를 내는 것, 총력전을 수행하는 것은 그 나라의 사회를 내부로부터 변하게 만든다는 것입니다.

자, 이젠 조금 다른 각도에서 문제를 생각해봅시다. 전쟁은 상대국에 어떤 결과를 가져올까요? 아니, 전쟁을 결정한 나라는 상대국을 어떻게 하고 싶어 할까요?

—— 상대국이 우리 말을 잘 듣게 만들려고 할 겁니다.

그렇습니다. 외교나 협상 등으로 상대를 설득할 수 없을 때 힘으로 자신의 의지를 강요하는 것이 전쟁입니다. 또 다른 의견 있습니까?

—— 상대국의 군대를 격파해 군사력을 무력화합니다.

호오! 좋은 지적이군요. 주력 부대를 격파해버리면 나중에 상대국은 항복할 수밖에 없겠지요. 19세기 전반기에 카를 클라우제비츠Karl

Clausewitz는《전쟁론》이라는 책을 썼습니다. 이 책에 전쟁에 관한 가장 고전적인 정의가 실려 있습니다. "전쟁은 정치적 수단과는 다른 수단으로 지속되는 정치다."

《전쟁론》은 클라우제비츠가 프로이센군(나폴레옹 군대에 계속 패했던)의 관점에서 이상적인 전쟁에 대해 쓴 책입니다. 클라우제비츠는 정치적 협상과 무력에 의한 전쟁을 연속선상에 놓고 다루었습니다. 그 후 '전쟁은 정치의 연속'이라는 생각이 세계적으로 자리를 잡게 되고, 세계 각국은 미국을 중심으로 '부전조약不戰條約'을 체결합니다. 정치를 통해 전쟁을 방지하려고 한 것이지요.

1928년에 체결된 이 조약은 제1차 세계대전의 뼈아픈 경험을 방지하려는 노력이었고, 당시 일본도 참여했습니다. 부전조약의 핵심은 국가 정책의 수단으로 이용되는 전쟁을 포기하고(제1조), 분쟁을 해결하기 위한 무력행사를 불법으로 규정하는 것이었습니다(제2조). 따라서 이후로는 스스로를 지키기 위한 전쟁(자위전쟁)과 침략국을 제재하기 위한 전쟁, 두 가지만 허용됩니다. 부전조약이 탄생하기까지 오랜 과정을 생각해보면 인류가 정책 수단으로, 분쟁 해결 수단으로 얼마나 많은 전쟁을 했는지 실감할 수 있습니다.

자, 앞의 질문으로 돌아가겠습니다. 전쟁은 상대국에 어떤 결과를 초래할까요? 나아가 승전국은 패전국에 어떤 요구를 할까요?

—— 이긴 나라가 진 나라를 착취합니다.

냉정한 대답이군요. 하지만 그렇게 하면 상대가 금방 복수전을 일으킬 수도 있습니다. 그럼 이긴 나라도 마음을 놓을 수가 없겠지요.

── 진 나라를 점령한 다음, 자기 나라에 유리하도록 그 나라의 구
조를 바꿉니다.

좋은 지적입니다. 사실 2003년에 이라크를 침공한 미국도 그렇게 하
려고 했지만 좀처럼 하지 못하고 있습니다. 앞으로도 어려울 것 같습
니다.

전쟁 상대국의 헌법을 바꾸다

그럼 제가 답을 말해보겠습니다. 프랑스의 계몽사상가 장자크 루소
Jean-Jaques Rousseau는 전쟁이 초래하는 근원적인 영향에 대해 생각했
습니다. 이에 관한 루소의 논문은 저도 최근까지 몰랐습니다. 그런데 도
쿄대학 법학부의 하세베 야스오長谷部恭男 교수의 《헌법이란 무엇인가》*
를 읽고 눈이 확 뜨였습니다. 정말 놀랍고도 재미있었습니다. 하세베 교
수는 이 책에서 루소의 〈진쟁 및 진쟁상태론〉이라는 논문에 주목하며
이렇게 말합니다. "전쟁은 국가와 국가의 관계에서 주권·사회계약에
대한 공격, 다시 말해 상대국의 헌법을 공격하는 방식으로 행해진다."

태평양전쟁 후 미국은 일본을 간접 통치 방식으로 지배했습니다. 오

* 長谷部恭男, 《憲法とは何か》, 岩波書店, 2006.

랫동안 일본인은 미국의 일본 점령에 대해 '미국은 민주주의 이념을 일본에 가르쳐주려고 했다'라고 생각했습니다. 즉 미국의 일본 점령과 통치를 민주주의를 가르치는 미국만의 독특한 특성으로 이해했던 것입니다. 그렇지만 루소는 전쟁 후 행해지는 승전국의 정책을 18세기에 이미 예견했습니다.

루소는 자신이 살았던 18세기까지의 전쟁만 알았을 테지요. 19세기에 벌어진 남북전쟁과 프로이센-프랑스전쟁(1870년부터 1871년까지 프로이센과 프랑스가 벌인 전쟁), 20세기의 제1차 세계대전은 전혀 예상하지 못했을 것입니다. 그러나 흥미롭게도 루소의 주장은 19세기의 전쟁, 20세기의 전쟁, 나아가 현대의 전쟁에도 딱 들어맞습니다.

그럼 이제 "전쟁은 국가와 국가의 관계에서 주권·사회계약에 대한 공격, 다시 말해 상대국의 헌법을 공격하는 방식으로 행해진다"라는 루소의 주장을 좀 더 상세하게 살펴보겠습니다. 루소는 '전쟁은 한 나라 상비군의 30퍼센트가 죽거나 다쳤다고 적당히 끝나는 것이 아니다. 또 상대국의 왕이 항복을 했다고 끝나는 것도 아니다. 전쟁의 최종 목적은 상대국의 토지를 빼앗거나(물론 그런 목적도 있습니다), 상대국 군인을 자기 군대에 편입하는(물론 그런 목적도 있지요), 그런 차원이 아니지 않을까?'라고 생각했습니다.

또 그는 "전쟁은 상대국에 근본이 되는 중요한 사회 질서(넓은 의미로 헌법)를 바꾸라고 강요하는 것이다"라고도 주장했습니다. 상대국의 기본을 이루는 질서를 고치는 것이 전쟁이라는 말이지요. 상대국이 가장

"전쟁이란 상대국의 헌법을 바꾸는 것이다."

장자크 루소

중요하게 여기는 가치를 맹렬히 공격하면 상대는 어마어마한 타격을 입을 것입니다.

오늘날 이를 적용하면 루소의 주장이 가슴에 와 닿을 것입니다. 18세기를 살았던 루소의 통찰이 그저 놀라울 따름입니다.

제2차 세계대전이 끝난 후 패전국이 된 독일·일본 등 추축국의 헌법은 미국·영국식 의회민주주의로 바뀌었습니다. 따라서 역사에서 수의 중요성, 전쟁의 최종 목적을 생각할 때 미국은 민주주의적 이상에 빠진 나머지 특별히 일본을 위해서만 헌법을 만들어준 것이 아닙니다. 제2차 세계대전 이후 패전한 많은 나라가 헌법을 고치게 됐습니다.

전쟁과 관련한 역사가 얼마나 재미있는지 알 수 있겠지요? 다음으로는 미국과 일본 사이에 근본적으로 무엇이 다른지 살펴봅시다.

일본의 헌법 원리는 무엇인가

미국과 일본이 전쟁을 했고, 미국이 승리한 후 일본은 헌법을 바꾸게 됐습니다. 이때 미국과 일본의 가장 다른 점이 무엇인지 먼저 생각해보기 바랍니다. 전전기戰前期(제2차 세계대전 이전)에 일본의 헌법 원리는 무엇이었을까요? 당시 일본 사회를 이루는 기본 질서는 어떤 것이었나요?

—— '천황은 신의 자손이며 그 권력은 절대적이다'가 아닐까요?

일리가 있습니다. 천황이 '신'임을 부정한 1946년 1월 1일의 이른바 '인간선언(신격화를 부정한 조서)'을 참고한 대답이군요. 천황 스스로 신격화를 부정해야만 했다는 점에서 이것도 일본을 지배한 중요한 원리라 할 수 있습니다. 그 외에 또 무엇이 있습니까?

—— 천황이 국가원수로서 육해군을 통솔하는 것입니다.

군사적인 면의 대답이군요. 미국의 제도는 국민의 대리인으로서 의회가 전쟁을 시작할 수 있습니다. 사실상 대통령의 결정이긴 하지만 제도상으로는 그렇습니다.

일본의 상황은 다릅니다. 청일·러일전쟁의 경우 전쟁의 시작부터 강화조약 체결까지 모든 과정을 메이지明治 천황*이 아닌 원로元老**가 주도했습니다. 반면 제1차 세계대전 때는 다이쇼大正 천황***과 원로를 제치고 내각이 주관했습니다. 사실 대일본제국헌법은 제11조에 "천황은 육해군을 통수統帥한다"라고 돼 있습니다. 그리고 이를 보필輔弼하는 것이 육군대신, 해군대신, 참모총장, 해군군령부장(1933년부터는 군령

---

* 일본의 근대화와 함께 즉위한 천황. 그의 재위 기간 동안 강력한 근대화가 추진됐다. 이를 '메이지유신'이라고 한다. 실권은 거의 없었지만 일본 근대화의 상징이기도 하다.

** 천황에게 자문하고 총리 추천권을 행사한 근대 일본의 권력 집단. 본래 이들은 도쿠가와 막부德川幕府를 무너뜨리고 메이지유신을 추진한 일본 근대화의 주역이다. 메이지유신 이후 실권을 장악했고, 현역에서 은퇴한 뒤에도 오랫동안 '원로'라는 이름으로 정치·외교·군사 등 국정 전반에서 강한 영향력을 행사했다.

*** 메이지 천황의 뒤를 이은 천황이다.

부 총장*으로 변경), 시종무관장侍從武官長 등으로 이루어진 통수기관이었습니다.

또한 선전포고와 강화에 대한 대권大權, 조약 체결의 대권에 관해서는 헌법 제13조에 "천황은 전쟁 선포와 강화를 행하며 제반 조약을 체결한다"라고 돼 있습니다. 이것은 국무대신國務大臣(정부의 장관급)에 의해 보필되고 있었습니다.

그렇다면 근대의 대일본제국헌법이 현대의 일본국헌법과 가장 다른 점은 무엇일까요?

—— 국민이 아니라 천황이 나라의 주권자라는 것, 즉 천황을 중심으로 나라를 다스리는 것입니다.

그렇습니다. 대일본제국헌법 제1조 "대일본제국은 만세일계萬世一系의 천황이 이를 통치한다"와 제4조 "천황은 국가원수로서 통치권을 총람總攬하고, 이 헌법의 조항에 따라 이를 행사한다"를 보면 알 수 있습니다. 천황이 일본이라는 국가를 통치한다는 원리, 이것을 당시 말로 무엇이라고 할까요?

—— '국체國體'입니다.

맞습니다. 전전기 일본의 헌법 원리는 '국체'라는 한마디로 요약할 수 있습니다. '천황제'라고 표현해도 괜찮습니다. 1925년에 제정된 치안유지법에는 "국체의 변혁 또는 사유재산 제도의 부인을 목적으로 결

---

* 해군 총사령관으로서 육군의 참모총장에 해당한다.

사를 조직하거나 이를 알면서도 가입한 자는 10년 이하의 징역 또는 금고에 처한다"라는 규정이 있습니다. 여기서 국체는 천황제를 가리킵니다.

전쟁에 승리함으로써 미국은 최종적으로 일본의 천황제를 바꿀 수 있었습니다. 그 결과 링컨의 '국민의, 국민에 의한, 국민을 위한'이 의미하는 "국정은 국민의 엄숙한 신탁에 의한 것으로 그 권위는 국민으로부터 유래하고, 그 권력은 국민의 대표자가 행사하며, 그 복리는 국민이 향유한다"라는 조항이 일본국헌법의 전문에 실리게 된 것입니다. 또 이 전문의 바로 앞에는 "이에 주권이 국민에게 있음을 선언하며 이 헌법을 확정한다"라고 쓰여 있습니다.

여러분, 슬슬 피곤하신가요? (웃음) 자, 지금까지 설명한 내용 가운데 주목해야 할 것은 '의외의 공통점'입니다. 1930년대의 일본과 현대의 미국, 1860년대의 미국과 1945년경의 일본, 의외로 비슷한 면이 있지 않나요?

이러한 공통점은 문제를 일정한 시각으로 봐야만 발견할 수 있습니다. 앞에서 언급했던 전쟁의 형태에 주목하는 것, 큰 전쟁 이후에는 사회 질서가 근본적으로 바뀐다는 루소의 주장이 그 예입니다. 이처럼 역사적 관점으로 사건을 보면 다른 사람이 미처 보지 못하는 부분이 눈에 들어옵니다. 하지만 그전에 먼저 역사적 관점이 생겨나야 합니다.

그렇다면 어떻게 해야 역사적 관점이 생겨날까요? 이 점이야말로 역사학에서 가장 중요한 부분입니다.

왜 20년밖에
평화가 지속되지
못했을까

이상한 연구자 카

역사학을 연구하는 주체로서의 인간은 연구 대상이 되는 국가·사회 안에서 살아갑니다. 그렇기 때문에 역사적 관점은 거대한 흐름, 즉 국가·사회 속에서 살아가는 인간이 절실하게 고민하며 '문제를 제기할 때' 나타납니다. 예를 들어 '왜 일본은 310만 명의 희생자를 낸 전쟁을 시작하게 됐을까?', '왜 인류는 비참했던 제1차 세계대전의 교훈에도 아랑곳없이 전쟁을 반복할까?'라는 식의 '질문'을 던질 때 비로소 생겨나는 것이지요.

그렇다면 일본사日本史에 대해서는 어떤 질문을 던질 수 있을까요? 일본뿐 아니라 세계적으로 역사학자라면 던질 수 있는 그런 질문 말입니다. 이런 질문은 중고등학생이나 대학생 같은 젊은 독자로 하여금 역사를 더욱 알고 싶게 만듭니다. 그리고 그들이 역사를 더욱 잘 알게 될 때 그 질문은 더 많은 사람에게 의미 있는 것이 됩니다.

여러분 가운데 혹자는 이런 생각을 할 수도 있습니다. '아니! 역사학자가 논의하는 문제를 중고등학생이 알 필요가 있을까? 또 중고등학생이 함께 생각할 만한 절실한 질문이란 것이 과연 있을까?' 사실 청소년은 공부도 해야 하고 동아리 활동과* 친구 사귀기에도 시간이 빠듯합니다. 이렇게 바쁜 사람들에게 "역사를 공부하면 나중에라도 꼭 도움이 될 거야"라고 한들 마음에 가 닿을까요?

역사에 관심을 두게 하려면 어떻게 하는 것이 좋을까요? 역사상 아주 중요한 질문이 어떤 식으로 나타났는지 그 현장으로 가보면 알 수 있을 것입니다. '그 연구자'는 왜 '그 문제'를 풀기 위해 연구를 시작했을까요? 그 문제는 연구할 만한 가치가 있는 것이었을까요? 그 연구자뿐만 아니라 많은 사람이 씨름했던 바로 그 문제는 나중에 일종의 교과서와 같은 책으로 정리됩니다. 그 연구자가 바로 에드워드 카Edward Hallett Carr입니다. 영국의 역사가지요. 자, 이제 그가 1930년대에 가졌던 절실한 질문에 대해 이야기해봅시다.

카는 케임브리지대학 트리니티 칼리지의 역사학 교수였고, 1982년에 세상을 떠났습니다. 보통 영국에서 존경받는 역사학자는 문명사관

---

* 한국과 달리 일본은 중고등학생, 특히 고등학생의 동아리 활동이 활발하다.

같은 커다란 문제를 이상주의적 관점에서 논하는 경우가 많았습니다. 하지만 카는 그렇지 않았습니다. 그는 사료를 자세히 인용하며 영국의 장래를 어둡게 예측하는 소련사 전문가였습니다. 소련 편을 든다는 오해도 받았지요. 그래서 냉전 시대에 영국의 학계·지식인은 카를 불편하게 여겼습니다. 참고로 카는 일본에서 특별히 인기가 있었습니다.

　카의 저서 중에서 가장 유명한 것은 두말할 것도 없이 《역사란 무엇인가》입니다. 여러분도 차분하게 읽어보세요. 왜 이렇게 어두운 분위기의 어려운 책이 잘 팔렸는지 신기할 정도입니다. 이 책은 1961년 케임브리지대학에서 이루어진 일련의 강연을 토대로 쓰였습니다. 내용이 꽤 어려운데, 그래도 아주 유명한 구절이 있습니다.

　역사란 과거와 현재의 끊임없는 대화다.

　특별히 멋을 부린 표현이 아닌 일반적인 표현입니다.

　카는 상당히 재미있는 연구자인데, 그는 정말로 열심히 공부하는 사람이었습니다. 제1차 세계대전 중에 외교관이 됐고 영국의 신문 《타임스》의 논설도 썼습니다. 그리고 63세에 케임브리지대학 교수가 됩니다.

　그는 크리스마스 휴가를 아주 싫어했습니다. 서양에서 크리스마스 휴가는 가족과 함께 시간을 보내며 쉬는, 아주 중요한 명절입니다. 그러나 카는 연구 시간이 줄어든다는 이유로 크리스마스 휴가를 싫어했습니다. 그렇게나 시간을 아까워하며 공부에 몰두하는 사람이었지만 한편으로는 결혼을 세 번이나 했습니다. 그중 두 번은 자녀가 있는 유부녀와의 결혼이었습니다. 세 번째 결혼은 77세에 했지요.

아이가 있는 유부녀와의 결혼은 아주 힘들고 많은 시간을 소모하는 일입니다. 전처와의 이혼 수속, 상대의 이혼을 기다리는 것 등 번거로운 일이 많지요. 크리스마스 휴가도, 사람들과의 어울림도 싫어했다는 사람이 왜 그런 번거로운 일을 여러 번 했을까요? 여러모로 흥미로운 사람입니다. 제가 어떻게 이런 것을 다 알고 있느냐고요? 카의 제자가 카의 전기를 쓰면서 이런 일을 자세하게 적었기 때문입니다.

카의 제자는 카에 대해서《성실이라는 악덕》*이라는 전기를 썼습니다. 원제는 The Vices of Integrity입니다. 저는 처음에 이 제목을 보고 '미덕virtue'을 '악덕vice'으로 잘못 쓴 게 아닐까 할 정도로 놀랐습니다. 어쨌든 이 책은 러시아사 전공자이자 케임브리지대학 연구자인 카의 수제자가 썼습니다. 왜 제목이 The Vices of Integrity일까요? 이제 카의 질문에 대해 찬찬히 생각해봅시다.

세계대전 직전에 쓴 책

* 한국어판은 조너선 해슬럼, 박원용 옮김,《E. H. 카 평전: 사회적 통념을 거부한 역사가》, 삼천리, 2012.

"왜 20년밖에 평화가
지속되지 못했을까?"

《위기의 20년》원서

제2차 세계대전이 시작된 1939년에 카
는 《위기의 20년: 1919~1939년》*을 집
필했습니다. 그해 9월 전쟁이 시작됐다
는 속보를 들으면서 책을 교정했다는 말
도 있습니다. 카가 이 책을 쓴 이유는 '왜
20년밖에 평화가 지속되지 못했을까?'
하는 의문이 들었기 때문입니다.

책의 부제에 나오는 1919년은 아주
유명한 회의가 열린 해입니다. 개최 장
소의 이름을 딴 이 회의는 무엇일까요?
힌트를 드리자면, 이 회의가 열리기 1년
전에 아주 큰 전쟁이 끝났습니다. 그리
고 1919년부터 일단 평화가 회복됐습니다.

—— 파리강화회의 아닌가요?

맞습니다. 제1차 세계대전이 끝나고 1919년에 파리강화회의가 열렸
고, 이를 통해 베르사유체제(국제연맹체제)가 출범했습니다. 그러나 베
르사유체제는 불과 20년 후에 붕괴됐고, 세계는 다시 전쟁으로 치닫게
됐습니다.

---

* 한국어판은 에드워드 H. 카, 김태현 엮어옮김, 《20년의 위기: 국제 관계 연구 입문》, 녹문
당, 2000.

카는 왜 베르사유체제가 20년밖에 지속되지 못했는지 의문을 가졌습니다. 그래서 《위기의 20년》을 집필한 것입니다. 1919년에 파리강화회의가 열렸고 그 이듬해인 1920년에 영국·프랑스·이탈리아·일본이 중심이 돼 국제연맹을 만들었습니다. 비록 미국은 상원의 반대로 가입하지 못했지만요. 그러나 평화는 짧았습니다. 카에게 '국제연맹에 의한 평화는 왜 실패했는가' 하는 질문은 자신의 존재 의의가 길린 질실한 것이었습니다.

케임브리지대학 트리니티 칼리지를 졸업한 카는 외교관으로서 파리강화회의에 참석했습니다. 영국의 외무차관 찰스 하딩이 파리강화회의에 파견할 외무부 참석자 열여덟 명을 뽑았는데, 그중에 카가 포함된 것입니다. 그곳에서 카는 강렬한 체험을 하게 됩니다.

신흥국가위원회 회의석상에서 카는 약소국과 패전국이 부당하게 취급받는 것을 보았습니다. 또 1914년 8월부터 유럽과 아시아에서 시작된 전쟁의 경과도 잘 모르고, 유럽이나 서아시아의 지리를 알기는커녕 이해하려고도 하지 않았던 윌슨 대통령이 그 지역 사람에게는 사활이 걸린 중요한 결정을 내리는 것도 목격했습니다. 그래서 '윌슨의 방식으로 전쟁의 상처를 입고 갈라진 유럽 사회가 회복될 수 있을까?' 하는 생각을 하게 된 것이지요. 카는 《위기의 20년》에서 "정책이 윤리적 원리에서 나오는 것이지, 정책에서 윤리적 원리가 나오는 것이 아니다"라고 확신하는 유토피아적 정치가가 미국에서 영향력을 행사했다고 회상합니다.

제2차 세계대전이 시시각각 다가오는 가운데 카는 일반 영국인의 생각에 대해 불안해하고 있었습니다. 당시 영국인은 1930년대의 재난 (히틀러의 독일이 영국·미국에 도전하는 것)이 국제연맹의 규약을 독일·이탈리아·일본에 확실하게 적용하지 못한 탓이라고 생각했습니다. 또 독일·이탈리아·일본 3국이 국제연맹에 도전하는 것에 대해 미국·영국·프랑스 등이 신속하게 대응하지 못한 탓이라고도 생각했습니다. 그러나 카는 그런 설명으로는 독일·이탈리아·일본의 독자적인 행보를 설명할 수 없다고 생각했습니다.

교전국 전사자 수 1000만 명, 서부전선에 거의 지구 한 바퀴를 돌만큼 긴 참호를 구축했던 제1차 세계대전. 비참한 전쟁의 참화를 두 번 다시 반복하지 않도록 국제연맹을 만들었는데, 왜 불과 20년 만에 파탄이 나고 말았을까요? 카는 독일·이탈리아·일본을 좀 더 신속하게 응징했으면 좋았을 것이라고 생각하지 않았습니다. 당시 영국의 지도층 혹은 지식인은 무척 난처했을 것입니다. 제2차 세계대전 발발 직후 《위기의 20년》이 출간됐는데, 막 전쟁이 시작된 중요한 시기에 영국 정부와 국민에게 찬물을 끼얹는 내용이 실려 있었기 때문입니다. 질문에 대한 카의 대답은 다음과 같습니다.

어리석음 혹은 사악함 때문에 사람들이 올바른 원리를 적용하지 못한 것이 아니다. 원리 그 자체가 틀렸거나 적용이 불가능했던 것이다.

잘못한 쪽은 국제연맹이다!

카의 주장은 적국인 독일이 나쁜 것이 아니라 애당초 국제연맹이 잘못했고, 패전국 독일에 대한 국제연맹의 처분이 잘못됐다는 것입니다. 미국, 프랑스, 영국 같은 강대국이 주도한 제1차 세계대전 후의 질서 그 자체가 틀렸다고 솔직하게 말한 것입니다.

━━━ 배짱이 좋네요.

제2차 세계대전에서 패한 일본으로서는 미국, 영국의 잘못도 있다고 말해주니 "카 선생님! 이렇게 좋은 말씀을 해주시다니!" 하고 반가워할 수도 있습니다. 카의 《역사란 무엇인가》,《위기의 20년》등의 책이 유독 일본에서 인기 있는 것도 이런 이유인 것 같네요. 영국에서 인기 있는 역사가 아널드 토인비는 카와 다릅니다. 그는 왜 히틀러 같은 사악한 정신이 등장했는지 같은 위압적 태도의 문화론을 말하고, 마지막으로 아름다운 인간성을 신뢰한다는 식으로 논의를 전개했습니다. 이상주의자인 셈이지요.

그러나 카는 상당히 냉철하게 지적합니다. 파리강화회의의 결정과 국제연맹이 한 일은 잘못됐다고 말입니다. 잘못된 것을 패전국에 강요했기 때문에 강요받은 국가가 그것을 타파하려고 하는 것은 당연하다고 주장한 것입니다.

그렇다면 독일·일본을 억제하기 위해 영국은 무엇을 해야 했을까요? 이 어려운 질문에 카는《위기의 20년》에서 대답했습니다. 뭐라고

했을까요? 상상이 되십니까? 불만이 가득한 독일·이탈리아·일본의
부상을 막기 위해 영국은 어떻게 해야 했을까요?

—— 음….

독일은 1939년 9월에 폴란드를 침공했습니다. 제2차 세계대전의 신호
탄인 셈이지요. 전쟁을 막으려면 미리 흐름을 바꾸었어야 합니다. 카는
영국이 1930년대에 어떻게 대처했어야 한다고 생각했을까요?

—— 좀 뜬금없지만 제1차 세계대전에서 졌어야만 했다?

아주 재미있는 의견이네요. (웃음) 하지만 카의 생각과는 다릅니다.

—— 선제공격이 아닐까요?

선제공격을 아주 좋아하는 일본인이라면 그렇게 생각할 것 같습니다.
그래도 좋은 대답입니다. 답에 조금씩 가까워지고 있습니다.

—— 어느 시점의 이야기인가요?

대략 1930년대 중반 정도까지의 이야기입니다. 바꾸어 말하면 제2차
세계대전이 시작되기 4~5년 전까지 영국이 무엇을 해야 했나 하는 이
야기입니다.

—— 일본과의 동맹 유지 아닌가요?

그것도 중요합니다. 영일동맹의 최대 장점은 영국이 유럽과 아시아에서
동시에 해군력을 유지할 수 있다는 것입니다. 영일동맹은 1921년에 열
린 워싱턴회의에서 종료됐지만,* 만약이라는 가정을 할 수는 있겠지요.

---

* 제1차 세계대전 이후 국력이 약화된 영국은 태평양 방면의 안전보장과 관련해 미국이 반

그럼 이제 카의 생각을 말해보겠습니다. 카는 영국이 국제연맹의 권위를 등에 업고 말과 논리로 독일·이탈리아·일본을 제어할 수 있다고 생각한 것 자체가 잘못이라고 말합니다. 그리고 당시 영국이 해야 했던 것은 오직 해군력 증강이었다고 덧붙입니다.

제1차 세계대전 이후 국제연맹을 중심으로 한 국제 질서를 베르사유체제(워싱턴체제)라고 합니다. 바로 이 베르사유체제 그리고 경제를 중심으로 한 안전보장을 비판한 나라가 독일·이탈리아·일본입니다. 가진 나라의 현상 유지라는 것이지요.

카는 말로는 이들 국가를 제어할 수 없었다고 주장합니다. 현상을 유지하려는 국가는 군사력의 뒷받침 없이 현상을 타파하려는 국가를 억제할 수 없으니까 말입니다. 그런데 여기서 생각할 것이 있습니다. 1930년대 전반에 걸쳐 영국은 해군력을 확장할 여력이 있었을까요? 1929년 10월 미국에서 시작된 대공황으로 영국은 프랑스와 함께 최대의 타격을 입었습니다. 특히 실업률 증가가 영국을 괴롭혔습니다. 1930년 말 250만 명이었던 실업자는 1931년 중반 270만 명으로 늘었고, 1933년까지 계속 증가했습니다. 이러한 상황에서 해군력 증강은 사실상 어려운 일입니다.

해군력을 증강해 힘으로 독일을 누를 수 없다면 어떻게 해야 했을까요? 카는 적어도 국제연맹을 내세워 독일을 자극하지는 말았어야

드시 필요하다고 보았다. 그래서 미국·프랑스·일본과 함께 4개국조약을 체결했다.

했다고 결론을 내립니다. 이렇듯 카는 조국 영국의 행위에 대해 암울한 평가를 내렸습니다. 해군력 증강이 불가능하면 독일과 진지하게 협상이라도 해야 했다고 했으니 말입니다.

특수한 것에서 일반적인 것을 보다

그럼 카가 영국에서 평판이 나쁜 이유를 생각해봅시다. 제2차 세계대전이 시작될 무렵 카는 국제연맹을 이용했던 영국의 방식이 잘못이었다고 지적했습니다. 그래서 영국 국민의 미움을 받았지요. 그런데 그가 인기가 없었던 이유는 또 있습니다. 이 점을 짚고 넘어가야 '역사적 관점이 어떤 것인지'가 더욱 분명해집니다. 조금 엉뚱하게 들릴 수도 있겠지만, 여러분은 역사가 과학이라고 생각합니까?

—— 역사와 과학은 다른 것 같은데요.

어떤 점이 다른가요?

—— 과학은 모르는 것을 실험해서 진리를 해명하는 것이고, 역사는 과거에 있었던 사건을 알아내는 것 아닌가요?

네, 그렇습니다. 여러분은 과학이라고 하면 자연에 존재하는 법칙을 찾고 반복해서 실험하는 이미지를 떠올릴 것입니다. 반면 역사는 과거에 일어난 것, 즉 사건을 떠올릴 것입니다. 그러므로 '역사는 과학이 아니다'라고 생각할 것 같네요.

그러나 카는 '역사는 과학'이라고 주장하며 과학이 아니라는 주장에 반론을 제기했습니다. 그때가 1961년이었습니다. 카의 반론에서 홍미로운 점은 그가 '역사는 과학'이라는 주장과 '역사는 진보한다'는 주장을 동시에 했다는 사실입니다. 1961년경 영국에서는 많은 사람이 역사가 과학인지 아닌지는 몰라도 '진보'하는 것은 아니라고 생각했습니다.

카가 말한 진보의 의미를 생각해봅시다. 동서냉전 시기인 당시 영국에서는 반소反蘇 감정이 무척 강했습니다. 그런데 1951년 케임브리지 대학을 나와 영국 외무부에서 근무하던 엘리트 가이 버지스와 도널드 매클레인이 소련 스파이였다는 충격적인 사실이 드러났습니다. 카의 반론이 있고 난 뒤인 1963년에는 역시 케임브리지대학 출신으로 영국의 정보국 요원이었던 킴 필비가 스파이로 밝혀져(쉽게 말해서 이중간첩으로 조국 영국을 배신한 것입니다) 소련으로 망명하는 사건이 일어났습니다.

당시는 경제적·사회적 평등을 실현한다고 하면 우선 공산주의 국가인 소련·중국을 떠올리는 시대였습니다. 하지만 카는 사회 분위기에 아랑곳하지 않고 "경제적·사회적 평등을 실현하는 사회는 진보한다고 봐야 한다"라고 주장했습니다. 그러자 보수파는 '그의 책은 20년 후 소련의 교과서가 될 것'이라는 식으로 카를 비판했습니다. '역사는 진보한다'는 카의 주장이 환영받지 못한 것이지요.

사람들은 '역사는 과학'이라는 주장도 너무 파격적이라고 생각했습니다. 카에 따르면 역사가 과학이 아니라고 주장하는 사람은 크게 두 가지 사항을 지적했습니다. '첫째, 역사는 특수한 것을 다루고 과학은 일반적인 것을 다룬다. 그러므로 역사는 과학이 아니다. 둘째, 역사는 아무런 교훈도 제시하지 않는다. 결국 일반화할 수 없는 학문이므로 과학이 될 수 없다.' 이에 대해 카는 어떻게 반박했을까요?

우선 역사는 특수한 것을 다루고 과학은 일반적인 것을 다룬다는 분류법은 부당하다고 말합니다. 그리고 역사가가 정말로 관심을 갖는 것은 특수한 것이 아니라, 특수한 것 안에 있는 일반적인 것이라고 주장했지요. 일반적인 것에 흥미를 갖고 이를 세세하게 풀어 나가는 것뿐이라고 말합니다. 어쩌면 강의를 듣는 여러분도 같은 생각일 수 있겠지요. (웃음) 나아가 카는 역사가는 특수성 안에 있는 보편성을 보고, 이를 무의식적으로 수행한다고 말했습니다. 이런 예를 들었습니다.

리처드 3세Richard III*는 런던탑에서 왕자들을 죽였다는 의혹을 받는 역사적 인물입니다. 그런데 살해를 입증하는 증거가 분명하지 않을 경우 역사가는 어떻게 생각할까요? 보통 '왕위를 노릴 가능성이 있는 경쟁자를 **처리하는** 것은 당시 지배자의 관습이었을까?'라고 생각할 것입니다. 역사가는 이와 같은 의문을 무의식적으로 떠올린다고 카는 말합니다.

이를테면 리처드 3세는 15세기 말의 악명 높은 왕인데, 그에 관해서는 여러 가지 소문이 있었습니다. 그중 대표적인 것이 왕위를 노릴 가

---

* 1452~1485(재위 1483~1485). 요크 왕가의 마지막 왕으로, 조카 에드워드 5세를 몰아내고 왕위에 올랐다. 또한 조카 여럿을 살해했다는 의혹을 받는다. 조선의 수양대군에 비견된다.

능성이 있는 사람을 런던탑에 가두어 죽였다는 소문입니다. 그런 소문이 역사적으로 전해 내려올 때 역사가는 먼저 '왕위를 둘러싼 경쟁에 뛰어든 사람이 경쟁자를 계략으로 죽이는 것은 15세기 사회에서 일반적이었을까? 아니면 친족을 죽인 것이 되므로 왕위 정통성에 문제가 생기고, 이 때문에 정치적 생명을 잃을 수 있어 오히려 꺼렸을까?' 하며 일반화를 시도한다는 것입니다. 결국 역사가는 과거의 한 사건을 볼 때 늘 무의식적으로 일반화를 시도한다는 것이 카의 주장입니다. 확실히 역사적 관점에서는 개별성과 일반성, 특수성과 보편성을 연결해서 사물을 보기 마련입니다.

> 역사가는 특수성에서 보편성을 본다.

　그런데 리처드 3세는 무엇으로 유명한 인물일까요?
──　셰익스피어입니다.
바로 대답이 나오네요. 여러분 참 대단합니다. 셰익스피어의 《리처드 3세》라는 희곡이 있는데, 이 작품으로 리처드 3세의 이야기가 널리 알려졌습니다. 카는 유명한 리처드 3세의 예를 들어 과학은 일반적인 것이고 역사는 특수한 것이라고 이분법적으로 나누면 안 된다고 주장합니다.

과거의 역사가 현재에 영향을 미친 사례

자, 그럼 두 번째 논점으로 넘어갑시다. '역사적 사건은 딱 한 번 일어나는 것이므로 역사에서 배울 수는 없다. 역사는 아무런 교훈도 제시하지 않는다'는 주장에 대한 카의 반박이지요.

역사적 사건은 특수한 사건이 차례로 축적된 것이기 때문에 서로 교훈을 주지도, 영향을 주지도 않는다는 말은 맞습니다. 그 때문에 완고한 사람들은 역사는 과학이 아니라고 주장합니다. 그러나 카는 "역사는 교훈을 제시한다. 또한 역사적 인물의 개성이나 특수한 사건은 그다음에 벌어지는 사건에 무언가 영향을 준다"라고 반박합니다. 그러니까 당사자는 과거의 기억에 얽매여 행동하고, 한 사건의 경과는 다음에 벌어질 사건에 영향을 준다는 말입니다. 잠시 생각해봅시다. 역사상 어떤 한 사건이 다른 사건에 강력한 영향을 미쳤던 사례로 어떤 게 있을까요? 카는 러시아혁명과 그 후의 사건을 예로 들었습니다.

1917년 러시아에서 공산혁명이 일어났습니다. 혁명을 일으킨 사람 가운데 상당수가 유대계 러시아인이었습니다. 이들은 훗날 볼셰비키 (러시아어로 다수파를 의미)라 불렸습니다. 이들은 1789년의 프랑스혁명이 나폴레옹이라는 전쟁의 천재, 군사적 카리스마를 가진 인물의 등장으로 크게 변질됐다고 여겼습니다. 그리고 그 결과 유럽이 오랫동안 전쟁 상태로 있었다고 생각했습니다.

이를 역사의 교훈으로 삼았던 볼셰비키는 혁명 후 어떤 행동을 취했을까요? 이들은 레닌 사후 나폴레옹 같은 전쟁의 천재를 후계자로 선택하면 프랑스혁명의 종말이 그랬던 것처럼 혁명이 변질될 것을 우려했습니다. 그래서 군사적 카리스마를 지닌 트로츠키가 아니라 국내 지배를 공고히 할 만한 사람, 즉 스탈린 Joseph Stalin을 후계자로 선택합니다.

레온 트로츠키

스탈린은 제1차 세계대전에서도, 그 후의 반혁명 세력과의 내전內戰에서도 군사적 리더십을 전혀 보이지 못했습니다. 반면 트로츠키는 내전에서 크게 활약했고, 제1차 세계대전 때는 적국 독일과 단독 강화를 성사시킨 영웅이었습니다. 트로츠키는 '이렇게 러시아가 손해를 보면 어떡하느냐? 그렇게 하면 나라가 없어질 것이다'라는 압박을 받으면서도 혁명을 성공시키기 위해 라트비아·에스토니아 등의 광대한 영토를 할양하기로 결정합니다.* 근대 이후 한 국가가 할양한 영토로는 최대 넓이라고 합니다. 그 결과 러시아는 제1차 세계대전에서 빠져나올 수 있었고, 러시아혁명도 성공할 수 있었습니다. 트로츠키에게는 정치적 재능이 있었던 것입니다.

그러나 볼셰비키는 트로츠키가 제2의 나폴레옹이 될 가능성이 있고, 그래서 그루지야**에서 온 지방 출신의 스탈린을 선택하는 편이 안

---

* 물론 독일이 제1차 세계대전의 패전국이 된 후 해당 조약은 폐기됐다.
** 흑해 연안에 위치한 공화국. 소련이 해체되면서 1991년 독립했다. 지금은 조지아Georgia 라고 한다.

전하다고 생각했습니다. 러시아혁명의 주도 세력은 프랑스혁명이 나폴레옹의 등장으로 귀결됐다는 것을 알고 있었습니다. 이것이 스탈린을 레닌의 후계자로 선택하는 데 직접적 영향을 끼친 것이지요.

볼셰비키의 이 같은 행동은 역사의 교훈을 살리고자 한 선택이며, 두 혁명 간의 연관성을 말해줍니다. 결국 어떤 사건은 교훈을 제시하며, 전혀 관계가 없는 것처럼 보이는 또 다른 사건에 영향을 끼치는 것입니다.

그런데 여기서 중요한 것이 있습니다. 제시되는 교훈이 반드시 옳은 것이라고 단정할 수는 없다는 것입니다. 이를테면 스탈린은 1930년대 후반부터 적군赤軍 관계자나 농업 지도자 등 집단화 정책에 반대하는 사람을 숙청한 악명 높은 지도자였습니다. 희생자가 수백만 명에 달하지요.

> 역사는 교훈을 제시한다.
> 그러나 그것이 재앙을 가져올 수도 있다.

자, 문제를 하나 드리겠습니다. 앞에서 말한 것과 같은 또 다른 사례가 있을까요? 일본사, 세계사 둘 다 좋습니다. 작은 사례도, 큰 사례도 괜찮습니다.

—— 혹시 러일전쟁과 터키혁명 사이에 연관 관계가 있지 않을까요?

일리 있는 답변이군요. 1905년 황인종의 비그리스도교 국가이며 후

발 제국주의 국가인 일본은 백인종의 그리스도교 국가인 제정러시아*와 싸워 간신히 승리했습니다. 힘들었지만 어쨌든 승리로 끝났습니다. 이 사건은 반식민지 혹은 식민지 상태에 있던 동아시아의 여러 나라뿐만 아니라 근대국가로 막 발돋움을 시작한 터키에도 강한 영향을 미쳤습니다. 특히 터키의 혁명가 케말 아타튀르크Mustafa Kemal Atatürk**에게 영향을 주었습니다.

러일전쟁 후 세계에는 '근대적 헌법을 가진 국가(일본)는 헌법이 없는 국가(러시아)보다 강하고, 의회를 개설한 국가(일본)는 의회가 없는 국가(러시아)보다 강하다'는 교훈이 퍼져 나갔습니다. 그리고 이러한 분위기 속에서 1905년 케말 아타튀르크는 사관학교를 졸업하고 장교가 됐습니다. 그 후 그는 '조국과 자유'라는 단체에 가입해 정치운동에 참여했으며, 1923년에는 터키에 공화정을 도입하고 초대 대통령이 됐습니다.

저는 볼셰비키가 레닌의 후계자로 스탈린을 선택한 행동을 보면서, 일본의 사이고 다카모리西郷隆盛***와 통수권 독립을 떠올렸습니다.

---

* 제정러시아의 종교는 그리스도교의 3대 종파 중 하나인 그리스정교다.
** 터키공화국을 수립한 군인, 정치가. 오스만제국이 제1차 세계대전 때 독일과 함께 싸우다 패전하고 연합국에 의해 해체될 위기에 빠졌을 때, 근대 국가로서 터키공화국을 선포하고 독립전쟁을 벌였다. 그 후 터키공화국의 초대 대통령이 됐고 터키의 서구화, 산업화를 주도했다. 오늘날 터키의 국부, 구국의 영웅으로 추앙받는다.
*** 17세기 이후 이어진 도쿠가와 막부의 타도, 메이지유신을 주도한 정치가, 군인. 오쿠보 도시미치, 기도 다카요시木戸孝允와 함께 유신 3걸三傑의 한 명으로 꼽힌다. 근대 일본의 정책

설명이 복잡하니까 잘 들으세요. 나폴레옹, 트로츠키, 사이고 다카모리의 공통점은 군사적 지도자로서 카리스마를 지녔다는 것입니다. 사이고는 도쿠가와 막부 타도 때부터 메이지유신*에 이르기까지 군사적으로 크게 활약했습니다. 더구나 그의 용의주도한 협상으로 정부군은 에도江戸(도쿄의 옛 이름)에 무혈입성할 수 있었습니다. 같은 정치가며 동료였던 오쿠보 도시미치大久保利通,** 이와쿠라 도모미岩倉具視, 산조 사네토미三條實美, 이토 히로부미伊藤博文*** 등에게는 그와 같은 군사적 리더십이 없었습니다.

한편 사이고는 메이지 천황의 두터운 신뢰를 받는 등 군사적 리더십뿐 아니라 정치가로서도 높은 평가를 받았습니다. 문무 양쪽에서 지도력을 발휘한 셈입니다. 그러나 사이고는 1877년의 세이난전쟁西南戰

노선을 둘러싸고 동료들과 대립하다 본거지인 가고시마에서 군사를 일으켰다. 이렇게 시작된 일련의 싸움을 세이난전쟁이라고 한다. 그러나 사이고의 군대는 메이지 정부에 의해 진압됐고 사이고는 자결했다.

* 막부 정권 붕괴 후 행해진 신新정부 수립과 일련의 근대화를 '메이지유신'이라고 한다.

** 메이지유신을 주도한 인물. 유신 3걸 중 한 명으로 꼽힌다. 정부 수립 후 내무성을 설립하고 관료제 확립에 힘쓰는 등 정국의 주도권을 행사했다. 근대 일본의 정책 노선을 둘러싸고 사이고 다카모리와 대립했으며, 사이고가 봉기를 일으키자 군대를 보내 이를 진압했다. 사이고가 자결한 다음 해인 1878년, 그의 정책에 반감을 품은 무사들에게 암살됐다.

*** 하급 무사 출신 정치가. 막부 타도와 메이지유신에 참가했다. 오쿠보 도시미치, 기도 다카요시, 사이고 다카모리보다는 나이가 어리다. 이들이 세상을 떠나자 동료들과 함께 실권을 장악해 일본의 근대화에 힘썼다. 특히 헌법 작성을 주도한 것으로 유명하다. 근대 일본의 국가적 기반을 마련한 정치가라 할 수 있다. 그는 한국 침략의 원흉으로도 유명하다. 1909년 한국의 독립운동가 안중근에게 암살됐다.

爭*에서 가고시마의 무사들에 의해 반란의 지도자로 추대됩니다. 사이고의 군대는 결국 정부군에 패했고, 그는 9월 24일 가고시마의 산성山城에서 자결합니다.

세이난전쟁이 일어난 1877년은 화성이 가까이 접근한 해입니다. 그래서 그해 8월 상순부터 동쪽 하늘에 크고 빛나는 별이 보였다고 합니다. 사이고를 그리워하던 사람들은 화성의 접근으로 빛나는 별을 '사이고 별'이라고 부르며 그림으로 남겼습니다. 그중 하나를 가쿠슈인學習院대학의 이노우에 이사오井上勳 교수가 소개했는데, 설명이 재미있습니다.

이 그림을 보면 대례복을 입고 말에 탄 사이고가 부하인 기리노 도시아키桐野利秋와 함께 둥근 별 속에 있습니다. 이 둥근 별이 '사이고 별'입니다. 이 별을 향해 많은 사람이 두 손을 모아 빌고 있네요. 사이고의 인기가 얼마나 컸는지 알 수 있습니다.

어떤 사람이 빌고 있을까요? 우선 아이를 업은 가게 여주인, 창녀, 첩실 같은 거리의 사람이 보입니다. 그 밖에 사족, 농민, 상인, 직공, 배우, 승려도 있습니다. 모두 보통 사람입니다. 여기에 묘사되지 않은 인물은 정부 관리나 군인, 신관 정도입니다. 즉 사이고는 현세에서 혜택받지 못한 사람의 우러름을 받았던 셈입니다. 정부에 대항해 반란을

---

* 1877년에 일어난 사족士族(옛 무사 계급) 최후의 반란. 가고시마 일대에서 사이고 다카모리를 중심으로 봉기했다. 봉기는 정부군에 의해 진압됐고 사이고는 자결했다. 세이난전쟁을 끝으로 지방과 사족의 무력 저항은 종식됐고, 메이지 정부의 권력은 더욱 공고해졌다.

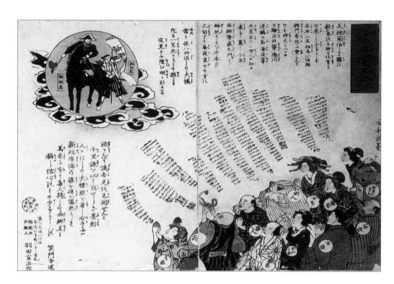

〈유성에 관한 신기한 이야기〉, 구마모토熊本박물관

일으켰을망정 서민은 사이고를 좋아했던 것이지요.

정치가로서의 압도적인 힘과 군사적 지도력을 겸비했던 사이고 다카모리. 그는 자결했지만 정부의 간담은 서늘했습니다. 국민에게 인기 있고 지도력을 갖춘 사이고 같은 인물이 다시 나타나서 반란을 일으키면 곤란할 것이라고 생각했습니다. 그 결과 정부는 통수권의 독립을 추진하게 됩니다.

통수권 독립이라는 발상은 야마가타 아리토모山縣有朋*의 머리에서

---

* 메이지유신 추진 세력의 일원. 군인·정치가로 활동했다. 일본 육군의 건설과 성장에 주도

나온 것입니다. 야마가타는 세이난전쟁 이듬해인 1878년 8월 근위포병대가 급료에 대한 불만을 품고 폭동을 일으킨 것을 보았고, 당시 자유민권운동*이 사회에 퍼지고 있는 것도 보았습니다. 그래서 야마가타는 1897년 스스로 참모본부장에 취임해 군령軍令에 관한 사항은 오로지 참모본부장이 관리한다는 규칙을 제정했습니다.

야마가타는 자유민권운동의 영향이 군대에 미치는 것을 막으려고 했습니다. 또한 세이난전쟁의 교훈을 살려 군대 명령권자와 정치 지도자를 분리하는 것이 국가의 안전을 위해 좋다고 생각했습니다. 특히 대규모 반란을 막기 위해 그러한 분리가 더욱 필요하다고 생각했을 것입니다.

앞서 스탈린이 레닌의 후계자가 됨으로써 인류가 더욱 불행해졌다고 이야기했는데요. 사이고 다카모리 이야기와 통수권 독립도 결과적으로는 인류의 역사를 불행하게 만들었습니다. 통수권 독립으로 일본 군부는 정치 지도자의 말을 듣지 않고 제멋대로 행동할 수 있었고, 이것이 더욱 전쟁을 부추겼기 때문입니다. 특히 중일전쟁, 태평양전쟁에서 일본은 정치·외교 분야와 군사 분야가 서로 소통되지 못했는데, 그

적 역할을 한 것으로 유명하다. 메이지와 다이쇼 시대에 걸쳐 군대와 정계에 강력한 영향력을 행사했다. 정치적으로 이토 히로부미의 경쟁자이기도 했다.

* 근대 일본 초기에 전개된 정치운동. 입헌주의에 입각한 민주주의를 주장했다. 국회 개설, 헌법 제정, 참정권 부여를 요구하며 정부와 대립하기도 했다. 정부의 탄압을 받기도 했지만, 일본이 입헌주의에 입각한 근대 국가로 발전하는 데 공헌했다.

때문에 전쟁을 멈출 수 있는 기회를 번번이 놓쳤습니다. 그 결과 일본은 자국민과 타국민 모두에게 엄청난 참화를 안겨주게 된 것입니다.

역사의
오용

왜 가장 우수하고 똑똑한 인재가 오판하는가

앞에서 언급한 여러 예를 통해 '중요한 정치적 판단을 내릴 때 많은 사람이 과거의 역사로부터 잘못된 교훈을 이끌어낸다'는 사실을 알 수 있습니다. 이와 관련해서 마지막으로 미국의 역사가 어니스트 메이 Ernest May를 소개하면서 '역사의 오용'에 대해 이야기하겠습니다.

메이는 하버드대학 정치학 교수 시절《역사의 교훈*The Lessons of the Past*》이라는 책을 썼습니다. 메이의 '질문'은 무엇이었을까요? 그는 어떤 사건을 계기로 이 책을 썼을까요? 힌트를 드리자면 이 책은 1973년에 출판됐습니다.

—— 석유파동입니다.

네, 좋은 의견입니다. 그러면 석유파동이 일어났던 시기에 어떤 일이 일어났을까요?

—— 베트남전쟁이 끝났습니다.

맞습니다. 메이는 베트남전쟁을 계기로 《역사의 교훈》을 썼습니다. 참고로 베트남전쟁이 끝난 해는 1975년이고, 1973년은 미군이 베트남에서 철수하던 때였습니다. 당시 대통령 보좌관이었던 헨리 키신저는 후에 북베트남과의 평화조정안을 만들어 노벨 평화상을 받습니다.

그 무렵 메이는 베트남전쟁 관련 전사戰史를 편찬하기 위해 잠시 정부기관에서 일하고 있었습니다. 이때 그는 '왜 미국은 그렇게까지 베트남전쟁에 참여해 스스로 수렁에 빠졌는가?' 하는 의문을 가졌습니다. 사실 베트남전쟁 정책을 세웠던 이들은 미국 정부에서 최고 중의 최고로 꼽히는 엘리트였습니다. 즉 미국에서 가장 명석하고 우수한 보좌진이 정책을 입안한 셈입니다. 그런데 왜 미국을 전쟁의 수렁으로 끌어들이는 결정을 했을까요? 메이는 사료와 기록을 보며 생각을 정리했습니다. 그리고 세 개의 명제로 결론을 정리했습니다.

① 외교 정책을 만드는 사람은 역사가 가르치거나 예고한다고 본인 스스로 믿는 것에 곧잘 영향을 받는다.
② 정책을 만드는 사람은 보통 역사를 오용한다.

메이의 의견을 들어봅시다. 정책을 만드는 사람은 스스로 판단해야 할 때 강한 압박감을 느낍니다. 그래서 유추할 수 있는 사례를 역사 속에서 필사적으로 찾으려고 합니다. '과거에 사람들은 어떻게 했을까? 그때 정부는 어떤 결정을 내렸을까?' 하고 말입니다. 그러나 당시 역사에 대해서 알 수 있는 것은 대단히 제한돼 있기 마련입니다. 그러다 보니 자신이 떠올린 사례를 우선적으로 생각하게 되고, 결국은 거기에 사로잡히고 맙니다. 그래서 아주 우수한 정책 입안자라 할지라도 역사적 사례를 폭넓게 찾지는 않습니다.

더 자세히 살펴봅시다. 사람들은 중요한 결정을 내려야 할 때 자신이 알고 있는 범위의 과거 사건을 스스로 해석한 다음, 그 범위 내에서 여러 사건을 참고하고 연관시킵니다(물론 머릿속에서 굉장히 빠른 속도로). 그리고 무의식적으로 그중 어느 것이 참고할 가치가 있는지, 어느 것이 현재의 문제와 일치하는지 가려냅니다.

이 과정에서 중요한 것은 사건을 폭넓은 범위에서 찾아보고 이를 진실에 가깝게 해석하는 것입니다. 그래야 역사를 올바른 교훈으로 삼을 수 있습니다. 역사를 '좌' 또는 '우'로만 본다면 역사의 사례에서 교훈을 이끌어내기 어렵습니다. 반대로 광범위하게 역사적 사례를 조사하고 이를 진실에 가깝게 해석한다면 올바른 결정을 내릴 가능성이 높습니다.

자, 메이가 말한 세 번째 명제를 봅시다.

③ 정책을 만드는 사람은 마음먹기에 따라서 역사를 선별적으로 이용할 수 있다.

이 말은 '정책 입안자는 역사를 많이 공부해야 한다'는 뜻입니다.

메이는 정책 입안자 혹은 결정자가 제대로 참고할 수 있도록 미국이 제2차 세계대전 이전 시기, 냉전 시기, 한국전쟁 시기, 베트남전쟁 시기에 어떻게 역사를 오용했는지 자세히 연구했습니다. 이제 메이가 제시한 사례를 들어 이야기해봅시다.

무조건 항복을 요구한 이유

메이는 미국이 제2차 세계대전의 종결 방법을 선택할 때 역사를 오용했다고 분명히 밝혔습니다. 즉 그 종결 방법이란 상대국의 '무조건 항복'을 말합니다. 메이는 '왜 미국의 프랭클린 루스벨트 대통령은 독일, 이탈리아, 일본 등 추축국의 조건부 항복을 거부했을까? 이것이 제2차 세계대전의 종결을 늦어지게 만든 것은 아닌가?'라고 생각했습니다.

실제 당시 독일, 이탈리아, 일본 내부에서는 전쟁을 끝내려는 움직임이 있었습니다. 그래서 메이는 '무조건 항복'과 '조건부 항복' 가운데 어느 쪽을 선택해야 미국 국민의 피해가 적었을까 하고 생각한 것입니다. 메이는 '제1차 세계대전 때까지 그래왔던 것처럼 항복 조건을 협상했더라면 더 좋지 않았을까?' 하는 질문을 던졌습니다.

참고로 메이의 문제 제기는 1945년 7월 26일 발표된 포츠담선언에 관한 것입니다. 연구에 따르면 포츠담선언 발표 단계에서 미국은 이미

일본의 태도에 관계없이 원폭 투하
계획을 진행했습니다(당시 대통령은
그해 4월에 급사한 루스벨트 대통령의 뒤
를 이은 해리 트루먼이었습니다). 그렇

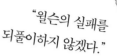

"월슨의 실패를
되풀이하지 않겠다."

프랭클린 루스벨트

다면 '일본이 포츠담선언의 내용을 수락하겠다고
연합국 측에 좀 더 명확하게 밝혔더라면 히로시마와
나가사키에 원폭은 투하되지 않았을 것이다'라는 가
정은 깨집니다. 이는 사료를 통해 밝혀진 사실입니다.

그런데 왜 루스벨트는 무조건 항복 요구를 고집했을까요? 메이는
루스벨트 대통령이 제1차 세계대전으로 얻은 교훈에 얽매여 있었기
때문이라고 말합니다. 당시 루스벨트는 '어쨌든 타협은 안 돼. 1918년
에 타협을 했다가 실패했잖아'라고 생각했습니다. '1918년에 타협을
했다가 실패했잖아'는 무슨 뜻일까요?

제1차 세계대전은 '휴전'이라는 형태로 전투가 중지됐습니다. 독일
이 1918년 11월에 전투 중지를 받아들인 것은 미국의 월슨 대통령이
제시한 '14개조 평화원칙'의 내용이 온건하다고 판단했기 때문입니다.
독일이 '14개조 평화원칙'을 수락했기 때문에 어쨌든 제1차 세계대전
의 휴전이 이루어졌습니다.

그러나 1919년에 파리에서 열린 강화회의에서 월슨이 제창한 이상
주의적 조건은 영국·프랑스의 반대로 취소됐습니다. 이에 독일은 처
음의 휴전 조건과 강화회의의 결론이 다르다고 미국에 항의했고, 제1

차 세계대전이 끝난 뒤에도 '휴전에 응하지 않는 편이 나았을 것'이라고 생각했습니다. 이러한 독일의 감정은 카가 말한 '위기의 20년' 동안 쭉 계속됐습니다.

결국 미국이 제1차 세계대전에서 배운 교훈은 '휴전 조건을 적국과 이야기해서는 안 돼'라는 것이었지요.

나아가 메이는 미국 국민의 희생뿐만 아니라 제2차 세계대전 이후 냉전 시대까지 고려해서 "대전 말기의 소련의 태도, 스탈린의 발언 등을 고려하면 독일과 일본의 패배 후 소련이 동유럽과 동아시아에 영향력을 행사하리라는 것은 충분히 예상할 수 있었다"라고 평가합니다. 그리고 전후에 예상되는 소련의 영향력을 견제하기 위해서라도 독일과 일본의 항복 조건을 완화해야 했다고 미국의 정책을 비판했습니다.[*]

전쟁을 막지 못한 이유

메이는 두 번째 역사 오용의 사례로 베트남전쟁을 언급합니다. '왜 미국은 베트남전쟁에 그토록 깊이 관여했을까?' 하고 생각한 것이지요.

---

[*] 물론 이것은 미국을 기준으로 한 견해이며, 독일과 일본 등에 침략당한 나라의 경우 그 입장이 다를 수 있다. 만약 미국이 항복 조건을 완화했다면 한국, 중국, 타이완 등 동아시아 국가는 독립이 늦어지거나 영토의 일부를 잃었을 수 있다. 일본이 미국에 항복을 조건으로 최소한의 해외 영토를 남겨달라고 요구했을 가능성이 있기 때문이다.

도대체 미국은 과거의 어떤 교훈 또는 트라우마에 얽매여 있었던 것일까요? 앞서 언급한 사례는 제2차 세계대전 당시 루스벨트가 제1차 세계대전에서 얻은 교훈에 얽매여 있었다는 것입니다. 그렇다면 베트남전쟁 당시 미국은 과거의 어떤 것에 얽매여 있었을까요?

—— 글쎄요, 긴장을 남긴 채 한국전쟁이 끝난 것 아닐까요?

그것도 일리 있는 말이군요. 1950년 6월 25일 북한은 남한을 침공했습니다. 미국 처지에서 이것은 불의의 공격이었습니다. 게다가 미국은 중공의 개입도 예상하지 못했습니다. 전쟁이 끝난 것도 1953년 7월 27일의 휴전협정 때문이지, 미국이 완전히 승리했기 때문이 아닙니다. 한국전쟁에서 미국은 전쟁의 흐름을 주도하지 못한 셈입니다. 한국전쟁처럼 전쟁을 흐지부지 끝내기 싫다는 생각을 했을지도 모릅니다. 그러나 베트남전쟁과 관련해서 미국이 떠올린 기억은 한국전쟁 이전의 경험입니다.

—— 제2차 세계대전이 아닐까요? 무조건 항복을 요구하며 강경책을 쓴 결과 독일과 일본이 항복했고, 또 두 나라 모두 민주화됐으니까 이번에도 강하게 밀어붙이면 될 것이다 하는 생각이요.

일리 있는 말입니다. 9·11테러 이후 미국은 이라크를 침공합니다. 그때 미국이 떠올린 모범 사례는 일본 점령과 민주화입니다. 여기에 깔린 생각은 전쟁 종결을 위해 강경한 태도를 고수했고 그 결과 독일과 일본이 확실하게 민주화됐다는 것입니다. 오늘날 미국이 가진 십자군적 사고방식을 잘 나타내는 의견이라고 생각합니다. 하지만 미국이 베트남전쟁에서 좀처럼 발을 빼지 못한 이유는 좀 더 큰 교훈이 있었기 때문입니다.

───── 미국에서 있었던 '공산주의자 때려잡기' 때문인가요? 공산주의 확산에 대한 공포심이 커져서 공산 베트남에 대해 강경한 태도를 취한 것 아닐까요?

오! 베트남전쟁에 휘말렸던 미국의 시대적 배경을 잘 말해주었습니다. 공산주의의 본가는 소련입니다만, 소련은 제2차 세계대전 중에 나치 독일을 상대로 함께 싸운 동맹국이기도 합니다. 하지만 베트남 공산화에 대해서는 공포심을 느꼈을지도 모릅니다. 베트남에서의 혁명과 호찌민의 영향력을 방치하면 탈식민화가 진행 중인 아시아가 온통 사회주의로 물들지도 모른다고 말입니다.

여러 가지 대답이 있었지만 정답이 나오기는 어려울 것 같네요. 정답은 미국의 '중국 상실' 경험입니다. 제2차 세계대전이 끝날 무렵 장제스가 이끄는 중국의 국민정부는 미국·영국과 함께 일본과 싸운 전승국이었습니다. 그러나 1945년 8월 이후 중국에서는 장제스의 국민정부와 중국공산당 간에 내전이 벌어졌고, 1949년 10월 중국공산당이 승리합니다.

미국이 애초에 장제스를 지지한 이유는 중국이라는 거대한 시장을 일본이 독차지하는 것을 막기 위해서였습니다. 그래서 제2차 세계대전 중에 국민정부에 거액을 원조하기도 했지요. 그런데 적국 일본은 쓰러졌으나 정작 중국 대륙은 1949년에 공산화됐습니다. 미국으로서는 통탄할 일이었습니다.

중국은 거대한 소비 시장입니다. 칫솔 하나씩만 팔아도 10억 개라고 농담할 만큼 말이지요. 이처럼 거대한 시장에 자본주의 진출이 막힌 것입니다. 중국 상실이라는 경험은 미국에 커다란 트라우마를 남겼습니다. 이 경험으로 미국은 '한 나라의 전쟁이 마지막 단계에서 내전으로 바뀌고 그 내전에서 반대편이 승리할 것 같으면 직접 개입해서라도 미국이 원하는 체제를 만들어야 한다'는 교훈을 얻었습니다. 그래서 미국은 북베트남과 남베트남이 대립했을 때 남베트남을 통한 간접적 개입을 넘어 직접 북베트남 정권을 무너뜨리려고 한 것입니다. 이것이 역사를 오용한 나머지 미국이 베트남전쟁에 깊숙이 관여했다는 메이의 해석입니다.

사실 미국은 북베트남 폭격, 통킹만사건 조작으로 국제사회와 미국 내의 강렬한 반발이 일자 여러 번 전쟁 개입 중지를 고려했습니다. 그러나 중국 상실의 경험에 사로잡힌 미국은 결국 전쟁을 강행했습니다. 10억 명이 넘는 거대한 국가의 공산화를 지켜본 미국은 그러한 뼈아픈 과거를 더 이상 되풀이할 수 없다는 생각이었을 것입니다.

> 미국의 역사 오용:
> '중국 상실'이라는 트라우마는
> 미국을 베트남전쟁의 수렁으로 끌어들였다.

지금까지 살펴봤듯이 인류는 여러 가지를 생각하면서도 거대한 재앙을 막지는 못했던 것 같습니다. 언제나 모든 정보가 주어질 수는 없습니다. 하지만 주어진 정보 내에서 과거의 사례를 폭넓게 생각하고, 가장 적절한 사례를 찾아본 다음, 역사의 교훈을 올바르게 적용할 수 있다면 좋겠습니다. 역사를 배우고 생각한다면 우리가 살아가며 맞부딪히게 되는 선택의 기로에서 커다란 힘이 되지 않을까요.

1 청일전쟁

'침략·피침략'을 넘어 봐야 할 것

열강이 가장 중요하게
생각한 것은
무엇이었을까

중국과 일본의 경쟁

중국과 일본이 한반도의 종주권을 놓고 다투었던 청일전쟁 시대에 대해 이야기해보겠습니다. 먼저 교과서가 에도 시대* 말기부터 메이지 시대 초기까지를 어떻게 다루고 있는지, 그 구조를 살펴봅시다. 대개 교과서의 기술은 청이 아편전쟁(1840~1842)과 애로호사건(1856~1860)에서 패하고, 일본도 서구 열강의 압력에 못 이겨 나라 문을 열었으며, 그 후 일본은 열강이 되는 것을 목표로 근대화를 추진했다는 식으로 나옵니다.

---

*   도쿠가와 막부가 에도(도쿄)를 수도로 통치하던 시대. 대략 1600년부터 1867년까지다.

이런 기술이 잘못됐다는 것은 아닙니다. 그러나 그런 기술로는 서구와 중국, 서구와 일본을 별개로 파악하게 만들기 일쑤입니다. '서구 열강의 압력 속에서 중국과 일본의 관계는 어떠했는가?'라는 문제가 빠진 셈이지요. 그렇기 때문에 독자는 '점점 쇠퇴하는 중국, 점점 성장하는 일본'이라는 이미지를 떠올리게 됩니다. 하지만 이번 강의에서는 그러한 정형화된 논리를 벗어나 이야기를 전개해볼까 합니다.

또 '약한 중국, 강한 일본'이라는 이미지도 다시 생각해봐야 합니다. 1931년 9월 18일 관동군關東軍이 만주사변을 일으켰을 때 장제스와 장쉐량張學良은 무력으로 일본에 대항하는 것을 피하고 국제 여론에 호소하려고 했습니다. 장제스는 중국공산당 등 국내의 반反장제스 세력을 억누르면서 일본에 대항하기를 원했습니다. 그런 면에서 장제스의 방식은 합리적이긴 했습니다. 하지만 일본은 이것을 '중국이 약하기 때문에 연맹에 호소했다'고 해석했습니다. 오늘날에도 그런 해석이 많습니다. 그러나 '약한 중국, 강한 일본'이란 도식은 청일전쟁(1894~1895)까지의 메이지 시대, 신해혁명辛亥革命(1911) 이후의 다이쇼大正 시대(1912~1926)에는 성립되지 않습니다.

중일관계를 생각할 때 주의해야 할 점을 제대로 짚은 학자가 있습니다. 바로 미국의 역사학자 워런 F. 킴벌Warren F. Kimball입니다. 그는 제2차 세계대전 중에 영국의 총리 윈스턴 처칠과 미국 대통령 루스벨트 사이에 오간 편지를 편찬한 것으로 유명합니다. 킴벌은 중일관계를 이렇게 평가합니다.

중국과 일본 간의 전쟁과 다툼은 기브 앤드 테이크의 하나에 불과하다. '중국과 일본 중 어느 쪽이 관계를 주도할 것인가?' 이를 둘러싼 오랜 경쟁은 문화적, 사회적, 경제적, 심지어 지적 영역에서도 존재했다.

다시 말해서 중국과 일본은 리더십을 두고 오랫동안 경쟁해왔다는 것입니다. 그 경쟁 분야는 문화·경제·사회·지식인의 사상과 이데올로기 등으로 다양하고, 군사적 충돌은 그러한 경쟁의 한 면에 불과하다는 뜻입니다. 중일전쟁 이후 일본이 중국을 군사적으로 침략한 것은 틀림없는 사실입니다. 그래서 킴벌의 주장에 의문이 들 수도 있습니다. 하지만 킴벌은 중국도 동아시아에서 리더십을 획득하기 위해 노력했다는 것을 보아야 한다고 주장합니다. 일본이 중국을 침략하고 중국이 일본에 침략당했다는 구도뿐만 아니라, 일본과 중국이 서로 경쟁했다는 관점으로도 과거를 봐야 한다는 것입니다.

이것은 일본의 전쟁 책임을 부정하는 것이 절대로 아닙니다. '침략·피침략'의 문맥만으로는 19세기에서 20세기 전반에 걸친 중국의 문화적, 사회적, 경제적 전략이 보이지 않기 때문입니다. 그래서 중국의 전략을 일본의 그것과 비교하며 중일관계를 살펴봅시다.

침략·피침략의 문맥으로는 오히려 파악하기 어려운 것도 있다.

무역을 지탱하는 제도

시간을 거슬러 올라가 19세기 후반 미국, 영국, 러시아 등이 동아시아로 진출할 당시로 돌아가 봅시다. 애로호사건 이후 열강은 활발하게 중국에 진출합니다. 영국의 무역상사 자딘 매시선Jardine Matheson도 이때 중국에 설립됐지요. 토머스 글로버는 자딘 매시선의 대리인으로 1859년 나가사키에 부임했습니다.

여러분이 이 유명한 무역상사의 사원이 됐다고 생각해보십시오. 그리고 자딘 매시선 본사에서 중국·일본의 동銅을 사들이라는 지시를 받았다고 합시다. 이 거래에서 중요한 문제는 무엇일까요? 바로 '중국·일본의 광산에서 산출되는 동의 가격과 양은 안정적인가? 또 중국·일본이 다른 나라와 동일한 조건으로 우리와 거래해줄 것인가?'입니다. 그렇다면 이 문제가 중국·일본에서 가능한지 아닌지는 무엇을 기준으로 판단할 수 있을까요? 구체적으로 무슨 법률과 무슨 법률이 필요할까요?

—— 법률이요?

네, 어떤 법률이 필요할까요?

—— ….

이것을 알면 서구 열강과의 조약을 개정하려 했던 일본의 사정을 알 수 있습니다.

—— 본국 영국에 유리한 조건의 법률 아닐까요?

불평등조약이 바로 그런 것입니다. 이를테면 막부 시대에 체결된 1858년의 미일수호통상조약 같은 것이 있지요. 이 조약은 '가나가와·나가사키·니가타·효고의 개항', '통상의 자유', '개항장에 거류지를 설치해 일반 외국인을 그곳에 거주하게 함(국내 여행 금지)', '일본에 체류하는 자국민에 대한 영사재판권(치외법권)', '일본은 스스로 관세율을 정할 수 없음(관세자주권 박탈)'을 골자로 하는 불평등조약이었습니다. 이 같은 내용의 조약은 네덜란드, 러시아, 영국, 프랑스와도 체결됐습니다.

그러니까 우선은 불평등조약 체결이 중요하겠지요. 이것도 전제 조건으로서는 맞습니다. 그러나 제가 듣고 싶은 대답은 다릅니다. 당시 많은 동을 산출한 일본의 아시오동산足尾銅山을 예로 들어보겠습니다. 이곳 광산의 독성 물질이 강으로 유출돼 인근 농민의 논을 오염시키는 바람에 농사를 지을 수 없게 됐습니다. 그래서 이곳 주민들이 정부에 호소했다고 합시다. 주민들은 폭동을 일으킨 상태고, 앞으로 독성 물질에 대한 조사도 필요합니다. 그래서 동 생산이 잠정적으로 중단될 위기에 처했습니다. 이때 영국 회사 자딘 매시선의 사원은 어떤 조치를 취할까요? 다시 말해 일본 정부로 하여금 주민의 호소를 묵살하고 동 생산을 계속하도록 하기 위해서 무엇을 근거로 압력을 넣을까요?

―― 경찰 아닐까요?

경찰력으로 인근의 주민을 단속할 수 있는 규칙, 즉 단속법을 만든다는 것이군요. 확실히 메이지 정부는 프랑스의 법학자 귀스타브 E. 부아소나드를 초대해서 프랑스 법을 모델로 각종 법전을 만들었습니다. 우선 1880년에 형법과 형사소송법을 공포합니다. 헌법보다 먼저 형법을 만든 셈이지요. 하지만 주민을 단속하는 형법은 그들이 폭력을 휘두를 때만 적용할 수 있습니다. 이 경우에는 동의 안정적 확보를 위한 경제 관련 법률이 필요하겠지요? 형사와 민사 중 민사에 해당합니다. 어떠한 법률이 필요할까요?

—— 상법과 민법이요.

이제야 답이 나왔군요. 맞습니다. 상법과 민법입니다. 이 두 법률이 있어야 정식으로 계약을 맺을 수 있습니다. 이를테면 아시오동산을 경영하는 후루카와광업古河鑛業과 자딘 매시선이 정식으로 계약을 체결하면 되는 것입니다. 1890년에 일본은 상법과 민법 그리고 민사·형사소송법을 공포했고, 이로써 법치국가로서의 체제를 갖추게 됐습니다. 그러나 민법은 일단 공포되긴 했지만, 일부 법학자로부터 가족, 도덕 등 일본의 전통 윤리가 파괴된다는 비판을 받았습니다. 당시 일본 정부는 열강과의 불평등조약을 개정하기 위해 신속한 법 제정을 원했습니다. 그러나 여론의 반발로 법 시행은 늦어졌고, 결국 민법은 1898년 7월부터, 상법은 1899년 6월부터 시행됩니다.

일본이 불평등조약을 폐지해달라고 하면, 열강은 상법·민법을 제정하라고 대답하곤 했습니다. 이것은 어떤 의미에서는 그럴듯한 이유였습니다. 물론 가장 큰 이유는 자기들의 이익 때문이지만 말입니다. 어쨌든 상법·민법이 있으면 안정적인 거래가 가능합니다.

다음으로 열강은 중국·일본에서 경제적 이익을 얻기 위해 '균등한 대우'에도 관심을 가졌습니다. 일본이 영국을 우호국이라면서 영국에만 유리한 조건으로 물건을 팔고, 반대로 프랑스에는 물건을 팔지 않는다고 합시다. 그러면 우대받는 국가와 그렇지 않은 국가 간에 분쟁이 벌어집니다. 그래서 한 나라에만 운임을 할인해주는 식의 특혜를 줄 수 없습니다.

이러한 상황이라면 영국은 '일본을 영국의 식민지로 만들 필요는 없어. 식민지로 만들면 일본을 수비하기 위해 군대를 주둔해야 하는데, 그러면 돈이 들고 러시아와의 분쟁에 휘말릴 수도 있잖아'라고 생각할 수 있습니다. 그래서 일본을 식민지로 삼는 대신, 다른 열강과 동등한 수준의 항만세와 운임 책정을 요구합니다. 그리고 메이지 정부가 열강의 권리를 동등하게 보장해준다면 누가 주인이든 상관없다는 생각으로 일본과 관계를 맺습니다. 그렇게 되면 굳이 돈을 들여서 일본을 식민지로 삼을 필요가 없습니다. 영국은 무역 경쟁에서 이길 자신이 있었고, 여차하면 투입할 함대도 있었기 때문입니다.

화이질서의 안전보장

영국은 동아시아에서 진행되는 러시아의 남하가 대영제국의 이익을 침해한다고 생각했습니다. 그래서 일본을 둘러싼 열강의 대립과 분쟁을 막기 위해 메이지 정부에 조속한 법전 편찬을 요구했습니다. 결국

1889년 메이지 정부는 대일본제국헌법을 완성합니다. 영국의 예상은 들어맞았습니다. 일본을 둘러싼 각국의 이해는 법률에 근거해서 조정 됐기 때문입니다.

그러나 일본과는 전혀 다른 길을 간 나라가 있습니다. 바로 중국입 니다. 청일전쟁 이후 열강은 중국 내 세력권을 둘러싸고 서로 다투었 고, 그 결과 열강은 중국에서 많은 이권을 획득하게 됐습니다.

그러나 이것은 어디까지나 19세기 말의 이야기입니다. 19세기 중반 의 중국은 아직 그 정도에는 이르지 않았습니다. 19세기 중반까지 열 강은 '화이질서華夷秩序'의 시선으로 중국을 바라보았습니다. 요컨대 열 강의 눈에는 중국의 화이질서도 매력적인 자산으로 보인 것입니다. 화 이질서가 무엇인지 아십니까?

── 조공무역과 같은 건가요?

대강은 알고 있네요. 도쿄여자대학의 모테기 도시오茂木敏夫 교수는 화 이질서를 '문명의 중심인 중국이 주변 지역에 덕德을 미치고 그 감화 의 정도에 따라 형성되는 속인적屬人的 질서'라고 정의합니다. 그리고 그 안에서 중국과 동아시아의 관계를 규정하는 국제 질서를 조공체제 라고 부릅니다. 한 번 들어서는 이미지를 떠올리기 어려울 것입니다. 토지를 기본으로 하는 것을 '속지屬地'라고 하는데, 이에 대립되는 개 념이 '속인'입니다. 예를 들어 류큐琉球 왕국*은 청에 조공을 바쳤으니 청의 화이질서에 속했던 셈입니다. 동시에 류큐는 일본의 사쓰마번薩 摩藩**에도 조공을 바쳤습니다. '국경' 개념으로는 설명하기 어려운 행동입니다.

하지만 류큐 왕국이 아니라 류큐의 왕이 청 황제에게 조공의 예를 취했다고 생각하면 이러한 양속관계兩屬關係를 이해할 수 있습니다. 열강의 입장에서는 이러한 중국을 중심으로 하는 동아시아의 질서가 참으로 편리했습니다. 예를 들면 열강은 안남安南이라고 불린 베트남이나 한반도의 조선과 무역을 하고 싶으면 먼저 청과 이야기를 합니다. 그러면 일이 수월해집니다. 따라서 열강에게 조공체제는 교역 범위를 넓힐 수 있는 좋은 수단이었습니다.

한편 내부적으로 조공체제는 '상당히 싼 가격의 안전보장 장치'라고 할 수 있습니다. 원래 조공체제하에서 중국은 조공국의 내정이나 외교에 간섭하지 않았습니다. 정해진 예법과 질서를 지키는 한 쓸데없는 긴장은 일어나지 않았던 것입니다. 또한 중국과 조공국의 관계는 쌍방이 필요 이상의 군사적 부담을 지지 않았고, 조공국과 열강의 관계도 필요 이상의 부담을 지지 않는 그런 관계였습니다.

—— 구체적으로 어떻게 값이 싼지 잘 모르겠습니다.

중국이 집주인 구실을 했다고 이해하면 됩니다. 열강이 중국에 부탁하면, 중국이 해당국에 열강의 말을 전하면서 상황을 조정해줍니다. 이를테면 영국과 러시아가 한반도의 어느 좋은 항구를 둘러싸고 긴장 상태

* 　오키나와沖繩에 있던 옛 왕국.
** 　현재의 가고시마현鹿兒島縣.

에 빠질 것 같다고 합시다. 그때 영국이 한반도의 항구 사용 허가를 얻기 위해 이를 중국에 말해둡니다. 그러면 중국이 러시아와 조선 정부에 다음과 같이 사정을 전달합니다. "영국의 항만 조사는 함대의 기지를 만들기 위해서가 아니라 실은 이러저러한 이유에서입니다." 반대로 러시아가 한반도의 동해안을 조사할 때도 중국에 그 취지를 말하면, 그 취지가 다시 중국에서 영국으로 전해집니다. 중국이 집주인처럼 동아시아 각국을 대표·중재하는 형국입니다. 그래서 열강의 입장에서는 한반도나 베트남에 관한 행동을 할 때 우선 중국에 이야기를 해두면 여러모로 편했습니다.

이와 같이 1880년대까지는 일본은 법률 체제를 정비하고, 중국은 조공체제하에서 각국의 관계를 중재하면서 동아시아에 진출하는 열강을 안심시켰습니다. 양쪽은 각자 나름대로의 길을 걷고 있었고, 그렇기 때문에 1880년대에 중국과 일본은 각각 성장을 이루고 있었습니다.

청일전쟁까지

중국의 변화

청일전쟁은 1894년에 시작해 1895년에 끝난 10개월 정도의 짧은 전쟁입니다. 왜 이 전쟁이 일어났을까요? 청일전쟁이 발발하기까지 무슨 일이 있었을까요? 먼저 1880년 이후의 중국이 어떤 상황이었는지 알 필요가 있습니다.

열강이 조공체제를 이용해 교역 범위를 확대하는 동안 중국은 조금씩 변해갔습니다. 이때 중심인물이 바로 이홍장李鴻章입니다. 이홍장은 청나라 때 많은 정치가와 군인을 배출한 안후이성 출신이지요. 메이지시대 초기인 1871년 일본은 청과 청일수호조규를 체결해 상호 개항, 상호 영사재판권 인정 등을 약속했습니다. 이때 청나라 대표가 이홍장입니다. 그는 또 청일전쟁 말기에는 강화 사절의 전권 자격으로 시모노세키를 방문해 이토 히로부미와 협상을 하기도 했습니다. 20년 이상 중국 외교를 총괄한 셈이지요.

1880년대에 이홍장은 중국군의 근대적 개혁을 추진합니다. 또 1881년에는 신장新疆 지역의 평정에 힘썼습니다. 중국의 서부 신장에 이리伊犁라는 곳이 있는데, 이곳은 종교적으로는 이슬람교권이지만 청의 지배 영역이었습니다. 그런데 이곳에서 러시아의 지원을 받은 야쿠브 베그가 새로운 국가를 세웠습니다. 그러자 청 정부는 신속하게 군대를 보내 이를 멸망시켰습니다. 그리고 그곳의 질서 회복을 도모하는 한편, 러시아와는 영토 일부를 할양하는 조건으로 '이리조약'을 맺었습니다. 이홍장의 무력 대응이 효과를 거둔 셈입니다.

이홍장의 단호한 결단력을 본 열강은 '오! 중국이 변했구나' 하고 생각하게 됩니다. 중국이 만만찮은 상대라는 인상을 받았기 때문입니다. 이전 같았으면 중국이 화이질서의 틀 안에서 러시아와 상의한 다음에야 일을 마무리 짓고, 야쿠브 베그 문제를 처리했을 것입니다. 그러나 이번에는 즉시 무력으로 대응했다는 점에서 전과 확연히 달랐습니다.

그리고 그다음 행보가 중요합니다. 이제 청은 조선을 대하는 태도마저 바꾸었습니다. 그때까지 청의 조선 관련 정책은 '예부禮部'가 추진했습니다.

이홍장

예부는 의례를 교환하는 관청으로, 문관의 관리
를 받습니다. 그런데 이홍장은 1881년 조선과 안
남(베트남)을 자신이 직접 담당할 수 있게 제도를
고쳤습니다.

홍선대원군

그 무렵 조선은 크게 흔들리고 있었습니다. 일
본은 이미 1876년에 불평등조약인 조일수호조규를 조
선과 체결했습니다. 말로는 조선을 '자주국'이라고 하
면서 영사재판권을 관철하고, 관세자주권*까지 빼앗은 것입니다.

1882년 7월 조선이 중국과 일본 사이에서 망설이는 사이에 임오군
란이 일어났습니다. 임오군란은 구식 군대가 홍선대원군을 지지하며
서울에서 봉기를 일으키자 이에 호응한 수천 명의 민중이 궁궐에 침
입해 정부 관료와 일본공사관을 습격한 사건입니다. 당시 명성황후의
민씨 일족은 일본을 본받아 개화정책을 추진하는 한편, 일본인 장교
를 교관으로 한 신식 군대를 만드는 등 일본에 우호적인 방향으로 개
혁을 진행하고 있었습니다. 이러한 정책이 구식 군대와 민중의 불만을
초래한 것입니다.

이때, 임오군란 진압에 나선 청은 군란으로 정권을 장악한 대원군
을 청으로 연행했습니다. 또 민씨 정권을 부활시키고 조선의 내정에

---

* 자국의 관세를 자주적으로 결정할 수 있는 권리. 19세기 제국주의 시대에는 약소국이 강
대국과 불평등조약을 맺어서 관세자주권을 상실하는 경우가 많았다.

적극 관여했습니다. 그 결과 조선에서는 친청파가 힘을 얻게 됐습니다. 애당초 대원군을 연행할 수 있었다는 것 자체가 청이 강하다는 증거였습니다.

1884년 12월 김옥균 등의 개혁파는 청의 후원을 받는 민씨 정권을 타도하기 위해 일본공사관의 도움을 받아 갑신정변을 일으켰습니다. 일본공사관 측은 청이 프랑스와의 전쟁, 즉 청프전쟁에 정신을 빼앗긴 틈을 타 거사를 추진한 것입니다. 그러나 갑신정변은 청에 의해 진압됐고, 조선 정부에 대한 일본의 영향력은 결정적으로 약해졌습니다.

이홍장은 '주차조선총리駐箚朝鮮總理'라는 직함으로 위안스카이袁世凱*를 조선에 파견하고, 그 자신은 텐진天津에서 이토 히로부미와 회담한 다음 1885년 4월에 텐진조약을 체결합니다. 이 조약은 갑신정변으로 서로 대립했을망정 피차 전쟁은 피하자는 일종의 타협이었습니다. 그 결과 중국과 일본은 조선에서 군대를 철수하는 한편, 출병할 때는 미리 서로 통고하기로 결정했습니다. 그로부터 얼마동안 조선을 둘러싼 양국 간의 충돌은 없었습니다.

야마가타 아리토모의 경계심

---

* 나중에 중화민국의 초대 대총통이 된다.

갑신정변 이후의 처리에서 이홍장은 주도권을 잡았습니다. 이홍장이 이리 분쟁을 해결하고 조선에서 주도권을 잡는 것을 보고 열강은 청의 외교가 기존의 화이질서 유지라는 낡은 체제로부터 탈피하고 있음을 다시금 느끼게 됐습니다.

　게다가 청은 안남과의 관계에서도 대응책을 바꾸었습니다. 조선의 갑신정변과 비슷한 시기에 일어난 청프전쟁이 바로 그것입니다. 프랑스는 영국이 중국의 창장강長江(양쯔강) 유역, 화중華中 지방을 세력권으로 하는 것에 대응해, 그 남쪽으로 진출하고자 했습니다. 중국의 화난華南 지방과 안남으로 말이지요. 이러한 상황에서 1884년 프랑스가 베트남의 항구를 독점적으로 사용하려는 움직임을 보이자 청은 프랑스와 전쟁에 돌입했습니다. 이것이 청프전쟁입니다. 청은 초기의 함대 결전에서는 대패하지만, 그 후 육상 전투에서는 상당히 선전했습니다. 그 결과 강화조약은 비교적 청에 유리하게 맺어졌습니다. 여기서 열강은 다시 한 번 놀랐습니다. 청은 무력을 써서라도 화이질서(조공체제) 아래에 있는 안남을 지키려고 했던 것입니다.

　러시아·프랑스·일본이 각각 청의 화이질서에 도전하는 분쟁을 일으켰는데, 이들을 상대로 청이 제대로 대응한 셈입니다. 이것은 청에 그만한 힘이 생겼다는 것을 의미합니다. 그렇기 때문에 1880년대 중반 시점에서는 일본식 발전, 중국식 발전 둘 다 가능성이 있는 선택이었습니다. 중국식 발전은 중국 스스로 화이질서를 근대국가에 적용할 수 있도록 조금씩 바꾸어가며 힘을 키우는 방식입니다.

일본 육군의 수뇌부인 야마가타 아리토모 등은 이러한 중국의 국력 회복을 일찌감치 주시하고 있었습니다. 야마가타가 1880년 11월에 메이지 천황에게 올린 문서 〈진인방병비약표進隣邦兵備略表〉를 살펴봅시다. 우선 이 문서는 '중국은 넓고 인구도 거대하다'고 말합니다. "지금 청의 판도版圖는 크다. 열여덟 개의 성省은 대략 본국의 열 배며, 4억 명의 인구 역시 본국의 열 배가 넘는다." 쉽게 말해서 청의 열여덟 개 성을 다 합치면 일본의 열 배 면적, 일본의 열 배 인구라는 것입니다.

이어서 야마가타는 중국이 개국 이래 겪고 있는 많은 난제 해결에 상당한 노력을 기울이고 있다고 말합니다. 야마가타의 말이 조금 어려울 수 있지만, (웃음) 그래도 들어봅시다.

그래서 중국은 병제 개혁과 주변의 해안 방어를 중요 과제로 여기고 이에 힘쓰고 있다. 푸젠성福建省 푸저우福州에 커다란 조선소를 만들어 크고 작은 군함을 제조하고 (…) 각지에 조병국造兵局을 건설해 총포와 탄약을 제조하고 있으며 (…) 요충지에는 빠짐없이 포대를 건축하는 한편, 이홍장의 향용鄕勇* 2만 명은 영국식 훈련을 받고 있다.

이홍장의 리더십으로 중국이 점차 군비를 확장하고 있다는 야마가타의 말에서 일본의 초조함이 전해집니다. 물론 일본의 군비 확장을

* 청 말 각지에서 조직된 지방의 군대를 의미한다.

주장하기 위해 야마가타가 중국의 우수함을 강조한 면도 있습니다.

후쿠자와 유키치의 등장

이렇게 중국이 단호한 행보를 보이는 동안 일본에서는 무슨 일이 일어났을까요? 당시 사람들이 남긴 말을 통해 그때의 일본인이 동아시아의 정세를 어떻게 생각했는지 살펴보겠습니다. 우선 후쿠자와 유키치福澤諭吉가 있습니다. 그는 1835년에 태어나서 이홍장과 같은 해인 1901년에 사망했습니다. 두 사람은 완전한 동시대 인물인 셈입니다.

후쿠자와는 1860년 미일수호통상조약의 비준서를 미국에 전하기 위해 태평양을 횡단하는 선박 포하탄Powhatan을 호위하는 간린마루咸臨丸를 탔습니다. 데키주쿠適塾*에서 네덜란드어를 배우고 일찍부터 해외로 눈을 돌리던 후쿠자와는 그렇게 미국으로 건너갔습니다. 그 후에도 후쿠자와는 세계를 여행해 영국, 프랑스, 독일 등의 각 도시를 일본에서 가장 빨리 방문한 사람 중 한 명이 됩니다. 또한 그는 게이오기주쿠慶應義塾대학**의 창립자며, 조선 유학생을 자신의 집에 머물게 하는 등 극진하게 도와주기도 했습니다. 그런 후쿠자와가 1885년에 주장한

---

* 오사카에 세워진 에도 시대의 학교. 주로 네덜란드를 통한 서구 학문을 가르쳤다.
** 약칭으로 '게이오대학'이라고 한다. 도쿄 소재의 명문 사립대학으로 와세다대학과 라이벌 관계로도 유명하다.

것이 바로 '탈아론_{脫亞論}'입니다. 유명한 한 구절을 보겠습니다.

> 우리 일본의 국토는 아시아의 동편에 있지만, 국민의 정신은 아시아의 고루함에서 벗어나 서양 문명으로 이동하고 있다. 그런데 불행히도 우리 이웃 나라는 지나_{支那}*와 조선 정도다. (…) 내가 보기에 이 두 나라는 서구 문명이 동쪽으로 전진하는 가운데 독립을 유지할 수 있는 길이 없다. (…) 그 국토는 세계 문명국에 의해 분할될 것이다. 이것은 의심의 여지가 조금도 없다. 우리 나라는 이웃 나라의 개명_{開明}을 기다려 함께 아시아를 흥하게 할 만한 여유가 없다. 차라리 그 대열에서 벗어나 서양의 문명국과 진퇴를 같이하고, 지나와 조선을 대하는 방법도 이웃 나라임을 고려해서 특별히 대하는 것이 아닌, 서양인이 그들을 대하는 것처럼 대하면 된다.
>
> ─《시사신보_{時事新報}》1885년 3월 16일 사설

후쿠자와는 조선의 개화파 인사에게 기대를 걸었고 조선 유학생을 소중히 여겨온 인물이었습니다. 그렇기 때문에 이 문장을 읽으면 의외란 생각이 들 수 있습니다. 조선인을 도와주던 후쿠자와가 왜 이 시기에 '탈아론'을 썼을까요?

──── 열강의 진출로 인한 아시아의 위기가 너무나 급박해서 이대로 가면 일본도 함께 식민지로 전락할 것 같아서가 아닐까요?

─────────

* 중국을 일컫는 말. 차별적인 용어이므로 현재는 거의 쓰지 않는다.

앞의 인용문만 읽는다면 그렇게 보입니
다. 하지만 한발 더 나아가 조선에서 있
었던 일을 생각해보세요.

왜 '탈아론'을
썼을까?

후쿠자와 유키치

—— 조선에서 있었던 사건인가요?

그래요, 조금 전에 말했던 것입니다. 후쿠자와가 '탈
아론'을 쓰기 1년 전의 사건입니다.

—— 1884년의 갑신정변인가요?

네, 맞습니다. 갑신정변의 결과 개화파는 패했고, 조선에 대한 일본의
영향력은 크게 약화됐습니다. 이와 관련해서 역사가 반노 준지坂野潤治
는 '탈아론'에 대한 새로운 해석을 제시했습니다. '탈아론'에 대한 그의
해석은 참으로 흥미롭습니다.

　우선 주목해야 할 것은 이 사설이 쓰인 시기입니다. '탈아론'은 1885
년 4월의 톈진조약 이전에 쓰였습니다. 그리고 '탈아론'에서 "우리 나
라는 이웃 나라의 개명을 기다려 함께 아시아를 흥하게 할 만한 여유
가 없다"라고 한 것은 '개화파에 대한 지원을 통해 조선에 진출하는 것
이 불가능해졌다'는 일종의 패배 선언이라고 이해해야 한다고 말합니
다. 여기서 이웃 나라는 조선을 가리키며, 중국은 포함되지 않습니다.
그리고 이어지는 "지나와 조선을 대하는 방법도 이웃 나라임을 고려해
특별히 대하는 것이 아닌, 서양인이 그들을 대하는 것처럼 대하면 된
다"라고 한 것은 '이제는 전쟁으로 청을 친 다음 조선 진출을 달성하는

수밖에 없다'고 해석해야 한다고 주장합니다.*

요컨대 후쿠자와의 '탈아론'은 서구 열강의 아시아 분할이 임박했기 때문에 어쩔 수 없이 연대를 포기하고 조선과 중국을 저버린다는 뜻이 아니라, 일본의 조선 진출은 조선 내부의 개혁을 기다릴 것이 아니라 중국을 친 다음 무력을 통해 실행해야 한다는 뜻으로 이해해야 한다는 것입니다.

슈타인의 등장

로렌츠 폰 슈타인

이번에는 야마가타 아리토모를 살펴보기로 합시다. 야마가타는 1888년 12월 지방제도 조사차 유럽 순방길에 오릅니다. 이듬해 10월까지 프랑스, 독일, 오스트리아 등을 방문했지요. 야마가타는 메이지 시대에 지방제도의 기초를 만든 사람이기 때문에 지방제도를 조사하기 위해 유럽에 간 것은 사실일 것입니다. 하지만 그는 육군경陸軍卿**과 참모본부장 등을 역임한 육군 최고의 권위자이기도 했습니

* 坂野潤治,《大系日本の歷史13 近代日本の出發》, 小學館, 1989 참조.
** 훗날의 육군대신에 해당하는 직위.

다. 따라서 아마도 유럽 방문을 기회로 일본의 국방 문제에 대한 견문을 넓히려고 했을 것입니다.

1889년 6월 오스트리아 빈에 머물던 야마가타는 당시 빈대학 정치경제학 교수였던 로렌츠 폰 슈타인Lorenz von Stein과 만나게 됩니다. 슈타인은 이토 히로부미가 헌법 조사차 유럽을 방문했을 때 이미 이토의 마음을 사로잡은 매력적인 학자였습니다. 그는 이토에게 메이지 헌법의 기둥이 되는 권력분립의 기본 구조, 국가가 행하는 사회정책의 필요성 등을 가르쳐주었습니다. 슈타인은 이토에게 그랬던 것처럼 이번엔 군인인 야마가타에게 주권선主權線과 이익선利益線이라는 개념을 가르쳤습니다. 훗날 야마가타는 제국의회에서 주권선·이익선에 대한 유명한 연설을 하게 됩니다. 헌법을 설명해준 학자가 군사에 대한 개념도 설명했다니 흥미로운 사실입니다.

야마가타는 슈타인과 만나서 가장 큰 걱정거리부터 이야기했습니다. "시베리아 철도가 만들어지면 일본은 어떻게 됩니까?" 야마가타는 러시아의 동향을 걱정했던 것입니다. 당시에는 러시아가 1891년쯤 시베리아 철도 부설을 시작할 것 같다는 소문이 돌았습니다. 철도와 국방의 관계는 상당히 밀접합니다. 그래서 야마가타는 '러시아가 시베리아 철도를 부설해 블라디보스토크까지 연결하면 일본의 방위가 위험해지지 않을까?'라고 생각한 것이지요. 그때까지 일본은 쓰시마해협, 대한해협, 쓰가루津輕해협, 소야宗谷해협 등에서 러시아를 막으면 된다고 생각했습니다. 하지만 시베리아 철도가 완성되면 상황은 달라집니

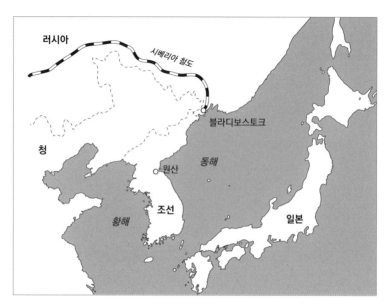

시베리아 철도와 조선

다. 그래서 '러시아가 블라디보스토크까지 진출해 그곳에 함대를 배치하면 끝장 아닌가?' 하는 걱정을 하게 된 것입니다.

그때 슈타인이 "자, 야마가타 씨 진정하세요"라고 말했는지 안 했는지는 모르겠습니다. (웃음) 하지만 야마가타를 안심시키고 차근차근 자신의 의견을 피력합니다. 슈타인은 유럽 각국이 전쟁에서 철도를 적극적으로 활용하는 것을 본 사람입니다. 그가 말한 내용은 다음과 같습니다.

시베리아 철도가 블라디보스토크까지 이어진다고 해도 당신이 걱정하는 것만큼 큰 문제는 아니다. 그 이유는 동아시아에 도달하려면 시베리아 철도는 중국 영토를 통과해야 하기 때문이다. 이것은 러시아를 제약하는 요인이 된다.

슈타인은 그렇게 말했지만, 실세로 시베리아 철도는 중국 영토를 통과하지 않는 대신 그 지점에 중둥 철도中東鐵道*라는 새로운 철도가 부설됩니다. 슈타인은 계속해서 말합니다.

이를테면 일본을 공격하는 러시아군이 3만 명이라고 할 때 그 병력을 실어 나르려면 객차 900대가 필요하다. 시베리아 철도는 황량한 토지에 선로 하나를 부설하는 것에 지나지 않는다. 따라서 아시아로 3만 명의 병력을 이동시키는 것은 무척이나 어렵다. 게다가 설사 병력이 블라디보스토크에 도착한다고 해도 항구는 얼어 있고 많은 수송선이 필요하기 때문에 이만큼의 병력이 움직이기는 어렵다.

이런 이야기를 듣고 야마가타는 다소 안심했을 것입니다. 하지만 슈타인은 안심하는 야마가타에게 놀라운 말을 합니다. 그 요지는 대략 다음과 같습니다.

* 1911년 이전에는 둥칭 철도東靑鐵道라고 했습니다.

시베리아 철도는 러시아가 조선을 점령하려고 할 때 결정적으로 중요한 역할을 할 것이다. 즉 러시아는 시베리아 철도를 통해 아시아에 대규모 해군을 배치할 수 있다. 조선 지배권, 해군의 근거지를 한반도 동쪽에 둘 수 있다는 점에서 시베리아 철도의 착공은 일본에 커다란 문제가 될 것이다.

제가 야마가타라면 "슈타인 선생님, 어떻게 해야 할지 빨리 말해주세요!" 하며 사정이라도 할 것 같네요. 확실히 러시아가 한반도의 동쪽으로 나와서 일본을 제압한다면 일본으로서는 곤란하겠지요. 일본인에게 동해는 춥고 얼어 있는 바다, 맛있는 대게가 잡히는 바다라는 이미지입니다. 그러나 조선인과 러시아인에게 동해는 따뜻한 바다의 이미지입니다. 대륙의 혹독한 추위에 단련된 사람에게 동해는 상대적으로 따뜻한 바다인 셈입니다.

만약 러시아가 한반도로 내려와서 동해안의 원산 일대에 항구를 만든다면 그곳은 극동함대의 기지가 되고 말 것입니다. 게다가 그곳은 리아스식 해안으로 수심이 상당히 깊어 큰 배도 안전하게 정박할 수 있습니다. 슈타인은 영흥만이라는 실제 지명을 언급하면서 러시아가 원산 앞바다의 영흥만을 기지로 삼으면 일본과의 거리가 멀지 않다며, 이 문제는 일본의 진퇴가 걸린 일이라고 했습니다. 야마가타는 놀랄수밖에 없었지요.

슈타인을 만나기 전부터 이미 야마가타는 '우리 나라의 정략政略은 조선을 중국으로부터 완전히 떼어놓아 자주독립국으로 만들고, 이를 통해 구주歐洲의 한 강국이 조선을 차지하지 않도록 하는 것이다'(1888년 1월경에 야마가타가 쓴 〈군사의견서〉의 한 구절)라고 생각했습니다. 쉽게 말해 일본의 정치와 전략은 중국의 영향력으로부터 조선을 떼어놓고 러시아가 조선을 차지하는 것을 막겠다는 것입니다. 중국으로부터 조선을 떼어놓는다는 것은 후쿠자와의 의견과 같습니다.

어쨌든 슈타인의 말을 듣고 야마가타는 싱딩히 어두운 얼굴이 됐습니다. 그러자 슈타인은 일본이 취해야 할 방법에 대해 몇 가지 힌트를 주었습니다.

우선 슈타인은 논의의 전제로 주권선과 이익선의 개념을 설명했습니다. 주권이 미치는 국토의 범위가 '주권선'이고 그 국토의 존망에 관계되는 외국의 상태가 '이익선'인데, 조선을 중립국으로 두는 것이 일본의 이익선이 된다고 했습니다. 즉 '조선을 즉시 점령할 필요는 없다. 스위스나 벨기에 또는 수에즈운하처럼 조선을 중립국으로 두는 것에 대해 영국, 러시아, 청, 독일, 프랑스 등의 승인을 받으면 된다.' 이것이 슈타인의 조언이었습니다.

슈타인의 충고는 '먼저 조선을 점령해라'라고 말하지 않았다는 점에서 현명했던 것 같습니다. 또 조선을 중립국으로 삼는 것에 대해 청 외의 열강에도 언질을 받으라고 했습니다.

> 주권선: 주권이 미치는 국토의 범위
> 이익선: 국토의 존망과 관련된 외국의 상태

한편 두 사람의 논의에는 '중국 대신 일본이 조선의 중립을 보장한다, 담보擔保한다'는 논리가 등장합니다. 담보는 무력과 같은 실력으로 특정한 상태를 계속 유지시키는 것을 말하는데, 야마가타와 슈타인의 만남에서 그런 분위기가 형성된 것입니다. 1889년 6월의 일입니다.

이듬해 일본에서는 대일본제국헌법이 시행돼 제1회 제국의회가 열립니다. 그리고 일본으로 돌아온 야마가타는 총리대신(총리)이 돼 제1회 제국의회의 의원과 대치하게 됩니다.

민권론자는
세계를 어떻게
보았을까

일단 나라의 독립이 중요하다

빈에서 돌아온 야마가타는 1889년 12월 구로다 기요타카黑田淸隆로부터 내각을 이어받았습니다. 총리가 된 야마가타는 1890년 11월 25일에 소집된 제1회 제국의회에서 총 300석의 의석 중 대부분을 차지한 민당民黨을 상대로 해군 건조비 등 군비 확장 예산을 설득하는 처지가 됐습니다. 참고로 민당은 반정부파로서 제국의회 중의원 가운데 입헌자유당立憲自由黨과 입헌개진당立憲改進黨에 소속된 의원을 가리킵니다. 제1회 의회에서 이들은 무려 171명에 달했습니다. 300석의 의석 중 과반수를 차지한 셈입니다.

당시 선거권과 피선거권은 직접 국세(직접세) 15엔 이상을 납입하는 사람으로 제한돼 있었습니다. 그래서 선거권을 가진 사람, 선거에 출마하는 사람 중에는 부자, 특히 지주가 많았습니다. 지주는 지세地稅 인하를 강력하게 원했습니다. 따라서 입헌자유당의 대부분을 차지하는 지주층은 정부가 추진하는 부국강병보다 먼저 민력휴양民力休養(지세 인하)을 주장했습니다. 오늘날의 상식으로는 지주(부자)층이 정부를 지지할 것 같은데, 이때의 지주는 민당을 지지하고 지세 경감과 반정부 입장을 고수했습니다.

이러한 때에 민당 사람들은 세계를 어떻게 보았을까요? 앞에서 소개한 후쿠자와나 야마가타의 동아시아 인식과 비교해보겠습니다. 그런데 그보다 조금 시대를 거슬러 올라가 11년 전인 1879년 지바현千葉縣 의원이었던 간 요시로幹義郞의 일기를 살펴보겠습니다. 1879년은 세이난전쟁이 끝난 지 2년이 흐른 해로, 정부가 재정 부족을 이유로 지폐를 증쇄하고 이 때문에 물가가 오르던 시기입니다. 또 국회를 개설해 어떻게든 국가적 문제를 해결해야 한다는 국회기성동맹國會期成同盟이 결성되는 등 국회 개설 요구가 고조되던 1880년의 1년 전이기도 합니다.

간 요시로는 지바의 명망가로 당시 자유민권운동을 추진하고 있었습니다. 여기서 명망가란 근세에는 촌장이나 말단 관리 등을 맡고, 메이지유신 이후에는 구청장 등을 역임하며 지역에서 중요한 역할을 했던 사람을 가리킵니다. 간 요시로는 1879년부터 1931년까지 상당히 오랫동안 일기를 남겼습니다. 일기에서 그는 이렇게 말합니다.

일본에서 조금이라도 학문을 아는 사람이라면 다들 입을 모아 국회를 열어야 하고 민권民權을 신장시켜야 한다고 논한다. 그러나 가만히 생각해보면 국회를 여는 것도 물론 중요하지만 그보다 더 급한 일이 있다. 그것이 무엇인가? 바로 조약 개정이다. 일본이 독립국으로서의 실권을 되찾으려면 조약을 개정해야만 한다. (…) 따라서 조약 개정을 먼저 하고 국회 개설은 나중에 해야 한다는 것이 나의 생각이다.

이 주장을 한마디로 말하면 무엇일까요?

──   조약 개정을 먼저 하라는 것입니다.

간단히 말하면 그렇습니다. 이때가 1879년인데, 정부가 국회 개설을 약속하기 2년 전 일입니다. 일본에서 처음으로 민권을 주창한 곳은 이타가키 다이스케板垣退助, 가타오카 겐키치片岡健吉 등 도사土佐*의 사족 계층으로 구성된 입지사立志社입니다. 그리고 입지사를 중심으로 민권파民權派의 전국 조직을 만들려고 했던 단체가 애국사愛國社인데, 애국사의 대회가 오사카에서 대규모로 열린 해가 1879년입니다.

그렇게도 국회 개설을 고대하던 민권파조차 조약 개정이 선결 과제라고 본 것입니다. '불평등조약을 강요받아 국가의 주권이 침해됐다. 주권을 어떻게 되찾을까?'라고 생각하며 상법과 민법을 열심히 만들려고 했던 것도 민권파 사이에서 독립에 대한 열망이 컸기 때문입니다.

*   현재의 고치현高知縣.

요시노 사쿠조吉野作造라는 인물이 있습니다. 도쿄제국대학* 법학부 교수로 다이쇼 데모크라시**의 이념적 기초를 만든 사람입니다. 일본 교과서에는 1916년 잡지《중앙공론中央公論》에 〈헌정의 본의를 주장하고, 그 유종의 미를 거두는 방법을 논한다〉라는 글을 발표하고 민주주의를 주장한 학자라고 소개되기도 합니다. 요시노의 제자 오카 요시타케岡義武는 요시노 못지않게 뛰어난 인물로, 태평양전쟁 말기에 일부 해군과 함께 미국을 통한 화평을 극비리에 추진하던 도쿄대학 법학부 교수 그룹 중의 한 명입니다.

오카는 제2차 세계대전 이전인 1936~1938년 유럽에서 유학했습니다. 그는 그곳에서 영국 측 외교 사료를 보았지요. 오카는 막부 말기~메이지유신 시기의 영국과 일본의 외교 관계를 1차 사료를 통해 제대로 비교한 첫 학자였다고 할 수 있습니다. 그때 그는 일본 민권파의 자유민권 사상과 루소 이래의 유럽 민주주의 이론을 비교하고, 그 차이를 알게 됐습니다. 특히 개인주의, 자유주의 등에 대한 일본 민권파의 이해가 얕다는 점을 깨달았습니다. 1935년경부터 유럽 유학 후인 1939년경까지 오카는 이러한 차이를 논문으로 정리했습니다.

여기에는 상당히 중요한 의미가 있습니다. 오카는 요시노 사쿠조의 뒤를 잇는 지식인인데, 그런 학자가 공교롭게도 중일전쟁 전후에 논문

* 현재는 도쿄대학이지만 제2차 세계대전 이전에는 도쿄제국대학이 정식 명칭이었다.
** 다이쇼 천황 재위기를 중심으로 근대 일본에서 민주주의와 자유주의가 꽃피고 정당정치가 발달했던 시기. 대략 1905년부터 1925년까지를 말한다.

을 쓴 것입니다. 또 그는 제2차 세계대전이 시작되기 직전에도 논문을 쏩니다.

오카는 일본의 민권파가 개인주의·자유주의 사상이 약한 것은 메이지 초기부터 국권을 최우선으로 생각했기 때문이라고 보았습니다. 그래서 '만약 자유주의의 사상적 기반이 없다면 상황에 따라 사람은 국가가 하는 모든 것을 받아들이게 되지 않을까?'라고 생각하게 된 것입니다. 확실히 그는 전쟁이 다가오는 것을 느끼면서 '과거 일본인이 어떻게 했으면 좋았을까?' 하고 깊이 고민했음에 틀림없습니다. 중일전쟁과 태평양전쟁 시대에 오카는 메이지 시대 일본인의 마음을 찬찬히 들여다보고 있었던 것입니다.

지금까지 이야기를 종합해보면 근대 일본에서는 민권파나 반정부 세력이라 할지라도 외교·군사에 관해서는 후쿠자와 야마가타와 비슷한 생각을 공유했다는 것을 알 수 있습니다. 당시 일본은 불평등조약 아래 근대 국가를 만들고 있었습니다. 그래서 자유·민주의 이상 이전에 '먼저 국권을 확립하자'는 '합리주의'가 부각됐던 것입니다.

그렇다면 국회의 의미는 무엇인가

물론 민권파에서도 '국회 개설이 가장 중요합니다, 불평등조약의 개정보다도 국회를 여는 것이 우선입니다'라고 주장하는 사람들이 있었습니다. 그런데 이들의 경우, 조금 과격하긴 하지만 나름 국회의 필요성에 대해 흥미로운 이유를 제시합니다. '법률이나 예산을 논하기 위해서'라는 식의 점잖은 이유가 아닙니다. 예를 들어 1879년 10월부터 11월 사이에 쓰인 야마나시현山梨縣의 어느 민권파 신문 기사를 봅시다.

야마나시현은 나가노현長野縣과 함께 양잠이 활발해 누에에서 생사生絲를 뽑는 제사업製絲業이 발달한 지역입니다. 그래서 무역이나 상업을 지켜주는 법률이 무엇인지, 토지세를 비롯한 세금은 어떻게 되는지에 관심이 많았습니다. 특히 민권파는 주로 지주층이었기 때문에 이 문제에 더욱 진지했습니다. 이런 특징을 가진 지역에서는 어떤 식으로 국회에 대해 논했을까요? 신문에 실린 '국회론國會論'이라는 사설의 한 구절을 소개하겠습니다.

대저 일국一國의 병력은 병사의 힘뿐 아니라 인민의 일치된 힘을 그 본원本源으로 한다. (…) 병력은 나라의 인심人心이 모이는 것에서 생겨나는 것이다. 무엇으로 인심을 모을 수 있는가? 그것은 국회다. 국회가 시급히 필요한 이유가 바로 여기에 있다.

'왜 국회를 열어야 하는가?'에 대해 문답형으로 설명하고 있네요. 병력은 국민의 집합체라고 정의한 다음, '국민을 하나로 모으는 것은 무엇인가?'라고 질문한 후 '국회를 통해서 국민을 하나로 모을 수 있다'고 결론짓습니다. 당시에 병력·국력의 의미를 군사력이라는 좁은 범위를 넘어 인심을 모으는 장소, 즉 국회까지 포함해서 이해했다는 사실이 무척이나 흥미롭습니다.

어쨌든 중요한 것은 국회 개설을 최우선으로 하는 민권파조차 '대외적으로 국가의 힘(군사력)을 어떻게 모을 것인가?' 하는 고민이 많았다는 점입니다. 그래서 민권파(후에 민당이 됨)의 논의를 듣고 있으면 반정부 입장이면서도 국가 전략의 근본적인 부분에서는 정부와 같은 견해라는 느낌이 듭니다. 이들은 정부의 요직이 사쓰마薩摩와 조슈長州의 번벌藩閥만으로 이루어졌다는 점,* 홋카이도北海道 개척 등으로 나라의 예산이 낭비된다는 점을 비판하면서도, 국회의 역할과 대외정책 등에 대해서는 후쿠자와나 야마가타 등의 견해와 별 차이가 없었습니다. 결국 민권파는 민주주의와 자유주의를 외치면서도 군비 확장과 대외침략에는 정부와 이해를 같이했던 셈입니다.

"무기력한 노예근성!"

이제 청일전쟁이 다가올 무렵인 1893년으로 가봅시다. 당시 사람들은 전쟁을 어떻게 생각했을까요? 1893년은 전쟁이 시작되기 1년 전입니

---

* 사쓰마는 오늘날의 가고시마현이고 조슈는 오늘날의 야마구치현山口縣이다. 메이지 정부의 요직은 거의 이 두 지방 출신으로 채워졌다. 따라서 사쓰마 번이나 조슈 번과 같은 특정 번 출신이 파벌을 형성했다는 의미에서 번벌이라는 표현이 사용되기도 했다.

다. 먼저 자유당의 신문 이야기부터 해야겠네요. 1890년 1월, 오이 겐타로大井憲太郎는 제1회 총선거를 앞두고 자유당을 재건했습니다. 그런데 자유당은 선거 후 제1회 제국의회를 앞두고 입헌자유당으로 이름을 바꿉니다. 그리고 1891년에는 이타가키 다이스케板垣退助*를 총재로 해서 다시 자유당으로 이름을 바꿉니다. 이후 자유당은 정부에 맞서는 민당 연합의 중심이 되는 유력한 정당으로 거듭납니다.

　당시에는 정부 관리와 지식인, 서민이 사는 세계가 각기 달랐습니다. 그래서 언론의 역할이 꽤나 흥미롭습니다. 이를테면 '소박한 일상을 살아가는 민중에게 어떻게 정부의 방침이나 국제적인 움직임을 설명할 것인가?' 하는 문제가 있다고 합시다. 참고로 지식인이 많았던 민권파의 문화적 환경은 민중보다는 관리와 더 가까웠습니다. 그래서 자유당은《자유당보自由黨報》와《자유등自由燈》이라는 두 가지 신문을 발행했습니다.《자유당보》는 민권파와 정부 당국자를 의식해서 딱딱한 문장을 사용했고,《자유등》은 그림을 많이 넣었습니다. 자유당의 생각을 쉽게 하층민과 민중에게 알리려고 노력한 것이지요. '자유당', '자유등', '자유의 등'이라고 홍보한 것도 언어유희를 계산에 넣은 것입니다. 기발하지 않나요?

　《자유등》은 대중연설에서 재미있게 분위기를 띄울 때 많이 사용됐습니다. 예를 들어 이런 식입니다. 마키하라 노리오牧原憲夫의《고객과

*　근대 일본에서 일어난 자유민권운동의 대표적 인물. 자유당의 지도자로 유명하다.

국민 사이》(1884)*라는 재미있는 책에 이런 글이 실려 있습니다. 한번 볼까요?

우리 3700만 명의 동포 형제 중에는 징병, 주세酒稅, 담뱃세에 관해 고통을 토로하는 완고한 아버지가 적잖다. 그러나 외국과의 관계가 어떤지에 대해서는 전혀 관심이 없다. 외교 이야기를 하면 바로 잠들어버리지 않는가. (…) 참으로 무기력한 노예근성이다. (…) 아! 이렇게 한심한 사람은 일본이 러시아의 속국이 된다 해도 "예! 예!" 하면서 머리를 숙일 것이다.

이 글을 보면 아무리 하층민에게 투표권이 없다 해도 이렇게 직접 한심하다고 하면서 선동해도 괜찮을까, 하는 생각이 들 정도입니다. 물론 전체 문장을 보면 일단 외교 문제에 눈을 뜨지 않으면 러시아의 속국이 되고 말 것이라고 위협함으로써 민중이 국회에 흥미를 갖게 하려는 노력이 엿보입니다. 당시 사람들은 선거권의 유무에 관계없이 이벤트처럼 연설회에 가서 연설을 듣곤 했습니다. 그래서 정당으로서는 선거권이 없는 민중이라도 소중한 고객이었습니다.

그렇다면 지식인이나 정부 당국자를 위한 《자유당보》는 어땠을까요? 이 신문을 보면 국가 전략에 대한 자유당의 주장이 야마가타의 그것과 거의 같다는 것을 알 수 있습니다. 청일전쟁 직전 실린 기사를 찾

* 牧原憲夫,《客分と國民のあいだ》, 吉川弘文館, 1998.

아보면 '조선의 독립을 옹호하기 위한 의로운 전쟁', '우리 나라의 독립을 지키기 위한 자위전쟁', '개화와 보수의 전쟁' 등 말하고 싶은 대로 거침없이 주장합니다.

기본적으로 자유당 측 신문의 주장은 후쿠자와 유키치가 1894년 7월 29일(청일전쟁을 시작한 후)에 쓴 다음의 기사 내용과 같습니다. 《시사신보》에 실린 '청일전쟁은 문명과 야만의 전쟁이다'를 봅시다.

그들은 완고하고 무지해서 보통의 도리를 이해하지 못하고, 문명개화의 진보를 보고 이를 좋아하지 않을 뿐만 아니라, 반대로 그 진보를 방해하고자 무법하게도 우리에게 반대 의사를 표시했기 때문에 어쩔 수 없이 사태가 여기에 이르렀을 뿐이다.

후쿠자와는 '청나라 사람은 고루한 생각에 사로잡혀 보통의 도리를 이해하지 못한다. 조선의 개혁에 동의하지 않을 뿐만 아니라 그것을 방해하기 때문에 일본은 어쩔 수 없이 문명개화를 위해서 병력에 호소하는 것이다. 일본군은 중국에 문명을 알리기 위한 군대다'라고 주장했습니다.

민권파와 후쿠자와가 쌍수를 들어 청일전쟁에 찬성하는 것을 보면 조금 이상한 기분이 들지 않습니까?

—— 특별히 이상하다는 생각은 들지 않습니다. '전쟁을 반대한다', '전쟁을 반대할 수 있다'는 식의 정서가 당시 사람들에게는 없었던 것

같고….

아, 예상 밖의 대답이네요. 이거 곤란한데요. (웃음) 그렇군요. 여러분은 '민당=반정부=전쟁 반대'라고 생각하지 않는군요. 그러면 조금 질문을 넓혀보지요. 러일전쟁 때는 반전론자가 꽤 있었는데 왜 청일전쟁 때는 없었을까요? 물론 조금 전에 언급한 민권파가 불평등조약이 체결된 이후 일본의 자립을 상당히 강하게 의식했다는 점도 이유가 됩니다. 하지만 그뿐만이 아닙니다. 민권파는 러일전쟁 때와 달리 청일전쟁을 반대하지 않았습니다. 왜 그랬을까요?

── 반대하지 않았던 이유요?

러일전쟁 직전의 의회 상황을 알면 이해가 빠릅니다. 러일전쟁 때 정우회政友會는 진짜로 전쟁에 반대했습니다. 그러나 청일전쟁 때 자유당은 무리하게 전쟁을 시작하려는 정부에 협조했습니다. 자유당이 그렇게 전쟁에 편승했던 이유는 무엇일까요?

── ….

짐작이 안 가나요? 적당한 대답과 깊이 있는 대답, 두 가지가 있습니다만….

── 청은 약하고 일본은 강하기 때문에 전쟁이 쉽게 끝날 것이라고 생각했습니다.

청을 얕보았다는 뜻인가요? 그런 점이 있었을지도 모르겠습니다. 그 외에 다른 이유는요?

── '조선에 대한 영향력을 강화하면 수출용 생사가 더 많이 팔려서

농촌의 소득이 올라가고, 그러면 자유당에 표가 몰린다'가 아닐까요? 《자유당보》를 찬찬히 읽어보면 놀랄 만큼 호전적인데, 그 이유 중 하나는 바로 방금 말한 대답에 있습니다. '청일전쟁에 승리해서 조선에 대한 정치적·경제적 영향력을 독점할 수 있다면 일본의 시장을 확대할 수 있다'는 커다란 기대가 있었던 것입니다.

번벌정치에 대항하기 위해

후쿠자와 유키치는 '민당은 의회에서 중의원 의원의 8할을 차지하기 때문에 정부의 법률안, 예산안 통과를 좌지우지할 수 있다. 그럼에도 민당은 정부에 대해서 번벌정부, 전제정부라는 비판밖에 할 수 없을 것'이라고 주장합니다. 당시 정부에는 조슈·사쓰마·도사·히젠肥前*이라는 네 개의 번 세력이 있었고, 이들이 정부의 요직을 독점했습니다. 그 때문에 민당인 자유당이나 개진당改進黨** 소속 사람은 아무리 돈이 있고 우수해도 번벌정부의 내부로 파고들 수 없었습니다.

　오늘날에는 관료가 되기 위한 공무원 시험도 있고, 국회의원이 장관을 겸하기도 합니다. 그러나 당시에는 국가고시도 없고 정당을 기초

---

* 　현재의 사가현佐賀縣 일부와 나가사키현長崎縣 일부를 포함하는 지역의 옛 이름.
** 　앞서 언급한 입헌개진당의 약칭.

로 한 내각제도도 만들어지기 전인지라 사쓰마와 조슈를 핵심으로 한 번벌정부는 정부 인사권을 자기들끼리 휘두르곤 했지요. 그래서 후쿠자와는 조선을 일본의 세력권으로 편입한 후 민당으로 하여금 조선이라는 신천지로 진출해서 요직을 차지하라고 주장한 것입니다. 실제로 청일전쟁 이후 타이완이 일본에 편입됐고, 조선에 대한 일본의 영향력 또한 현저히 키졌습니다. 그 후 타이완총독부가 세워지고 러일전쟁을 거쳐 조선총독부가 설치됩니다. 이 두 곳의 식민지를 획득함으로써 수천 명 규모의 새로운 보직이 생겨나게 됩니다.

> "민당은 새로운 영토(식민지)의 관료직을 차지해라."
> ― 후쿠자와 유키치

원래 역사학자는 크리스마스나 추석 같은 공휴일에도 국립공문서관 등에서 마이크로필름으로 된 사료를 꼼꼼하게 살펴보곤 합니다. 그게 일이니까요. (웃음) 저도 그렇게 사료를 조사하다가 타이완총독부, 조선총독부 관료의 '직원록職員錄'이라는 일람표를 본 적이 있습니다.

청일전쟁 이후 일본은 타이완을 식민지로 획득했습니다. 타이완에 관청이 세워졌고, 일본의 초등교사·농업시험장 기사·재판관·경찰관·군인 등이 타이완으로 건너갔습니다. 그런데 그 수가 정말 많아서 깜짝 놀랐습니다. 태평양전쟁 종결 시점을 기준으로 타이완총독부에는 4만 3870명의 일본인 관료가 있었습니다. 상당히 많은 수입니다. 그래서 후쿠자와가 "지금이야말로 민당은 새로운 식민지를 획득하고, 거기서 지금껏 얻지 못했던 관료직을 얻어라"라고 했던 것이지요.

이것이 자유당을 포함한 민당이 청일전쟁을 그다지 반대하지 않았던 이유 중 하나입니다. 그럼 다른 이유는 무엇일까요?

── ….

전비를 조달한 것은 우리다

청일전쟁은 기본적으로 9개월(1894년 7월 25일~1895년 4월 17일) 동안 치러졌습니다. 평균 전비戰費는 한 달에 약 2000만 엔이었지요. 그래서 임시군사비 약 2억 엔 내에서 전비를 조달할 수 있었습니다. 당시 메이지 정부는 국채 발행을 통해 세입을 늘리는 것에 상당히 신중했습니다. 빚을 많이 지면 나라의 독립이 위험해진다고 보았기 때문입니다. 청일전쟁 전비는 제1회 의회에서 절충 끝에 통과됐습니다.

청일전쟁 전비 이야기를 본격적으로 하기 전에 당시 예산에 대한 기초적인 이야기부터 해보겠습니다. 국가에서 돈을 쓸 때는 정부가 예산안을 세우고, 그것이 의회를 통과해야 합니다. 대일본제국헌법 제6장 '회계'에 나오는 내용입니다. 사실 일본이 메이지유신 이후 그럭저럭 안정됐던 데에는 지조地租(토지에 대한 세금)가 확립돼 예산안을 편성할 수 있었던 점이 크게 작용했습니다.

국가의 예산안 편성은 아주 방대한 계획입니다. 예산안을 편성하면 전함 여러 척을 10년에 걸쳐 구입하는 것과 같은 큰 계획도 세울 수 있지요. 여기서 중요한 것은 헌법 제64조 1항의 "국가의 세출·세입은 매년 예산에 대해 제국의회의 협찬을 거쳐야 한다"라는 조항입니다. 이 조항이 있기 때문에 정부는 마음 내키는 대로 예산을 결정할 수 없습니다. 의회가 해마다 '예산은 이만큼입니다'라고 허락해야만 예산이 성립합니다.

청일전쟁 당시 민당은 지조를 늘리고 싶지 않았습니다. 그래서 정부에 관료 비용을 절감하라고 요구했습니다. 이른바 정무 비용 절감입니다. 민당은 제1회 의회 때부터 정무 비용 절감을 대단히 강하게 주장했습니다. 그래서 민당은 (자유당이든 개진당이든) 자신들이 정무 비용 절감을 국가에 강요했기 때문에 전비를 마련할 수 있었다고 자부하기도 했습니다. 이러한 민당 의원의 마음을 어떻게 알 수 있을까요? 사료가 남아 있기 때문입니다. 다나카 쇼조田中正造의 연하장이 바로 그것입니다.

다나카 쇼조는 러일전쟁 당시 반전론·비전론으로 유명했습니다. 그렇지만 청일전쟁에는 찬성했습니다. 그는 훗날 아시오동산 광독 사건* 당시 이 문제를 메이지 천황에게 직소直訴하기도 했습니다. 러일전쟁 3년 전인 1901년 다나카는 제1회 중의원 의원선거에서 당선된 입헌개진당 의원이었는데, 청일전쟁에 대해서 "좋은 전쟁이었다"라고 말했습니다. 청일전쟁 중 전쟁에서 일본이 이길 것을 깨달았던 1895년 1

월 1일에는 연하장에 이렇게 썼습니다.

근하신년. 문명의 명예는 전 세계적으로 높아지고 있습니다. 해육군海陸軍
은 연전연승, 400여 주州를 압도하고 있습니다. 잉여금 2600여만 엔으로 5
개월간의 군비를 지불했습니다. 이것은 의회가 개설된 이래 민당이 신념을
지켜 적게나마 경비를 절감한 결과입니다. 생각해보면 고통을 함께하지 않
으면 즐거움도 함께할 수 없습니다. 과거에 제군諸君과 고통을 함께했기에
지금 즐거워하는 것도 그와 같습니다. 어찌 축하하지 않을 수 있겠습니까.
- 《다나카 쇼조 문집(1)》**

한자투성이의 딱딱한 문장입니다. 이런 연하장을 받으면 설날에 한
잔할 기분도 다 사라질 것 같네요. 어쨌든 문장을 좀 더 살펴봅시다.
400여 주라는 것은 일종의 비유로 광대한 중국을 의미합니다. 그리고
잉여금, 즉 세출에서 남은 돈 2600여만 엔으로 5개월간의 군비를 지불
했는데, 이는 자신들이 정부를 압박해서 만든 것이라고 덧붙입니다.

당시 일본은 탄약과 군함 등 무기의 상당수를 영국, 프랑스 등에 의

---

* 메이지 시대 아시오동산은 일본 최대의 구리 광산이었다. 그런데 광산업이 발달함에 따
라 광산 주변이 광독으로 크게 오염돼 심각한 환경문제를 낳았다. 이 문제는 1880년대부터
1900년대까지 본격적으로 제기됐고, 이때 다나카 쇼조는 국회의원으로서 문제를 해결하기
위해 노력했다. 광독으로 인한 오염은 그 후에도 수십 년간 지속됐다.
** 田中正造, 由井正臣·小松裕 編,《田中正造文集(1) 鑛毒と政治》, 岩波書店, 2004.

존했습니다. 그래서 군비 지불은 심각한 문제였습니다. 그런데 이와 같은 군비 지불이 자신들 덕분이라고 말하고 있군요. 즉 의회가 정부를 향해 절약을 요구하는 한편, 관료의 낭비와 해군의 비리를 강력하게 비난했기에 예산을 절약할 수 있었고, 그 절약한 돈으로 군비를 조달했다는 것입니다.

쐬나 의미심상한 말입니다. 이것은 '청일전쟁의 승리는 지도자 야마가타 아리토모 또는 육군·해군에 의한 것이 아니라 의회 덕분이다. 의회가 열심히 정부를 압박해서 정무 비용을 절감하도록 했고 그 결과 전쟁 비용을 조달할 수 있었기 때문이다'라는 뜻입니다. 전쟁에 대한 강경 발언인 셈입니다. 다나카 쇼조는 아시오동산 광독사건 당시 피해 농민을 위해 광독 문제를 천황에게 직접 호소했던 사람입니다. 이렇게 뚜렷한 신념을 가진 정치가도 강경한 자세로 청일전쟁을 맞이했던 것입니다. 앞에서 언급한 연하장도 그런 사례의 하나입니다. 결국 대외 강경책 차원에서 민당은 정부와 아무런 차이가 없었던 것이지요. 따라서 민당이 청일전쟁을 반대할 이유는 없었던 셈입니다.

마지막으로 청일전쟁 당시의 외상外相 무쓰 무네미쓰陸奧宗光*가 청일전쟁을 추진한 것에 대해 살펴보겠습니다. 다음에 소개한 무쓰의 말을 음미해보십시오. 1893년 당시 제국의회에서 한 연설입니다.

---

* 메이지 시대 일본의 정치가, 외교관. 청일전쟁 당시의 외상으로 유명하다. 서구 열강과 맺은 일본의 불평등조약의 개정에 힘썼으며, 청일전쟁 때는 열강이 일본에 간섭하지 못하도록 외교적인 노력을 기울였다. 저서로 청일전쟁 당시의 상황을 기록한 《건건록蹇蹇錄》이 있다.

조약 개정 목적을 달성하기 위해서는 필경 우리 나라의 진보, 우리 나라의 개화가 필요하며 이를 통해 우리가 진정으로 아시아에서 특별한 문명, 강력한 국가라는 것을 외국에 알려야 한다.

즉 '열강과의 조약을 개정하려면 일본의 발전을 이벤트로 보이려고 해서는 안 된다. 최종적으로는 일본의 진보, 일본의 개화를 구미에 알리기 위해 일본이 아시아에서 특별한 문명과 군사력을 갖춘 국가라는 증거를 열강의 눈에 구체적으로 보여주지 않으면 안 된다'라는 의미입니다.

내용이 참으로 강경하지 않은가요? 이처럼 강경한 태도의 인물이 외무대신(외상)이었습니다. 당시 청과 일본은 조선 정부의 재정 개혁을 명목으로 서로 대립 중이었고, 일본은 청과의 전쟁을 고려하고 있었습니다. 당연히 일본의 강경책에는 외무대신 무쓰의 입장이 반영돼 있다고 봐야 합니다. 개전開戰 직전 무쓰는 이렇게도 말했습니다. "우리에게 책임이 돌아가지 않는 한 어떠한 수단을 써서라도 개전의 구실을 만들어야 한다." 육군대신도, 해군대신도 아닌 외무대신이 전쟁의 구실을 만들라고 지시한 것입니다.

사실 청일전쟁은 청과 일본 두 나라만의 문제

"일본이 특별한 나라라는 것을 실증하고 보여주는 것이다."

무쓰 무네미쓰
사진: 일본 국립국회도서관
홈페이지

가 아니었습니다. 영국을 비롯한 세계 여러 나라가 청일전쟁이 시작될 무렵 혹은 시작된 뒤에 여러 가지 간섭을 할 수 있습니다. 예를 들어 '전쟁을 빨리 그만두어라', '베이징까지 진격하면 안 된다'와 같은 것이지요. 이러한 상황에서 무쓰는 나중에 일본이 비판받지 않도록 어떻게 해서든 개전의 구실을 만들고자 했던 것입니다.

———— 굉장하네요.

청일전쟁은
왜
일어났을까

외무대신의 강경한 태도

그렇다면 청일전쟁은 어떤 식으로 시작됐을까요? 청일전쟁 직전으로 가봅시다. 먼저 무쓰 무네미쓰의 《건건록》을 보겠습니다.

이 책은 외무대신 무쓰 무네미쓰가 청일전쟁이 끝나고 1895년 4월에 강화조약이 체결된 직후 러시아, 독일, 프랑스의 3개국으로부터 '일본이 중국 대륙의 일부인 랴오둥반도를 획득하면 안 된다', '중국에 돌려줘라' 등의 말을 듣고 랴오둥반도를 중국에 돌려줘야 했던 사건(삼국간섭) 이후에 집필됐습니다. '나는 청일전쟁에 관련해 이렇게 행동했고 이렇게 싸웠다. 그러나 이와 같은 간섭을 받게 됐다'고 차분하게 쓴 것입니다. 어떻게 보면 이 책은 변명을 위한 책입니다. 《건건록》이라는 특이한 표제의 의미는 중국 고전에 나오는 '건건비궁蹇蹇匪躬(심신이 힘들어도 전력을 다해 군주를 섬긴다는 의미)'에서 따온 것이라고 합니다. 다시 말해 메이지 천황에게 자신은 이렇게 전쟁을 시작하고 승리했으며 강화를 맺었음에도 삼국의 간섭을 받았다고 설명하는 것입니다.

무쓰의 관점으로 세계를 바라본다는 것에 주의하면서, 《건건록》에 입각해 청일전쟁의 개전 과정을 살펴보겠습니다. 《건건록》은 제1장 '동학농민운동'으로 시작해서 마지막 제21장 '러시아, 독일, 프랑스의 간섭(하)'으로 끝납니다. 동학농민운동이 일어난 것을 청일전쟁의 대전제로 삼았습니다.

1894년 조선에서 정부에 대항하는 동학농민운동이 일어났습니다. 봉기한 농민은 '동학東學'이라는 신앙을 신봉했습니다. 동학은 서학西學(그리스도교)에 대항한다는 의미로 지어진 이름입니다. 동학은 유교를 근간으로 불교, 도교, 민간 신앙이 합쳐진 민중 종교였습니다. 당시 전봉준이 이끄는 동학농민운동은 조선 남부 일대로 확대됐고, 봉기는 그해 6월에 최고조에 달했습니다. 그러자 조선은 청에 출병을 요청했습니다.

그 무렵 청은 무력에 호소해서라도 조선을 지키려고 했습니다. 이홍장은 속방屬邦을 보호한다는 명목으로 재빠르게 순양함 두 척, 육군 2000여 명을 조선으로 파견합니다. 그리고 6월 6일 청은 일본에 조선 출병을 통보했습니다. 앞에서 언급했듯이 1885년에 이토 히로부미와 이홍장이 맺은 톈진조약은 조선 출병 시 미리 서로 통보할 것을 규정했습니다. 이 조약에서 중국과 일본은 서로 평등합니다. 그러나 육지로 이어진 중국은 거리상 일본보다 파병에 유리합니다. 어쨌든 일본도 6월 7일 중국에 출병을 통보합니다.

그러나 6월 11일 외국의 간섭을 우려했던 조선은 동학농민운동의 농민군 측 요구를 거의 받아들였습니다. 그 결과 봉기는 급속히 진정됐고, 청은 아무 소득 없이 군대를 철수해야 할 지경에 이르렀습니다. 그런데 그 하루 전날 조선과 청을 놀라게 한 사건이 벌어집니다.

6월 10일 일본이 믿을 수 없을 만큼 빠르게 해군육전대陸戰隊 430명을 서울에 입성시킨 것입니다. 이어서 6월 16일 일본은 육군 4000명을 인천에 상륙시켰습니다. 무쓰는 이렇게 말했습니다.

우리 정부의 계획은 외교에서 피동자被動者의 자리를 지키고, 군사에서는 언제나 기선을 제압하는 것이다.

무쓰의 발언은 '외교적으로는 어쩔 수 없이 수동적인 태도를 취하지만 군사적으로는 착실히 준비한다'는 뜻입니다. 옛 표현이라는 게 참 재미있습니다. '피동자'라는 말은 지금은 거의 쓰이지 않는데, 자신이 하고 싶은 게 아니라 '하게 됐다'는 수동형입니다. 당시 일본은 군사적으로는 꽤 일찍부터 히로시마에서 인천까지 얼마나 빨리 군대를 보낼 수 있는지 파악하면서 파병을 준비하고 있었습니다. 그러나 무쓰는 적어도 외교적으로는 조선에서 봉기가 일어나고 중국이 먼저 출병하는 것을 기다려야 한다고 생각했습니다.

그러나 조선에서 일어난 봉기는 이미 진정됐고, 청군과 일본군은 조선에서 대치하게 됐습니다. 그리고 한 달 뒤 청일전쟁이 발발하는데 (1894년 7월 말 발발했고 8월 1일 선전포고가 행해짐), 그렇다면 그동안 무슨 일이 있었던 것일까요?

무쓰 무네미쓰는 일본과 청이 함께 조선 정부에 개혁을 요구하자고 청에 제안했습니다. 또한 "실효성 있는 개혁이 이루어지지 못한다면 군대를 철수할 수 없다"라고 말했습니다. 그는 왜 이런 제안을 했을까요? 개혁은 예를 들어 예산 편성이나 조세제도의 개정과 같은 복잡한 제도적 정비를 의미하는데, 이런 개혁은 금방 끝나는 것이 아닙니다. 일본군과 청군이 대치하는 상황에서 일본은 개혁이 이루어지기 전까지 군대를 돌릴 수 없다고 했습니다. 이것이 '외교에서의 피동자'입니다. 당시 조선은 경제 개혁을 필요로 하고 있었기에, 그런 조선에 경제 개혁을 요구하는 것은 그럴듯한 명분이 됐습니다. 하지만 군대를 철수하지 않는다는 것은 사실 피동자라고 할 수 없습니다. 오히려 적극적이고 공격적인 태도지요.

그러나 중국은 양쪽 모두 군대를 철수해야 한다고 했습니다. 또 일본이 제안한 개혁 요구에 대해서는 하고 싶은 대로 하라고 했습니다. 어차피 조선에는 친중국파가 많아서 일본의 말을 들을 세력이 없다고 판단했기 때문입니다. 중국은 무쓰의 강경한 태도가 허장성세일 것이라고 생각했습니다. 당시 중국의 생각은 '일본은 제국의회에서 의견이 대립할 것이다. 헌법을 정지하지 않고는 정부 예산이 통과되지 못할 것이라고 한다. 일본은 외부에서 문제를 일으켜 국내 정치에 필요한 시간을 벌고 있는 것이 아닐까?'라는 것이었습니다. 중국의 사료를 보면 일본 주재 중국 공사 등이 그렇게 생각했다는 것을 알 수 있습니다.

중국의 반론은 무엇일까

한편 일본을 대표하는 무쓰는 일본은 군대를 철수하지 않을 것이며, 조선의 개혁은 일본 단독으로라도 진행한다고 청에 통보했습니다. 이때 청은 능숙한 반론으로 일본을 난처하게 했습니다. 청의 처지에서 생각해봅시다. 과연 청의 반론은 무엇이었을까요?

—— 음, 어려워요.

힌트를 준다면, 상대의 논리를 그대로 써서 반론하는 것이 외교적으로는 제일 효과가 있습니다. 청은 어떤 식으로 조선의 개혁이 필요 없다고 반론했을까요? 일찍이 일본은 조선과 중국의 관계를 비판하며 어떤 주장을 했습니다. 그것을 청이 역이용한 것입니다.

—— 조선 정부가 일본에 요청한 것이 아니라고 하지 않았을까요?

네, 그렇습니다. 양쪽 군대가 모두 조선에 있었지만 청의 경우 조선 정부로부터 출병을 요청받았는데 일본은 그렇지 않았습니다. 그래도 톈진조약에 따라 일본의 출병 자체는 가능했습니다. 하지만 일본의 출병은 조선 정부의 요청에 따른 것이 아니기 때문에 중국의 반론은 일본을 난처하게 했습니다. 왜 그런지 짐작이 가나요?

—— 조선의 의사를 존중해야 하기 때문입니다.

왜 일본은 조선의 의사를 존중해야 했을까요?

—— 조선이 '독립국'이기 때문입니다.

네, 그렇습니다. 그전에 일본이 사용한 표현이 있습니다. 일본은 조선과 조약을 맺고 어떤 말을 남겼을까요?

—— '자주국'입니다.

그렇습니다. 자세히 보면 더욱 재미있습니다. 청은 '조선 왕조는 독립국이라고 말을 꺼낸 것은 당신들이 아닙니까?'라고 정확하게 일본에 반론을 제기했습니다. '1876년 2월에 일본이 조선과 체결한 조일수호조규 제1조에도 그렇게 나오고, 그 후에도 계속 독립국이라고 하지 않았나요?'라는 것입니다. 더구나 후쿠자와도 "청이 종주국으로서 조선의 위에 있기 때문에 조선 정부가 개혁을 단행할 수 없다"라고 계속 말해왔습니다. 결국 청의 논리는 '조선은 자주국이라고 계속 말하던 일본이 왜 내정간섭이 될 수 있는 개혁을 강제합니까?'라는 것이었습니다. 6월 21일경의 일입니다.

동학농민운동이라는 돌발적인 사건이 일어나자 청과 일본은 톈진조약에 의거해 조선 출병을 단행했습니다. 그리고 양국 군대는 일정 거리를 두고 대치하다가 외교적 절충을 합니다. 이것이 청일전쟁 직전의 상황입니다. 이렇게 볼 때 조선 정부에 내정개혁을 요구하는 일본의 주장은 상당한 억지였습니다. 그러나 최종적으로 일본은 조선에 대한 청의 입장을 무력으로 무너뜨리기로 합니다.

청일전쟁 시기의 국제 환경

그렇게 청일전쟁이 일어났습니다. 물론 청일전쟁을 주도한 것은 무쓰의 노력만이 아닙니다. 당시의 국제 환경도 파악할 필요가 있습니다.

당시 청은 일본이 러시아의 간섭을 두려워할 것을 계산에 넣고 있었습니다. 그리고 일본은 영국과 손을 잡고 있었습니다. 사실 청일전쟁은 제국주의 전쟁의 대리전이기도 했습니다.

1894년 7월 16일 영국은 일본과 영일통상항해조약을 체결했습니다. 이는 일본이 전쟁을 하고 싶으면 해도 된다는 메시지였습니다. 그 직전까지 영국은 청과 일본의 전쟁을 틈타 러시아가 남하할 것을 두려워했습니다. 그러나 점차 영국은 러시아와 협상을 진행하면서도 아무것도 할 수 없는 청을 약자로 간주하기 시작했습니다. 그래서 일본을 지지함으로써 러시아의 남하에 대항하기로 하고, 일본의 관세자주권과 치외법권 개정 요구에 긍정적인 태도를 취했습니다. 청일전쟁 전에 이 같은 일이 진행됐던 것입니다. 이것은 일본이 전쟁을 한다면 끝까지 응원하겠다는 일종의 신호였습니다. 그렇게 일본은 영국의 대리자가 됐습니다.

청일전쟁으로 일본이 획득한 영토

　이에 맞서 청은 러시아의 대리자가 됐습니다. 중국의 이홍장은 청일 전쟁 이전에도, 이후에도 러시아에 접근하는 정책을 고수했습니다.

　그럼 왜 영국과 러시아는 조선을 무대로 대치하게 됐을까요? 경제 적 이익을 중심으로 생각해봅시다. 일단 정답은 청일전쟁이 끝난 후 맺은 시모노세키조약에 나옵니다. 청·일 양국의 강화조약은 9개월간 의 전쟁을 끝낸 1895년 4월에 조인됐습니다. 조약의 제1조는 "청은 조 선이 완전무결한 자주독립국임을 확인한다"입니다. 조선에 대한 형용 사가 많습니다. 지금의 시각으로 바라보면 조금 이상한 느낌이 듭니다.

청을 대신해 조선에 영향력을 행사하려는 일본은 이와 같은 다짐을 청으로부터 받은 것입니다.

1876년의 조일수호조규에서도 조선은 '자주국'이라고 쓰여 있습니다. 그것이 청일전쟁 후의 시모노세키조약에서는 '완전무결한 자주독립국'이 됐습니다. 이와 같은 조선과의 조약 그리고 조선의 개항장 설치는 다른 열강에도 모두 균등하게 적용됐습니다. 일본은 그 실행을 보장하는 일을 맡게 된 것이지요. 물론 일본은 다른 열강보다 조선과 지리적으로 가깝기 때문에 조선의 무역시장에서 큰 이익을 얻게 됩니다.

또한 시모노세키조약은 청에 후베이성湖北省 사스沙市, 쓰촨성四川省 충칭重慶, 장쑤성江蘇省 쑤저우蘇州, 저장성浙江省 항저우杭州를 추가로 개항하도록 규정했는데, 일본이 획득한 이 조건은 다른 나라에도 똑같이 적용됐습니다. 결국 일본의 승리는 다른 나라의 경제적 이익에도 공헌한 셈입니다.

보통선거운동이 일어난 이유

청일전쟁은 근대 일본이 강대국과 벌인 첫 번째 전쟁이었습니다. 참모본부가 편찬한 공식 《전사戰史》에 따르면 1894년 7월 25일부터 1895년 11월 18일까지 육군 전사자는 1만 3488명, 부상자는 28만 5853명이었습니다. 사망자는 적은데 부상자가 많습니다. 해군 전사자는 90명,

부상자는 197명이라는 기록이 있으니, 육해군을 통틀어 약 1만 4000명이 희생된 셈입니다. 청의 정확한 전사자 수는 파악하기 어려운데, 청일전쟁 연구 권위자 하라다 게이치原田敬一에 따르면 청이 약 3만 명, 조선도 3만 명 이상이 희생됐을 것으로 추산됩니다.

청일전쟁 이후 일본은 여러 가지로 변했습니다. 조금 전 언급한 대로 1894년 7월에 맺은 영일통상항해소약으로 일본은 영사재판권 폐지, 부분적이나마 관세자주권 회복을 이루었습니다. 또한 청으로부터 2억 냥(랴오둥반도를 돌려주는 대가로 받은 환부금을 포함하면 약 3억 6000만 엔)이라는 거액의 배상금을 받았습니다. 청일전쟁 시점의 일본의 국가 예산이 약 1억 엔이었으니 그 세 배의 배상금이 수중에 들어온 셈입니다. 그리하여 일본은 국내 정치에서 가장 큰 변화를 맞게 되는데, 그것은 무엇일까요? 논술로 치면 대략 열 자 내외로 정리할 수 있습니다.

──── 전쟁 후 바로 일어난 변화인가요?

정말 좋은 질문이네요. 바로는 아니고 대략 5년 후의 변화입니다. 힌트를 드리자면 후쿠자와 유키치도 그러한 변화를 예상한 듯한 말을 한 적이 있습니다.

──── 배상금 덕에 나라의 재정이 좋아진 것 아닐까요?

그렇습니다. 일본은 청에서 받은 배상금의 60퍼센트를 러시아를 겨냥한 군비 확장비로 지출했습니다. 또 야하타제철소八幡製鐵所*를 건설하

---

* 후쿠오카현福岡縣에 위치했던 일본 최대의 제철소. 1901년 정부 관할의 관영 제철소로 출

는 비용으로도 쓰고, 전비로 쓴 임시군사비*를 메우기도 했습니다. 그렇게 일본은 재정 문제를 수습할 수 있었습니다.

──── '아시아의 맹주 일본'이라는 의식도 생겼습니다.

그렇습니다. 중국에 대한 시선이 변했습니다. 원래 청의 이미지는 대국, 무서운 나라였습니다. 그리고 얼마 전까지는 문화의 중심이었습니다. 이른바 '문인文人'이라고 하면 청과 조선의 지식인을 의미했습니다. 하지만 청일전쟁에서 일본 병사는 변발한 중국 병사가 규격이 전혀 통일되지 않은 무기로 싸우는 것을 보고 멸시감을 갖게 됐습니다. 아니, 중국에 대한 멸시감이라는 편이 맞을 것입니다. 그렇게 일본이 '동아시아의 맹주'라는 의식이 싹트게 됐습니다. 하지만 일본이 겪은 최대의 변화는 다른 것입니다.

──── 보통선거운동인가요?

네, 그렇습니다. 제대로 짚었습니다. 청일전쟁 2년 후인 1897년, 민권운동가인 나카무라 다하치로中村太八郎, 기노시타 나오에木下尚江 등이

발했으며, 이후 일본의 공업화와 철강산업의 상징이 됐다. 일본의 군수공업을 뒷받침했다는 점에서도 중요한 의미를 지니는 제철소다. 전후에는 분리와 합병을 거쳐 현재 일본 최대의 철강회사인 신일본제철新日本製鐵의 일부가 됐다.

* 임시군사비특별회계로 편성된 일본의 전비이자 군사비. 일반회계에 속한 통상의 군사비와 구분되며 전시에 편성된다. 일본은 청일전쟁, 러일전쟁, 제1차 세계대전과 시베리아 출병, 중일전쟁과 태평양전쟁에 이르기까지 모두 4회에 걸쳐 임시군사비특별회계를 편성해 임시군사비로 전쟁에 필요한 군사비를 조달했다. 근대 일본의 전쟁은 임시군사비로 지탱됐다고 해도 과언이 아니다.

나가노현長野縣의 마쓰모토松本를 거점으로 '보통선거기성동맹회普通選
擧期成同盟會'를 조직했습니다. 전쟁이 끝난 뒤 일본에서는 슬슬 제한선
거에 문제가 있다는 주장이 일어나게 됩니다. 일본의 국회의원선거, 즉
제1회 제국의회선거는 1890년에 있었습니다. 이때는 직접 국세 15엔
이상을 납입하는 사람에게만 선거권이 주어졌습니다. 즉 최초의 선거
는 제한선거로 시작된 셈입니다. 그리고 7년 후 마쓰모토에서 보통선
거기성동맹회가 조직된 것입니다. 왜 갑자기 나카무라 다하치로, 기노
시타 나오에는 '보통선거가 필요하다'고 자각하게 됐을까요?

——— 랴오둥반도를 잃은 것 때문에 전체적으로 국민이 정부에 실망
감을 갖게 됐고, 그래서 그런 운동이 지지를 받게 된 것이라고 생각합
니다.*

실망감이라는 말, 굉장히 좋은 표현이네요. 당시 선거권을 가진 사람은
45만 명이었고, 이들이 제국의회의 중의원 의원 300명을 뽑았습니다.
소수에게만 선거가 허용됐기 때문에 그런 실망감이 나타날 법도 하지
요. 이 시기에는 '삼국간섭'이라는 제목이 붙은 소설이나 논설도 많이

* 여기서 랴오둥반도를 잃었다는 것은 '삼국간섭'을 가리킨다. 청일전쟁에서 승리한 일본은
시모노세키조약에 따라 청으로부터 랴오둥반도, 타이완, 펑후제도 등을 할양받기로 했다. 그
런데 이때 동아시아에서 일본의 영향력 확대를 우려한 러시아·프랑스·독일이 일본의 랴오
둥반도 영유에 제동을 걸었다. 결국 3국의 반대를 못 이긴 일본은 배상금을 추가로 받기로 하
고 랴오둥반도를 청에 반환했다. 삼국간섭은 청일전쟁의 승리에 열광했던 일본 사회에 커다
란 충격을 주었고, 러시아에 대한 분노를 촉발했다. 이후 일본은 러시아를 겨냥해 군비 확장
을 진행했고, 이 같은 일본의 움직임은 훗날 러일전쟁으로 이어진다.

나왔습니다. 예를 들어《국민의 친구國民之友》라는 잡지를 내던 언론인이자 사상가인 도쿠토미 소호德富蘇峰라는 사람이 있습니다. 그는 처음에는 민권론을 주장했지만, 삼국간섭 이후 국권론*으로 태도를 전환했습니다. 삼국간섭은 당시 초미의 관심사였기에 삼국간섭에 관한 그의 주장은 커다란 주목을 받았습니다. 그 후 그는 여론의 지지를 기대하며 대외 강경책과 국권론을 중심으로 한 시국 관련 운동을 일으키기도 했지요. 자, 그럼 다음에는 어떤 일이 벌어졌을까요?

—— 러시아와의 대립 구도가 뚜렷해지면서 많은 사람이 러시아와 전쟁을 하면 자신도 징병될지 모른다고 생각하게 됐고, 점차 '군대에 가는데도 참정권이 없다는 것은 불공평하지 않은가'라고 생각하는 사람이 늘어났습니다.

그렇군요. 아주 재미있는 대답이네요. 앞에서 언급했듯이 청일전쟁으로 약 1만 4000명이 전사했습니다. 이제 사람들은 전쟁이 시작되면 징병돼 죽게 되고, 그래서 군대에 가는 자신에게도 선거권이 있어야 한다고 생각하게 됐습니다. 이것은 보통선거의 사상이기도 합니다.

—— 사람들은 삼국간섭으로 랴오둥반도를 돌려준 정부를 미덥잖게 봤고, 정부의 정책이 민의를 반영하지 못한다고 느꼈습니다.

맞습니다. 그것이 정답입니다. 정리하자면 '청일전쟁에서 이겼는데 러

---

* 국가의 힘을 대외적으로 팽창해야 한다는 주장. 일본의 군비 확장과 대외침략을 뒷받침해주었으며, 당대에 폭넓은 지지를 얻었다. 국민의 자유와 권리 확대를 중요시한 민권론과 구별된다.

시아·독일·프랑스가 불만을 표출하자 일본은 중국에 랴오둥반도를 돌려주어야 했다. 이것은 일본이 전쟁에는 강해도 외교가 약했기 때문이다. 정부의 태도가 소극적이었기 때문에 국민이 피를 흘려 얻은 것을 제멋대로 돌려주었다. 정부의 그런 결정은 국민에게 선거권이 충분히 있지 않기 때문이다'라고 생각한 것입니다. 또 '대일본제국헌법에 따르면, 선전과 상화의 권리는 내각 또는 국무대신의 보필을 받는 천황이 행사한다. 그래서 의회에서는 외교에 관한 논의를 별로 하지 않고, 외교에 관한 정부의 결정을 법률과 예산으로 막지도 못한다. 그러나 국민의 의견을 반영하는 수단은 의회밖에 없기 때문에 국민에게 널리 선거권을 갖도록 해서 정부에 압력을 행사하게 해야 한다'라고도 생각한 것입니다. 그렇게 삼국간섭에 대한 강한 불만 속에서 보통선거운동이 시작됐습니다.

> 전쟁에서 얻은 것을 외교의 실패로 빼앗겼다.
> 더 이상 정부가 국정을 마음대로 하게 해서는 안 된다.
> → 보통선거운동으로

2 러일전쟁

조선이냐 만주냐, 그것이 문제로다

청일전쟁
이후

전쟁의 '효용'

먼저 제국주의 시대의 전쟁의 '효용'에 대해 생각해보려 합니다. 러일전쟁의 효용은 무엇이었을까요? 일본은 러시아와 전쟁을 해서 간신히 이겼습니다. 그 결과 서구 열강에 대사관을 둘 수 있는 나라가 됐습니다. 당시에는 강대국과 불평등조약을 맺은 나라는 대사관을 둘 수 없었습니다. 대사관 대신 공사관만을 두었지요. 예를 들어 영국 주재 일본공사관이 대사관으로 승격된 것은 1905년 12월의 일입니다. 러일전쟁의 강화조약이 같은 해 9월에 맺어졌으니 국가의 격이 확 달라진 셈입니다. 이처럼 당시의 국제 관계는 실로 엄격한 상하 관계였습니다.

　제1장에서 이미 언급했듯이 청일전쟁 직전 영국은 영사재판권 철

폐와 관세율 인상(부분적인 관세자주권의 회복), 상호 평등한 최혜국대우*를 골자로 한 영일통상항해조약을 일본과 맺었습니다. 그렇게 청일전쟁 직전에 불평등조약의 중요한 부분인 영사재판권이 철폐됐습니다. 그러나 관세자주권의 완전한 회복은 여전히 해결되지 않았는데, 이것은 러일전쟁이 끝나고 한참 후인 1911년에 이루어졌습니다.

이렇게 볼 때 일본은 청일전쟁으로 중화질서에서 벗어났고, 러일전쟁으로 서구의 지배에서도 벗어났다고 할 수 있습니다. 청일전쟁이 1894년에 시작됐고 러일전쟁이 1904년부터 시작됐기 때문에 양 전쟁의 간격은 정확히 10년입니다. 10년 동안 두 번 전쟁을 하고 차례로 목표를 달성해 나간 셈이지요.

미국 스탠퍼드대학의 연구자 마크 R. 피티는 《식민지》라는 책에서 일본의 위정자들 사이에는 전략적 사고와 안전보장에 대한 일치된 견해가 존재했다고 지적합니다. 그 덕에 불평등조약을 차례로 격파해 나갈 수 있었다고 말이지요. 단, 잊으면 안 되는 것이 있습니다. 그것은 일본의 입장에서 본 한반도의 중요성입니다. 이것에 대해서는 야마가타와 슈타인 사이에서도 화제가 된 적이 있습니다. 보통은 '청일전쟁으로 한반도 문제를 다 처리한 거 아니야?' 하고 생각할 수 있습니다. 그러나 조선을 둘러싼 중국과의 문제는 해결했지만, 러시아와의 문제는 아직

---

* 최혜국조항이라고도 한다. 통상·항해조약 등에서 한 나라가 특정 국가에 가장 유리한 조건을 부여하는 것을 말한다. 이를테면 영국과 최혜국 관계를 맺은 일본이 미국에 유리한 조건의 관세율을 미국에 적용할 경우 최혜국대우에 따라 영국에도 같은 혜택을 주어야 한다.

남아 있었습니다.

일본이 러일전쟁으로 향하는 과정을 보면, 한반도가 다시금 일본의 안전보장 문제로 떠올랐다는 것을 알 수 있습니다. 제3국의 한반도 점령을 막으라는 슈타인의 경고와도 같은 맥락입니다. 이것이 오늘의 가장 중요한 주제입니다.

일본은 러일전쟁 이후 불평등조약 개정 등 당면의 국가 목표를 달성했습니다. 그중에서도 가장 중요한 것은 러일전쟁 5년 뒤에 이루어진 1910년의 한일합병입니다. 이는 섬나라 일본이 유라시아 대륙과 연결되는 것을 의미했습니다. 일본이 청일전쟁으로 획득한 타이완과 펑후제도澎湖諸島가 섬이라는 것을 감안하면 이것은 커다란 변화라고 할 수 있습니다.

한편 지금까지는 한반도의 정부를 '조선'이라고 칭했는데, 이제는 '한국'이라고 바꾸겠습니다. 1897년 이전까지 조선의 정식 국호는 '대조선국'이었으나, 1897년에 조선은 국호를 '대한제국'으로 고칩니다. 따라서 청일전쟁 이후부터 러일전쟁 이전까지는 '조선'보다 '한국'이라고 칭하는 것이 맞다고 생각합니다.

러일전쟁의 새로운 점

러일전쟁은 얼마나 큰 전쟁이었을까요? 자료에 따라 수치는 제각각입니다만, 거의 1년 반 동안 러시아와 일본 양국은 각각 20만 명 이상의 사상자를 냈습니다.

> 일본: 전사자 8만 4000명, 부상자 14만 3000명
> 러시아: 전사자 5만 명, 부상자 22만 명

러시아에게 러일전쟁은 무엇이었을까요? 재미있는 이야기가 있습니다. 러일전쟁 당시 러시아의 장교였던 알렉산드르 스베친은 러시아 참모본부의 아카데미에 재학하다가 출정했습니다. 그는 러시아혁명 후에 소련군으로 복무했으며 전략가로서 일본과의 전쟁을 준비했습니다. 스베친은 1937년 〈20세기 첫 시기의 전략─1904년부터 1905년까지의 육해군 전쟁 계획과 작전〉에서 러일전쟁의 새로운 점에 대해 회고했습니다. 그런데 그 분석이 무척이나 재미있습니다. 저는 이 것을 게이오대학 요코테 신지横手慎二 교수의 연구로 알게 됐습니다. 당시 무척이나 흥분했던 기억이 납니다. 그의 분석을 정리하면 다음과 같습니다.

일본의 계획은 육군과 해군을 협조시키는 데 주안점을 두었다. 이러한 협조는 대륙 전략의 기본이 되는 군 전력의 동시적同時的 이용을 거부하는 것이다. 일본군이 전쟁을 하는 과정은 동시적이 아니라 단계적이었으며, 육지와 바다에서의 협조를 근본으로 삼았다.

152

조금 어려운가요? 여기서 '대륙 전략의 기본이 되는 군 전력의 동시적 이용'이라는 것은 독일(프로이센)군이 프로이센-프랑스전쟁(1870) 당시 채용한 육전陸戰의 기본 전략으로, 대군을 동원해 상대를 포위·섬멸하는 작전을 말합니다. 그런데 러일전쟁 당시 일본군은 그런 전략이 아니라 '육지와 바다에서의 협조', 즉 육해군 공동 작전을 채택했습니다. 바로 이 짐을 진략가 스베친은 주목한 것입니다. 그렇다면 일본의 육해군 공동 작전은 구체적으로 어떤 작전에서 펼쳐졌을까요?

—— 동해해전인가요?

동해해전에는 육군이 참가하지 않았으니 공동 작전이라고 할 수 없습니다. 힌트를 드리자면 일본군과 러시아군이 요새를 둘러싸고 피비린내 나는 육탄전을 벌였습니다. 그리고 그 작전을 주도한 사령관은 노기 마레스케乃木希典*입니다.

—— 뤼순旅順 공방전인가요?

네, 맞습니다. 랴오둥반도 남단에 위치한 뤼순에는 러시아 함대가 숨어 있는 큰 군항軍港이 있었습니다. 노기 마레스케는 그곳을 공략할 육군 제3군사령관이었습니다. 일본 해군은 러시아 본국으로부터 오게 될 발트 함대가 뤼순의 러시아 함대와 합류하는 것을 크게 우려했습니다.

---

* 메이지유신 이후 군인으로서 주요 전쟁에 참가했다. 러일전쟁 때는 뤼순전투, 펑톈회전奉天會戰 등에 참전해 러시아군을 격파했다. 전후 '러일전쟁의 영웅', '육군의 군신軍神'으로 추앙받았다. 1912년 메이지 천황이 죽자 할복자살했다. 천황을 따라 순사殉死했다는 점에서 그의 죽음은 일본과 해외에 커다란 충격을 주었다.

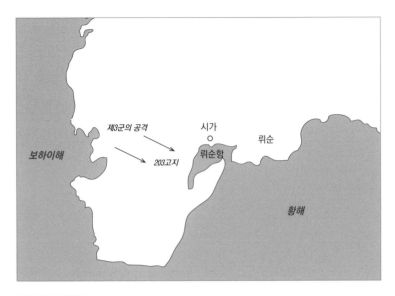

뤼순에서의 공방전
노기 마레스케가 이끄는 제3군은 뤼순항 뒤편에서 공격을 시작해 203고지와 뤼순을 함락했다.

그래서 해군은 육군이 뤼순항 뒤쪽에서 포격을 가해 뤼순 요새를 함락하고, 그곳에서 다시 항구에 정박한 러시아 함대를 향해 포격해주기를 기대했습니다. 이것이 바로 스베친이 말한 육해군 공동 작전입니다.

아키야마 사네유키秋山眞之는 동해해전에서 활약한 도고 헤이하치로東鄕平八郎*의 작전참모입니다. 아키야마는 노기에게 매일 편지를 써

---

* 동해해전에서 러시아의 발트 함대를 격파해 국민적 영웅이 됐다. 전후에도 존경을 받으며 원수에 오르는 등 해군의 절대적인 존재가 됐다. 러일전쟁의 영웅으로 추앙받았다는 점에서 육군의 노기 마레스케에 비견된다.

서 부디 뤼순 요새를 함락해달라고 간절히 부탁했습니다. 다음 인용문은 아키야마가 노기에게 보낸 1904년 11월 30일 자 편지입니다. 어려운 말은 조금 쉽게 고쳤습니다.

대국적 견지에서 볼 때 203고지의 점령 여부에 제국의 존망이 걸려 있습니다. 부디, 부디 결행해주셨으면 합니다. (…) 뤼순 공략으로 4~5만 명의 용사를 잃더라도 그렇게 큰 희생은 아닙니다. 그들도, 우리도 모두 국가 존망과 관계가 있기 때문입니다.

아키야마의 편지는 이 전투에 국가의 존망이 걸려 있기 때문에 4~5만 명의 병사가 희생된다 해도 제발 공격을 부탁한다는 내용입니다. 결국 육군은 13만 대군으로 구성된 제3군을 동원해 3회에 걸쳐 총공격을 퍼부었고, 그 결과 아키야마의 소원대로 1905년 1월 발트 함대가 오기 전에 뤼순

아키야마 사네유키

을 함락할 수 있었습니다. 하지만 이 싸움으로 전 병력의 70퍼센트(전사자 1만 5390명, 부상자 4만 3914명, 병자 약 3만 명)가 다치거나 죽었지요.

과거 일본의 육군과 해군은 사이가 무척 나빴다는 이미지가 있습니다. 특히 물자와 예산을 둘러싼 대립, 라이벌 관계로서의 이미지가 그렇습니다. 하지만 스베친의 연구에 따르면, 아직 육군과 해군은 긴밀하게 협조했던 것 같습니다.

'20억 엔의 자재와 20만 명의 영령'

이번에는 러일전쟁이 일본 사회에 미친 영향을 살펴봅시다. 이것을 알면 러일전쟁의 의미를 좀 더 분명히 파악할 수 있습니다.

러일전쟁에서 일본은 커다란 희생을 치렀습니다. 뤼순전투에서만도 다수의 전사자와 부상자가 생겼습니다. 러일전쟁 이후 일본 사회에는 '일본은 20만 명의 희생과 20억 엔의 돈으로 만주(중국 동북부)를 획득했다'는 말이 널리 퍼졌습니다. 실제로 야마가타 아리토모 등은 러일전쟁 4년 뒤인 1909년 〈제2대청정책第二對淸政策〉이라는 의견서에서 '20억 엔의 자재資財와 20만 명의 사상자'라는 표현을 썼습니다. 그 후 1931년 만주사변이 일어났을 때도 "20억 엔의 자재와 20만 명의 영령(사망자)으로 획득한 만주의 권익을 지켜라"와 같은 슬로건이 등장합니다. 만주의 권익을 둘러싸고 중국과 대립했던 쇼와昭和* 시기에도 일본인은 러일전쟁의 기억을 간직하고 있었던 것입니다.

그리고 시간이 흘러 1933년 3월이 됐습니다. 당시 일본은 만주 문제로 국제연맹을 탈퇴하느냐 마느냐의 기로에 서 있었습니다. 이러한 상황에서 일본의 전권대사 마쓰오카 요스케松岡洋右**는 국제연맹에서

---

* 히로히토裕仁 천황의 연호. 1926년부터 1989년까지를 말한다. 그중 1926년부터 1945년까지는 쇼와 전쟁기라고 할 만큼 분쟁과 전쟁으로 점철된 시기였다.
** 일본의 외교관, 정치가. 일본의 삼국동맹 체결을 주도했으며, 친독일파로 유명하다. 외교를 통해 나치 독일과 협력하며 일본의 침략전쟁에 커다란 역할을 했다. 제2차 세계대전 후 A

무엇을 주장했을까요? 그는 먼저 러일전쟁의 결과 일본이 러시아로부터 획득한 권익은 무엇이고, 중국이 일본에 인정한 권익은 무엇이었는지 제시했습니다. 그리고 만주의 권익에 대해서 일본의 주장이 옳고 중국의 주장이 틀렸다고 주장했습니다. 마쓰오카의 주장이 역사적으로 옳은지에 대해서는 나중에 자세히 설명하겠습니다.

어쨌든 중요한 것은, 만주사변의 근지에는 러일전쟁을 둘러싼 중국과 일본 간의 기억에 문제가 있었다는 사실입니다. 그러므로 1930년대에 본격화된 일본의 침략전쟁의 뿌리는 러일전쟁이라고도 볼 수 있습니다. 이것이 러일전쟁을 공부하는 중요한 의미입니다.

> 만주사변의 근저에는 러일전쟁을 둘러싼
> 중국과 일본 간의 다툼이 있었다.

슈타인의 예언이 현실로

앞에서도 언급했듯이 일본은 삼국간섭에 따라 랴오둥반도를 청에 돌려주었습니다. 삼국간섭으로 체면을 구긴 셈이지요. 또 이로 인해 일본에 대한 조선과 청 두 나라의 태도도 변했습니다. 쉽게 말해 두 나라는

급 전범으로 체포됐고 재판 중에 병사했다.

'일본이 약한 게 아닐까? 러시아의 말에 순순히 따르고 있지 않은가'라고 생각하기 시작했습니다. 특히 조선 조정에서는 일본에 불만을 가진 세력이 명성황후(민비) 주변으로 모이게 됐고, 러시아에 접근하려는 친러파가 많아졌습니다. 이 같은 변화는 1895년 7월, 즉 청일전쟁이 끝나고 3개월 후부터 일어났습니다. 이에 놀란 일본은 아주 극악한 행위를 저지릅니다.

그즈음 조선 주재 공사로 육군 중장 미우라 고로三浦梧樓가 부임했습니다. 미우라는 흥선대원군을 다시 옹립하기 위해 병력을 경복궁에 침투시켜 명성황후를 잔혹하게 살해했습니다. 이는 변명할 여지가 없는 일본의 만행이자 쿠데타였습니다. 일본은 친러파의 중심인물인 명성황후를 죽인 다음, 일본과 친한 인사를 정권에 복귀시켰습니다. 그러나 국모인 명성황후가 암살된 것으로 사태는 끝나지 않았습니다. 명성황후와 함께했던 친러파는 고종 임금을 러시아공사관으로 피난시키고 러시아의 위력을 빌려 다시 친러파 정권을 세웠습니다.

이러한 상황에서 1897년 10월 조선은 국호를 '대조선국'에서 '대한제국大韓帝國'으로 바꾸고 근대화를 목표로 여러 가지 개혁을 단행합니다. 그리고 1899년에는 헌법이라고 할 수 있는 9개조의 대한제국 관제官制를 반포했습니다. 그 제1조는 "대한국大韓國은 세계만국世界萬國이 공인한 자주독립제국이다"입니다. '자주독립'이라는 말에 주목해주십시오.

조선이 국호를 대한제국으로 바꾸었을 때 이를 처음으로 승인한 나라는 러시아였습니다. 러시아는 곧바로 한국을 보호국화하거나 일본을 견제하려는 강한 의도를 갖고 있지 않았습니다. 이 무렵 러시아의 관심 지역은 중국의 동북부, 즉 만주였습니다.

사실 청일전쟁의 승리로 한국에서는 일본의 압도적인 우위가 확립된 것처럼 보였지만 이는 오래가지 못했습니다. 한국은 근대 국가로 나아가기 위해 모색하고 있었고, 러시아와 일본이 한국을 둘러싸고 세력 균형을 유지하는 상황이 전개된 것입니다. 자, 이쯤에서 러시아가 삼국간섭을 통해 일본에 압력을 가했기 때문에 중국과 러시아의 관계가 좋아졌다는 것을 기억할 필요가 있습니다. 이때의 중국은 청을 가리키는데, 청의 정치를 움직이는 사람은 다름 아닌 이홍장이었습니다.

한편 러시아의 중국 정책은 어떠했을까요? 이홍장의 대러시아 접근 정책에 호응하듯이 러시아의 대중국 정책도 활발해집니다. 조금 전에 러시아는 한국보다 만주에 흥미를 가졌다고 말했는데, 정말로 러시아는 시베리아의 남쪽, 즉 중국 동북부에 관심을 보였습니다. 이것이 참으로 재미있습니다.

1896년 러시아 황제 니콜라이 2세가 대관식을 거행했습니다. 러시아는 대관식에 이홍장을 초대하고 뇌물을 보냈습니다. 그런데 그 액수가 보통이 아닙니다. 저는 2005년 10월에 모스크바에 한 달간 체류한 적이 있는데, 그때 크렘린 궁전에 있는 다이아몬드 창고의 재보를 봤습니다. 정말 굉장했습니다. 거기에는 사람의 영혼이라도 살 수 있을 만치 많은 보물이 쌓여 있습니다.

이홍장의 러시아 방문을 계기로 1896년 6월 러시아와 중국은 '러청방적상호원조조약露淸防敵相互援助條約'이라는 비밀 조약을 맺었습니다. 일본이 중국이나 러시아 영토를 공격할 경우 러시아와 중국이 함께 일본에 대응한다는 내용이었습니다. 일본에 대항하는 공수동맹이었지요. 나아가 이 조약에서는 중국의 헤이룽장黑龍江과 지린吉林 두 성을 통과해 러시아의 블라디보스토크로 통하는 중둥 철도 부설권을 러시아와 프랑스의 은행에 부여하기로 했습니다. 즉 중국 만주를 횡단하는 철도를 러시아가 부설할 수 있다는 것입니다.

또 러시아는 1898년에 중국에서 일어난 배외주의운동의 책임과 중국이 시모노세키조약으로 일본에 지불한 배상금을 지원하는 담보로서, 매우 중요한 것을 중국으로부터 빼앗았습니다. 그것은 '놀랍게도' 뤼순과 다롄大連에 대한 25년간의 조차권租借權,* 만주를 서쪽에서 동쪽으로 횡단하는 중둥 철도의 남쪽 지선南支線(남만주철도) 부설권이었습니다. 그런데 왜 제가 '놀랍게도'라는 표현을 썼는지 아십니까?

── 러시아는 삼국간섭을 통해 랴오둥반도가 일본의 수중에 들어가는 것을 막았습니다. 그러고는 자기들이 랴오둥반도의 권리를 차지했습니다. 그래서 그런 것 아닌가요?

네, 당시 일본 국민은 삼국간섭 후에 러시아가 랴오둥반도를 차지하는

---

* '조차'란 남의 나라 영토를 빌리는 것이므로 '조차권'은 남의 나라 영토를 빌릴 수 있는 권리를 말한다. 남의 나라 영토를 빌리는 것은 해당국의 주권을 침해하는 행위다. 따라서 조차권은 대부분 강대국이 약소국을 침략해서 획득한다.

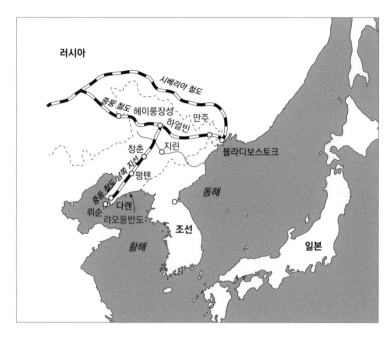

러시아의 중국 진출
러시아는 1896년에 중동 철도 부설권을, 1898년에는 뤼순·다롄 조차권, 중동 철도 남쪽 지선
부설권을 획득했다.

것을 보고 분하게 여기며 한탄했습니다. 그것도 '놀랍게도'라는 표현을

쓴 이유 중 하나입니다. 그 밖에 다른 이유는 무엇일까요?

── 슈타인의 경고가 그대로 현실이 됐기 때문입니다.

좋은 대답입니다. 원래 슈타인은 야마가타에게 "시베리아 철도 그 자

체는 두렵지 않다. 시베리아 철도는 중국을 통과해야 하기 때문에 그

점이 러시아를 제약할 것이다"라고 했는데, 그 제약이 없어져버린 것

입니다. 중국이 러시아와 손을 잡고 중둥 철도와 그 남쪽 지선을 부설했기 때문입니다. 게다가 이로 인해 러시아는 한반도의 동쪽은 아니지만 랴오둥반도의 남쪽에 얼지 않는 항구를 가질 수 있게 됐습니다. 극동의 바다에서 해군을 일으킬 수 있게 된 것입니다. 일본은 1896년과 1898년 두 차례에 걸쳐서 중국과 러시아가 철도 부설에 관한 조약을 맺는 것을 보고 악몽을 꾸는 것 같은 기분이었을 것입니다.

영일동맹과
청의 변화

러시아의 만주 정책과 중국의 변화

러시아는 만주를 횡단하는 철도와 그 남쪽 지선(랴오둥반도의 남쪽 다롄까지 연결)의 부설권을 얻었습니다. 1896년과 1898년의 일입니다. 그런데 1900년 청에서 의화단운동義和團運動이 일어났습니다. 의화단이라는 배외단체가 '부청멸양扶淸滅洋(청을 도와 서양을 물리치다)'을 내세우며 중국 각지에서 일으킨 운동으로, 아주 강렬한 반외세투쟁이었습니다.

　의화단은 외세의 상징인 외국인 선교사를 탄압했습니다. 심지어 그들의 목을 베어버리기까지 했습니다. 또 베이징에 있는 각국 공사관을 포위했습니다. 여기까지를 '의화단의 난'이라고 하는데, 이때 청 정부는 서구 열강에 선전포고를 합니다. 의화단이 외세를 몰아내는 것을 보고, 의화단과 함께 서구 열강을 중국에서 몰아내고 싶었던 것입니다. 의화단 세력에 청 정부가 가세하면서 이 사건은 '북청사변_{北淸事變}' 또는 '의화단운동'으로 불리게 됩니다.

러시아는 의화단운동이 기회라고 생각했습니다. 북만주에 위치한 러시아의 권익을 의화단으로부터 지킨다는 명분을 내세워 헤이룽강 연안 지역을 점령하기 시작했습니다. 비록 일시적인 점령이었지만 말입니다.

이 시점부터 중국과 러시아의 협력 관계가 바뀌기 시작합니다. 중국이 러시아를 의심하기 시작한 것이지요. 당시 이홍장은 러시아와 결탁해 일본을 억제하려 했습니다. 그러나 의화단운동을 계기로 러시아는 헤이룽강 연안을 점령했고, 심지어 그곳에 진주한 러시아군이 중국인을 학살하는 사건까지 벌어졌습니다. 그 결과 중국에서는 친러 관계에 대한 회의론이 커졌습니다. 이것이 중국의 변화입니다. 그리고 그 이듬해인 1901년에 이홍장이 죽었습니다.

러시아는 중국의 수도 베이징에도 상당한 병력을 보내놓은 상태였습니다. 러시아는 열강의 연합군이 의화단운동을 진압할 때까지 권익을 보호해야 한다는 이유로 군대를 주둔시킨 것입니다. 물론 중국과 조약을 맺고 1902년까지 단계적으로 철군하겠다고 약속했지만 말입니다.

그런데 의화단운동이 끝난 지 1년이 지나고 2년이 지나도 러시아는 만주에서 철군하지 않았습니다. 그러자 1902년 영국이 움직였습니다.

중국과 러시아는 수천 킬로미터에 걸쳐서 국경을 접합니다. 게다가 러시아는 뤼순과 다롄이라는 좋은 항구를 조차하고 있었습니다. 그러자 영국은 생각했습니다. '육지와 바다, 두 방면에서 러시아가 중국에 지나치게 큰 영향력을 가지는 것이 아닌가? 러시아가 육지와 바다 양쪽에서 베이징을 공격할 수 있게 해서는 안 된다'라고 말입니다. 영국은 리시아의 행동을 묵과하는 것이 좋지 않다고 생각하게 된 것입니다.

더욱이 러시아는 1902년까지 철군하겠다고 약속을 한 적이 있었습니다. 그러나 러시아군은 만주에서 철군하지 않았습니다. 철군 약속을 지키지 않는 러시아를 보고 영국은 일본에 동맹을 제안했습니다. 그렇게 1902년 1월 영일동맹이 체결됐습니다. 이 무렵 영국은 중국에 개입할 여유가 없었습니다. 특히 영국은 남아프리카전쟁(보어전쟁)*에서 고전을 면치 못하고 있었습니다. 이때 영국은 일본과 협력한다는 태도를 보여주면 러시아가 태도를 바꿀 것이라고 기대했습니다. 사실 영일동맹을 체결했다 해도 동맹이 바로 러시아와 맞서는 것은 아니었습니다. 일단은 태도 변화를 기대했다는 것이 중요합니다.

한편 일본의 생각은 어떠했을까요? 1900년에 이토 히로부미에 의

---

* 1899~1902년 아프리카에서 벌어진 영국과 보어인(남아프리카의 네덜란드인) 간의 전쟁. 제국주의 시대에 영국은 남아프리카를 식민지로 삼아 세력을 확대했는데, 1899년 보어인이 남아프리카에 세운 트란스발과 오렌지자유국에서 산출되는 금과 다이아몬드를 노리고 해당 지역을 침략했다. 금광과 다이아몬드 광산을 노린 노골적인 침략전쟁이었는데, 이때 영국군은 보어인의 완강한 저항으로 커다란 어려움을 겪어야 했다.

해 창당된 유력 정당인 정우회에서는 "영일동맹이 체결됐다. 이것은 러시아의 자제를 요구하는 동맹이다"라고 냉정하게 평가했습니다. 또한 대해군국인 영국과 동맹을 맺었기 때문에 한동안은 대규모 군함 건조가 필요 없고, 그렇다면 지조를 올리지 않아도 될 것이라고 환영했습니다.

영일동맹이 맺어진 것은 제1차 가쓰라 다로桂太郞* 내각 때였습니다. 의회의 376석 중 압도적 다수를 차지했던 정우회와 헌정본당憲政本黨이라는 두 정당은 러시아와의 전쟁 준비를 위해 해군력을 계속 증강해야 한다는 설득에 응하지 않았습니다. 두 정당은 영국과 동맹을 맺었기 때문에 러시아를 겨냥한 해군력 증강은 필요 없다고 여겼습니다. 과거에 학자들은 영일동맹 체결로 일본이 일찍부터 러시아와의 전쟁 준비에 들어갔다고 생각했습니다. 그러나 최신 연구에 따르면 꼭 그렇지는 않습니다. 1장에서 소개했던 반노 준지 교수, 교토대학의 이토 유키오伊藤之雄 교수 등의 연구로 밝혀진 사실입니다. 반노 교수는 "러일전쟁 직전까지 일본 국민의 상당수와 지배층의 일부는 전쟁에 부정적이었다"라고 말합니다. 사실 선거 결과를 보더라도 정부에 대항하

---

* 메이지 시대의 군인, 정치가. 육군의 수장 야마가타 아리토모의 지원 아래 육군과 정계에서 활약했다. 총리로서 러일전쟁, 대한제국의 식민지화를 추진했다. 특히 대한제국의 식민지화를 위해 미국과 가쓰라-태프트밀약을 맺은 것과 정당정치를 위해 입헌동지회立憲同志會라는 정당을 만든 것으로 유명하다.

는 정당의 힘은 강했습니다.* 가쓰라 내각은 1902년 12월에 제국의회를 해산하고 이듬해 3월에 총선거를 실시했습니다. 그러나 재선거 후에도 정부의 예산안에 찬성하는 의원은 늘어나지 않았습니다. 그 결과 정부의 정책 추진이 어려워졌습니다. 재차 의회를 해산하고 재선거를 한다고 해도 정당(정우회, 헌정본당)이 이길 것이 뻔합니다. 유권자, 즉 국민의 지지는 정당 쪽에 있었던 것입니다. 물론 해군력 증강을 원하지도 않았습니다.

그럼 이제 중국의 상황을 살펴봅시다. 앞에서 말했듯이 중국은 '러시아와 협조해도 좋을까' 하는 의구심을 갖고 있었는데, 이러한 상황에서 내정 개혁을 추진하게 됐습니다. 그것이 바로 1898년에 추진된 무술변법戊戌變法입니다.

무술변법은 청의 개명적인 일부 세력에 의해 진행됐습니다. 이것은 입헌군주제를 목표로 하는 개혁이었습니다. 생각해보면 재미있습니다. 한국에서도 1897년에 대한제국이 성립하고 1899년에 헌법이 만들어집니다. 이 무렵 동아시아에서는 동시대적인 변화가 일어나고 있었던 것입니다.

무술변법의 개혁 내용은 관료를 뽑기 위한 과거시험 폐지, 정부와 지방 정부 돈으로 우수한 관료와 학생을 유학시키는 것, 군의 근대화

---

* 오늘날의 민주주의 국가는 정당을 중심으로 정치를 행한다. 그러나 당시 일본은 아직 정당정치가 발달하지 못했다. 그래서 정부 측 주요 인사는 메이지유신을 추진했던 번벌 세력이 주를 이루었고, 정당은 의회에서 정부를 견제하는 일을 하는 경우가 많았다.

등입니다. 중국이 러시아의 태도에 의문을 갖기 시작한 1902년경부터 러일전쟁 이후까지 중국에서는 일본 유학이 크게 유행합니다. 같은 한자 문화권이라 저렴한 비용으로 빠른 성과를 기대할 수 있었기 때문이었습니다. 소설《고향》으로 유명한 루쉰魯迅*도 1902년 도쿄에 왔습니다. 일본의 육군사관학교에도 많은 중국인 유학생이 있었습니다. 예를 들면 1913년 당시 중국 육군 참모본부의 국장 일곱 명 중 다섯 명이 일본 유학파였습니다.

이러한 움직임은 러일전쟁 발발 이후 더욱 본격화됩니다. 그래서 1905년에는 제정帝政 국가인 청을 쓰러뜨리기 위한 혁명 결사가 도쿄에서 만들어집니다. 훗날 청을 쓰러뜨리고 중화민국을 탄생시킨 1911년의 신해혁명辛亥革命도 이런 일본 유학파가 중심이 된 것입니다. 이를테면 와세다대학에서 유학하던 쑹자오런宋敎仁 등은 청을 쓰러뜨리고 새로운 나라를 만들기 위해 움직이고 있었습니다. 그 후 쑹자오런은 신해혁명 과정에서 위안스카이袁世凱의 심복에 의해 암살되지만 말입니다.

개전에 대한 신중론
------

* 중국 근대 문학을 대표하는 문학가. 소설 《아큐정전》으로 유명하다.

그럼 러일전쟁이 발발하기까지 일본과 러시아의 움직임을 보겠습니다. 개전에 적극적이었던 세력, 예를 들어 도쿄제국대학 교수를 중심으로 한 일곱 명의 박사가 적극적으로 움직이기 시작한 것은 1903년 6월경입니다. '도쿄제국대학 교수를 중심으로'라고 한 이유는 한 명만 가쿠슈인대학 교수였기 때문입니다. 즉 오노즈카 기헤이지小野塚喜平次 등 여섯 명의 도쿄대학 교수와 나카무라 신고中村進午라는 가쿠슈인대학 교수가 〈만주 문제에 관한 일곱 박사 의견서〉를 가쓰라 총리, 고무라 주타로小村壽太郎 외상(외무대신), 기타 육해군대신, 야마가타 아리토모 등의 원로에게 건넸습니다. 그러나 이것도 그렇게 빠른 움직임은 아닙니다. 전쟁이 이듬해 2월에 시작됐기 때문입니다. 참모본부가 "시베리아 철도 완성 이전에 전쟁을 시작해야 한다", "빨리 전쟁을 시작하는 쪽이 유리하다"라고 하면서 전쟁에 신중한 가쓰라 내각을 압박하기 시작한 것도 1903년 10월경으로, 개전 4개월 전입니다.

일부 사람은 조기 개전을 주장했지만 가쓰라 총리와 원로의 대부분은 전쟁 전 외교 협상에 기대를 걸었습니다. 기존 연구에서는 제2차 세계대전 이전 시기에 쓰인 전기 등을 그대로 믿었습니다. 그래서 가쓰라, 야마가타, 고무라 모두가 일찍부터(예를 들어 영일동맹을 맺었을 때부터) 러일전쟁을 생각했다고 설명했습니다. 그러나 쇼와여자대학의 지바 이사오千葉功 교수 등의 연구에 의해 그것은 사실이 아님이 밝혀졌습니다. 당시의 편지는 보통 사람은 여간해서 읽을 수 없는 초서, 즉 흘림체로 쓰였습니다. 그 읽기 어려운 편지를 자세히 읽은 결과 지금까지 모르던 여러 가지 사실을 알게 됐습니다.

이 무렵 가장 유력한 원로는 두 사람이었습니다. 바로 이토 히로부미와 야마가타 아리토모입니다. 러일전쟁 전에 이 두 사람은 메이지천황의 가장 중요한 상담역이었습니다. 이 두 원로와 가쓰라 총리를 비롯한 각료, 의회의 정당 세력은 실제로는 러시아와의 전쟁에 신중에 신중을 기했습니다.

예를 들면 다음과 같은 재미있는 편지가 남아 있습니다. 1903년 12월 21일 러시아와의 외교 협상이 난항을 겪자 가쓰라 총리는 협상을 포기하고 전쟁 준비에 착수해야 한다면서, 각의* 후 원로인 야마가타와 이토에게 개전 허가를 부탁하는 편지를 보냈습니다. 이 편지에서 가장 중요한 부분은 "조선 문제에 대해서는 우리의 희망 사항을 충분히 진술하고, 그들이 듣지 않을 때는 최후의 수단, 즉 전쟁을 관철할 것"입니다.

간단히 말하면 '러시아와 외교 협상을 하고 있다. 조선 문제, 즉 한국 문제에 대해서는 일본의 희망 사항을 러시아 측에 한 번 더 자세하게 설명하고, 그래도 러시아가 듣지 않으면 전쟁을 포함한 최후의 수단을 결정할 것이다'라는 내용입니다. 그러고는 "야마가타 씨, 이토 씨, 그렇게 해도 괜찮습니까?" 하고 최종 확인을 부탁했습니다. 전쟁 발발 두 달 전 일입니다.

* 의원내각제하의 정부에서 열리는 내각회의. 한국의 국무회의에 해당한다.

이때 원로 야마가타 아리토모의 나이는 65세였습니다. 당시 야마가타는 오다와라小田原 등의 따뜻한 곳에 세운, 멋진 정원이 딸린 별장에서 지내고 있었습니다. 그 야마가타가 가쓰라 총리에게 답장을 합니다. 가쓰라는 육군에서 경력을 쌓은 사람으로 야마가타보다 한참 후배입니다. 그런 가쓰라를 야마가타는 풋내기로 취급한 나머지 "전쟁 시작에 대해 노생老生은 승인할 수 없습니다"라고 퉁명스러운 답장을 보냈습니다. 결국 야마가타의 반응은 일본의 전쟁 결의에 대해 듣지도, 알지도 못했다는 것이었습니다.

야마가타는 한국 문제에 대해서는 양보할 수 없지만, 또 하나의 문제인 만주 문제, 예를 들면 만주의 문호 개방 등은 러시아의 요구를 들어줘도 괜찮다고 하면서, 조급하게 문호 개방 등을 요구하지 않아도 된다고 말했습니다. 여기서 문호 개방이라는 것은 러시아가 중국과 약속한 대로 만주에서 철군하고 점령지의 무역과 경제를 독점하지 않고 다른 나라에도 문호를 개방한다는 것입니다. 이는 일본이 요구하는 사항이기도 했습니다. 그러나 야마가타는 그러한

개전 2개월 전,
"전쟁을 결정해도 괜찮겠습니까?"

가쓰라 다로
사진: 일본 국립국회도서관
홈페이지

"노생은 승인할 수 없습니다."

야마가타 아리토모
사진: 일본 국립국회도서관
홈페이지

러일전쟁

조항은 필요 없고, 한국 문제만 타협하면 되니까 러시아와 계속 협상하라고 했습니다. 전쟁 발발 1개월 전, 즉 1904년 1월까지 야마가타는 타협을 말했던 셈입니다.

야마가타 등이 최후까지 외교 협상에 기대를 걸었던 이유는 무엇이었을까요? 그것은 일본도 돈이 없지만 러시아 역시 돈이 없다는 것을 알았기 때문입니다. 더구나 당시 제정러시아는 식민지였던 폴란드, 에스토니아, 핀란드 등의 저항에 부딪히고 있었습니다. 그래서 일본은 러시아가 전쟁을 하지는 않을 것이라고 생각했습니다. 당장 러시아 본토의 형세가 위태롭게 보였기 때문입니다.

러시아의 사료에서 무엇을 알 수 있는가

러시아의 사정을 살펴봅시다. 혁명 전에는 러시아, 혁명 후에는 소련 그리고 소련 붕괴 후에는 다시 러시아가 된 나라. 오늘날 러시아에는 공개된 사료가 많습니다. 이를 통해 연구자는 여러 가지 흥미로운 사실을 발견하게 됐습니다. 러시아는 참 재미있는 나라인데요, '제국 정부가 한 것은 나쁜 것이라도 공개합시다'라는 태도를 견지합니다. 상트페테르부르크에 있는 러시아의 사료관에서 러시아와 일본의 협상에 대한 사료를 가장 많이 보았다는 러시아 연구자 루키아노프의 연구를 보겠습니다.

당시 러시아는 경제적으로 어려웠습니다. 지방에서는 반란이 일어났지요. 니콜라이 2세 때는 아직 입헌군주제가 도입되지 않았습니다. 국무회의도 없었습니다. 기껏해야 황제가 각 대신과 국정을 의논하는 정도였습니다. 그런데 전쟁에 대한 최종 결정을 내릴 즈음 극동 문제를 잘 알고 있던 재무장관 세르게이 비테와 육군장관 알렉세이 쿠로팟킨 등은 황제의 곁에 없었습니다. 그전에 실각했기 때문입니다. 그 대신 A. M. 베조브라조프와 그를 받드는 일파가 결정적으로 궁정 권력을 장악했습니다. 1903년 10월경의 일입니다. 황제의 신임을 받은 베조브라조프는 러일협상 담당 부서였던 극동 총독에 임명됩니다. 사실 그는 하필 일본이 제일 중요하게 여기는 한국에 대해 가장 적극적인 야망을 가지고 있었습니다.

앞에서 언급했듯이 러시아는 만주에 흥미를 보였습니다. 비테나 쿠로팟킨 등은 중동 철도와 그곳에서 랴오둥반도 남단으로 내려오는 남쪽 지선을 부설하고 그 주변에 광업을 비롯한 산업을 일으키려고 했습니다. 그런데 놀라운 것은 그 계획의 상당수가 실현되고 있었다는 것입니다(훗날 일본이 차지하게 되는 남만주철도도 실은 러시아가 부설한 것입니다). 한편 베조브라조프의 프로젝트에는 막대한 돈이 들었고, 러시아는 거액의 돈을 투입했습니다. 그 결과 러시아가 건설한 하얼빈 거리는 대단히 아름다웠다고 합니다.

이때 베조브라조프는 황제를 잘 설득했습니다. '철도를 만드는 것보다 좀 더 좋은 방법이 있습니다. 한국을 차지하면 돈이 들지 않습니다.

일본은 별것 아닙니다'라는 식이었지요. 그는 '한국 또는 한반도를 차지하면 랴오둥반도의 뤼순·다롄 항구를 지킬 수도 있다. 중동 철도 남쪽 지선의 끝자락에 있는 뤼순·다롄을 방위하기 위해 육지에서 철도를 부설해 마을을 건설하는 것은 돈이 많이 든다'고 주장했습니다. 그리고 '돈을 들이지 않고 뤼순·다롄을 안전하게 유지하기 위해서는 바다 쪽, 즉 한반도를 잡아두는 편이 비용이 싸다. 일본이 진짜로 전쟁에 나서지는 않을 것이다'라고 말했습니다.

청일전쟁은 한반도를 둘러싼 전쟁이었습니다. 그런데 러일전쟁에는 여기에 또 다른 문제가 추가됐군요. '철도 부설과 도시 건설에 필요한 비용을 싸게 하는 것'과 '극동의 바다에 해군을 유지하는 것', 이 두 가지입니다. 각각 경제 및 안전보장 문제와 연결됩니다.

'러일전쟁은 왜 일어난 것일까?'라는 질문에 대한 답은 시대에 따라 크게 다릅니다. 마르크스의 유물사관이 커다란 영향력을 미치던 1970년대까지는 제국주의 국가 일본이 시장을 찾아 만주를 노렸고, 그래서 러시아에 문호 개방을 압박하기 위해 전쟁을 벌였다는 해석이 유력했습니다.

그러나 러시아와 일본의 사료가 공개돼 밝혀진 연구 결과에 따르면, 양국은 한반도를 둘러싸고 전략적 안전보장의 관점에서 싸웠다고 볼 수 있습니다. 러일전쟁 100주년을 기념해서 미국, 러시아, 일본의 학자가 모여 2005년에 국제회의를 연 적이 있습니다. 이때 러시아 연구자 루키아노프는 발표에서, 어느 쪽이 더 전쟁에 열의가 있었느냐는 면에서, 러시아가 더 적극적이었다고 발언했습니다. 그러므로 전쟁을 피하려고 한 것은 오히려 일본이고, 보다 적극적으로 전쟁에 호소했던 쪽은 러시아라고 결론지을 수 있을 것 같습니다.[*]

---

[*] 당시 일본의 처지에서 러시아는 방대한 군사력을 보유한 나라였다. 따라서 러시아와의 전쟁은 성공할 확률이 극히 희박한 도박이었고, 그 때문에 일본은 개전에 신중을 기했다.

전쟁 발발의
이유

러일협상의 쟁점

1903년 8월부터 개전 한 달 전까지 진행된 러일협상 과정을 보면 러시아와 일본이 만주와 한국이라는 두 가지 문제로 대립했음을 알 수 있습니다. 그러나 대학 교수는 뭐든 좀 어렵게 설명하는 경향이 있습니다. 그래서 배우는 사람은 만주 문제, 한국 문제라는 것이 무엇인지 잘 모르는 일이 많습니다. 여러분의 표정도 그런 것 같군요. (웃음)

그러면 일본은 러시아로부터 구체적으로 어떤 항목을 인정받으려고 했는지 살펴보겠습니다. 다음은 일본의 주장입니다.

러시아는 한국에서의 일본의 우세한 이익을 승인하고, 일본은 만주에서의 철도 경영에 관한 러시아의 특수 이익을 승인한다. 일본의 한국 출병, 러시아의 만주 출병은 제한적으로 행하며, 신속하게 병력을 소환하기로 한다. 러시아는 한국의 개혁을 원조하는 일본의 권리를 인정한다.

일본이 러시아로부터 언질을 받고 싶었던 것은 명백히 한국에서의 우월권이었습니다. '우세한 이익'이라는 것은 당시의 말투로 식민지 혹은 그와 비슷한 특수 권익을 가리킵니다. 즉 러시아는 한국에 대한 일본의 세력권을 인정하고, 그 대신 일본은 만주의 철도선(중동 철도와 그 남쪽의 지선 등)에 대한 러시아의 세력권을 인정한다는 것입니다. 물론 러시아가 만주 전체를 점령하는 것은 반대하지만 말이지요.

이와 같은 협상의 내용은 당시에도 널리 알려져 '만한교환론滿韓交換論'으로 불렸습니다. 서로의 세력 범위로 일본은 한국, 러시아는 중국 동북부(만주)를 차지한다는 뜻이지요.

일본의 제안에 러시아의 반응은 어땠을까요? 그 대답을 들어보면 '참, 큰 나라의 갑질은 대단하구나'라는 생각이 듭니다. 러시아의 대답은 '애초에 일본은 만주에 대해 논할 자격이 없다'는 것이었습니다. 그야말로 단호합니다. 그리고 한국에서의 일본의 우세한 이익에 대해서는 조건부로 승인하겠다는 견해를 표명했습니다.

자, 그럼 러시아가 붙인 조건은 어떤 것이었을까요? 당시 한국을 차지하려는 일본의 처지에서 보면 아주 '뻔뻔한' 주장이었습니다. (웃음) 그 조건이란 첫째, 러시아가 한반도의 해협을 자유롭게 항해할 수 있는 권리입니다. 즉 러시아가 한반도와 한반도의 남쪽과 일본 사이에 펼쳐진 대한해협을 자유롭게 항해할 수 있게 해달라는 것입니다. 둘째, 북위 39도 이북의 한국을 중립화하고, 일본이 한국의 영토를 군사적· 전략적으로 사용하지 않겠다는 약속입니다. 남북분단 수십 년 전에 이미 한반도를 남과 북으로 나눈다는 생각이 있었네요.

일본은 이 같은 러시아의 제안을 도저히 인정할 수 없었습니다. 원로, 총리, 각료 모두 대국 러시아와의 전쟁에 신중을 기했지만, 러시아가 제안한 조건은 도저히 받아들일 수 없었던 것입니다. 이를테면 한반도를 군사적·전략적으로 사용하지 않는다는 것은 훗날 강력한 족쇄가 될 수 있었습니다. 더구나 러시아 함대가 대한해협을 자유롭게 항해할 수 있다는 것도 커다란 문제였습니다.

일본의 입장

지금까지 본 것처럼 일본은 한국만큼은 절대로 양보할 수 없다는 생각이었습니다. 그렇다면 러시아가 전쟁을 원하지 않았다면 일본과 타협할 수 있지 않았을까요? 하지만 러시아는 일본이 이 정도로 한국을 중요하게 여겼다는 사실을 몰랐던 것 같습니다. 왜 몰랐을까요? 사실 러시아는 일본의 선제공격을 받을 때까지 설마 일본이 전쟁을 결정하리라고는 생각하지 못했습니다. 러시아 황제와 베조브라조프는 최종적으로 일본이 한국 문제 때문에 전쟁에 뛰어든다는 것 자체를 이해할 수 없었습니다. 아마도 러시아는 일본의 생각을 제대로 이해하지 못했던 것 같습니다. 왜 러시아는 오판했을까요?

—— 조선(한국)은 독립국이라고 일본이 쭉 말해왔기 때문입니다.

청일전쟁 이후 1905년까지 10년 동안 진행된 한국에서의 일본의 세력 확대를 러시아가 과소평가했다는 것이군요. 당시 러시아는 '감히 일본 따위가'라는 식으로 일본을 우습게 여겼던 것 같습니다. 하지만 그 외에 다른 이유는 없었을까요?

—— 그때의 러시아는 내부적으로 불안 요소가 많았습니다. 외교적으로 일본과 타협하면 황제의 힘을 보여줄 수 없습니다.

좋은 대답입니다. (웃음) 일본의 태도에 상관없이 러시아는 전쟁을 해야 할 사정이 있었다는 것이군요. 느슨해지기 쉬운 제국의 지배력을 강화하고 러시아 황제의 통합력을 높이기 위해서 말이지요.

—— 일본이 한국을 고집하는 이유가 본토 방위에 있다고 러시아가 생각했기 때문입니다.

상당히 어른스러운 대답이군요. 하긴 야마가타가 그렇게나 안전보장을 강조했기 때문에 러시아가 일본의 의도를 오판했을 수도 있습니다. 한국을 중립화시켜주면 일본도 걱정을 덜고 순순히 물러날 것이라고 말입니다.

—— 일본의 목적이 한국보다 대륙에서의 이익에 있다고 러시아가 생각했기 때문입니다.

네, 맞습니다. 저도 그렇게 생각합니다. 일본은 러일전쟁을 준비할 때 러시아를 비난하기 위해서, 다시 말해 전쟁의 정당성을 대대적으로 선전하기 위해서 만주의 문호 개방을 내세웠습니다. 사실 일본은 미국·영국이 열심히 일본을 응원하고, 돈을 빌려주고 군함 도입의 편의를 봐주기를 원했습니다. 그러한 도움을 유도하기 위해서는 그에 걸맞은 대의가 있어야 합니다. 미국·영국에서 보자면 한국 문제는 이미 흘러간 이야기에 불과했습니다. 중국과 일본이 청일전쟁을 치르고 다시 러시아와 일본이 한국을 둘러싸고 대립하고 있지만, 미국·영국에 한국 문제는 아무래도 상관이 없었던 것이지요.

미국·영국이 정말로 관심을 가졌던 곳은 만주였습니다. 양국은 콩이라는 세계적인 수출품을 산출하는 중국 동북부가 러시아에 점령되는 것, 중국의 수도인 베이징 인근에 러시아군이 주둔하는 것, 육지와 바다에서 러시아가 중국에 영향력을 행사하는 것을 싫어했습니다. 이러한 사정을 아는 일본은 러시아를 비난할 때 한국에 대해서는 별로 언급하지 않고 만주 문제를 언급했습니다. 특히 만주의 문호 개방을 강조했습니다. 말할 것도 없이 미국·영국의 도움을 원했기 때문입니다. 한편 앞에서 소개한 일곱 명의 박사도 만주의 문호를 폐쇄하는 것은 비문명적이라고 비난했습니다. 그 무렵 정우회 지도층의 인사였던 하라 다카시原敬의 일기를 읽어보겠습니다.

사실 우리 국민의 다수는 전쟁을 원하지 않는다. 정부가 처음에 일곱 명의 박사로 하여금 러시아 토벌론을 주장하게 하고, 또한 대러동지회 등을 조직하게 해서 누차 강경론을 주장하게 한 것은 이렇게 함으로써 러시아를 위압威壓하고 러일 교섭이 성립되게 하기 위함이다. 그러나 의외로 개전을 하게 됐다.

-《하라 다카시 일기原敬日記》1904년 2월 11일

이것은 하라 다카시가 러일전쟁 개전 후에 쓴 것입니다. 내용을 간단히 요약하면 이렇습니다. '일본 국민의 대부분은 전쟁을 원하지 않았다. 정부가 일곱 명의 박사와 대러동지회 등의 강경파로 하여금 러시아 토벌론을 주장하게 한 것은 러시아와의 협상을 유리하게 전개하기 위한 이야기에 불과했다. 그런데 뜻밖에도 진짜로 전쟁을 하게 됐다.'

하라 다카시의 일기에서 중요한 부분은 "(정부가) 대러동지회 등을 조직하게 해서 누차 강경론을"이라는 대목입니다. 일곱 명의 박사와 대러동지회는 이렇게 주장했습니다. '만주에 중동 철도와 그 남쪽의 지선이 부설되면 중국의 동북 3성은 러시아의 지배하에 들어가게 된다. 예를 들어 하얼빈 등의 주요 도시는 러시아의 도시가 돼 문호가 폐쇄될 것이다. 그러면 그곳에 다른 나라는 경제적으로 전혀 진출할 수 없게 된다. 그럼 미국, 영국도 곤란하지 않겠는가?' 일곱 명의 박사와 대러동지회는 대략 이러한 내용을 의견서에 적었습니다.

자! 그럼 어째서 일본이 러시아에 대항할 때 한국 문제를 거의 이야기하지 않았는지 설명하겠습니다. 일본은 러일전쟁을 하기 위해 미국과 영국으로부터 돈을 빌리려고 합니다. 그래서 "한국 문제로 전쟁을 하려고 합니다. 돈을 빌려주십시오"라고 말한다면 "어? 이미 한국 문제로 청일전쟁 때 싸우지 않았나요?"라고 하면서 시큰둥한 반응을 보일 수 있습니다. 일본의 한국 확보는 미국과 영국에 관심거리가 아니었기 때문입니다. 그럼 뭐라고 말하는 게 좋을까요? "남부의 목화로 만든 무명(면)을 수출하고 싶지요? 콩을 세계적으로 상품화하고 싶지 않나요?"라고 말하면 됩니다. 이렇게 수출 시장으로서 만주를 내세우는 것입니다. 한국보다 훨씬 구미가 당기는 말입니다.

만주는 1900년부터 1905년에 걸쳐 시장 규모가 확대되고 있었습니다. 그런데 만약 러시아가 만주의 철도 운임에 차등을 둔다고 합시다. 자기 나라에는 항구의 관세·사용세를 싸게 받고, 미국·영국·독일 등 남의 나라에는 비싸게 받습니다. 그렇게 되면 다른 나라는 만주에서 경제 활동을 하기가 어려워집니다. 당연히 미국, 영국 등은 만주의 문호 개방을 바라겠지요. 그리고 일본을 도와줄 가능성이 높아집니다.

결국 일본은 한국을 식민지화하기 위해 러시아에 맞서면서도, 서구 열강을 향해서는 만주의 문호 개방을 위해 러시아와 맞서고 있다고 주장했던 것입니다. 그래야 서구 열강의 지지를 얻을 수 있기 때문입니다. 서구 열강에 비해 늦게 '제국'이 된 일본으로서는 주변의 지원이 절실했습니다.

> 일본이 정말로 중요하게 생각했던 것과
> 서구 열강을 향해 주장했던 것에는 커다란 차이가 있다.

러일전쟁이
초래한 것

미국과 일본의 공조

청일전쟁은 제국주의 시대의 대리전쟁이었는데, 러일전쟁도 대리전쟁 성격을 가졌습니다. 러시아에는 독일과 프랑스가, 일본에는 미국과 영국이 재정적 지원을 했습니다. 청일전쟁이 시작되기 직전 영국은 영일통상항해조약으로 불평등조약 일부 개정을 약속하며 일본을 밀어주었습니다. 재미있는 것은 러일전쟁 이전에 미국도 같은 행동을 했습니다.

군부가 육해군 공동 훈련을 실시했던 1903년 10월 8일 미국과 일본이 동시에 추진한 일이 있습니다. 미국이 청과의 통상조약을 개정한다고 발표했고 일본도 청과의 통상조약을 개정한다고 발표한 것이었지요. 이 두 가지는 관계가 없는 것처럼 보이지만, 실은 여기서부터 대리

전쟁으로서의 성격이 나타납니다.

일본이 청과의 통상조약을 개정한 것은 일본이 만주의 문호를 개방하겠다는 신호였습니다. 그리고 실제로 청은 일본과의 통상조약 개정 이후 더 많은 도시를 외국에 개방하기로 결정했습니다. 또한 미국도 통상조약을 개정하면서 청에 몇 개의 도시를 추가 개방하라고 요구했습니다. 거의 동시에 발표된 양국의 조약에 따라 미국과 일본은 중국의 만주 지역을 개방하고, 그 도시에 외국 상인이 자유롭게 출입하며 회사를 경영하는 것이 가능하도록 정책을 추진했습니다.

이러한 조약을 통해서 미국과 일본은 전후의 정책을 세계에 널리 알렸습니다. 어떤 의미에서 미국은 일본이 전비를 쉽게 모을 수 있는 구조를 만들어준 셈입니다. 이런 배경을 알면 전혀 관계가 없어 보이는 두 개의 통상조약이 실은 러일전쟁을 지원하는 것이었음을 짐작할 수 있습니다. 물론 이것은 1899년 미국의 국무장관 존 헤이의 문호 개방 선언보다 더욱 진전된 개방이었습니다.

이러한 행동은 대리전쟁에서 꼭 필요한 관행으로, 다른 제국주의 국가에 '전쟁이 끝나면 이렇게 좋은 일이 생깁니다'라고 선전하는 것입니다.

—— 독일과 프랑스는 어째서 러시아를 지원했나요?

간단하게 설명하기는 어렵습니다. 프랑스가 러시아를 지원한 이유 중 하나는 매몰 비용 때문이었습니다. 러시아가 중동 철도를 부설할 때 프랑스 은행은 러시아 정부를 지원했습니다. 그런데 러시아가 전쟁에서 패하면 프랑스는 1890년대 이후 투자한 동양의 철도 공채를 회수할 수 없게 됩니다. 그래서 프랑스는 러시아와 일본의 전쟁을 반기지는 않았지만, 이왕 싸운다면 러시아가 이겼으면 좋겠고, 전쟁을 1년 반이상은 끌지 말라는 심정으로 러시아를 지원하게 됐습니다.

'문호 개방'이 전쟁의 선전이 된다.

독일에서는 중부 유럽, 동유럽과의 국제 관계를 마술사처럼 조종했던 비스마르크가 1890년에 은퇴했습니다. 독일에는 빌헬름 2세라는, 상당한 힘으로 독일의 자본주의를 키웠던 황제가 있었습니다. 그 황제는 이렇게 생각합니다. '등 뒤에 있는 러시아가 독일을 압박하는 것은 싫다. 그러니까 러시아가 다른 방향으로 뻗어나가게 하자.' 그래서 독일은 배후의 잠재적인 적, 즉 러시아가 동쪽으로 향하도록 도와줍니다. 이것이 삼국간섭 당시 독일이 열심히 러시아를 도왔던 이유입니다. 빌헬름 2세는 청일전쟁 말기부터 황화론黄禍論*을 주장했던 인물입니다. 그가 황화론을 주장하며 러시아를 응원하고 일본을 견제했던 이유도 결국 러시아의 관심을 동쪽으로 돌리기 위해서였다고 합니다. 그래서인지 독일은 프랑스보다도 더 많은 돈을 러시아에 빌려줍니다. 러시아의 전쟁을 부추기는 것이 독일의 동방 정책이 아니었을까 생각합니다.

---

* 황인종이 서구 문명을 위협할 것이라는 주장.

어쨌든 그러한 독일의 전략은 러시아에 영향을 미쳤습니다.

중국의 협조

이 무렵 중국은 어떤 움직임을 보였을까요? 청일전쟁 이후 러시아와 협조하던 중국은 이후 어떻게 변해갔을까요? 이 문제 역시 복잡합니다. 조금 전에 이야기한 것처럼 일본은 일곱 명의 박사를 포함해서 만주의 문호 개방을 강하게 주장했습니다. 한편 청은 그동안 러시아에 협조했지만 러시아에 권익을 빼앗긴 나머지 나라 자체를 빼앗기지나 않을까 우려했습니다. 그래서 러시아보다 약한 일본과 협력해 만주의 문호를 개방하는 편이 나을 것이라고 생각했지요. 즉 만주를 개방하는 정도라면 괜찮을 거라고 생각해 일본에 접근했습니다. 그 결과 중국은 러일전쟁 중인 일본에 협력하는 태도를 취했습니다.

사실 러일전쟁에서 중국은 중립을 지켰습니다. 그러나 중국은 일본이 러시아와 싸우고 있을 때 돈을 기부했습니다. 지방의 지사에 해당하는 사람들이 일본군에 의연금을 건네기도 했습니다. 사실 중국에서는 어떤 장군이 전투에서 이기면 현금을 받는 경우가 많았습니다(장제스 시대에도 그랬습니다). 이러한 맥락에서 위안스카이도 일본에 상하이上海은 2만 냥을 보냈습니다.

가장 중요한 것은 전장에서의 협력입니다. 러일전쟁의 많은 전투는 만주에서 벌어졌습니다. 펑톈奉天, 뤼순, 다롄, 진저우錦州 등이 그런 곳입니다. 만주에 살고 있는 만주인이나 중국인, 지역 관료 중엔 일본을 지원하는 이가 있었습니다. 특히 지리를 잘 아는 농민이 일본군을 돕기도 했습니다. 그들은 글자를 읽을 줄 몰랐지만, 러시아군에 말이 몇 마리 있는지 정도의 숫자를 구별할 수는 있었습니다. 그래서 중국 농민을 보내 러시아군이 어떤 번호를 붙였는지 확인할 수도 있었습니다. 이 정도의 임무라면 사람만 많으면 충분히 가능합니다. 덕분에 일본은 철도 연선의 러시아군 배치 상황을 매우 정확하게 파악할 수 있었습니다. 그 결과 첩보전에서 러시아를 압도할 수 있었지요. 이러한 사실을 연구한 미국인 데이비드 울프 교수는 현재 홋카이도대학의 슬라브 연구소에서 근무하고 있습니다. 어쨌든 일본은 각국의 지원을 받으며 러일전쟁에서 간신히 승리를 거두었습니다.

전쟁은 무엇을 변화시켰나

러일전쟁으로 일본은 무엇을 얻었을까요? 포츠머스조약에는 이런 내용이 나옵니다.

제2조: 러시아제국 정부는 일본이 한국에서 정치·군사 및 경제적인 탁월한 이익을 갖는 것을 승인한다.

8만 4000명이라는 엄청난 전사자를 낳았지만, 이 승리 덕분에 일본은 러일협상에서 요구했던 것을 획득할 수 있었습니다. 한국에서의 '우세한 이익'이 포츠머스조약에서 '탁월한 이익'으로 나타난 것입니다. 청일전쟁 때의 '완전무결한 자주독립의 나라'라는 표현이 이제는 '정치·군사 및 경제적인 탁월한 이익'으로 바뀌었습니다. 이 문장을 보면 러일전쟁이 끝난 뒤에 이미 한국은 일본의 식민지가 되는 과정에 들어섰다고 볼 수 있습니다.

그리고 포츠머스조약의 제3조는 러시아 이외의 모든 제국주의 국가가 기뻐할 만한 소식이었습니다.

제3조: 러시아제국 정부는 청의 주권을 침해하거나 또는 기회균등주의와 양립할 수 없는 일체의 영토상 이익 또는 우선적·전속적인 양여를 만주에서 얻을 수 없음을 선언한다.

그전까지는 러시아가 중국의 헤이룽장성·지린성·랴오닝성을 점령함으로써 다른 나라는 만주에서 배제됐습니다. 그러나 이제는 각국이 평등하게 만주로 들어오게 됐습니다. 물론 여기에는 미국, 영국 그리고 전쟁 중 러시아를 원조했던 독일, 프랑스도 포함됩니다. "자, 제국주의 국가 여러분! 어서 오세요" 하고 중국 동북부의 문을 활짝 연 셈입니다. 이것이 러일전쟁이었습니다.

그렇다면 이제 러일전쟁으로 인한 일본의 변화를 살펴봅시다. 이것은 청일전쟁 때의 변화와 연속선상에 있습니다. 우선 일본은 1911년 불평등조약을 개정하는 데 성공했습니다. 조약 개정이라는 오랜 목표가 실현됨으로써 진정한 의미의 독립을 이룬 것입니다. 다음으로 국내적으로는 어떤 변화가 있었을까요?

먼저 러일전쟁의 전사자 수에 주목하고 싶습니다. 러일전쟁으로 인한 전사자는 8만 4000명입니다. 청일전쟁의 전사자를 100이라고 하면 1005가 됩니다. 열 배가 넘는 수치입니다. 이렇게 많은 사람이 죽으면 사회는 어떻게 변할까요?

── 음… 잘 모르겠지만 전보다 더 반정부적인 사상이랄까, 생각이 퍼지지 않을까요?

그렇습니다. 이를테면 1910년에는 고토쿠 슈스이幸德秋水* 등이 메이지 천황의 암살을 꾀했다는 이유로 체포됩니다. 이른바 대역사건大逆事件**입니다. 그동안 단속이 느슨했던 면도 있어서 사회주의가 조금 퍼져 있었는데, 금방 시련의 시대가 온 것입니다. 또한 이시카와 다쿠보쿠石川啄木***가 국가가 하나의 목적을 달성했다고 하면서《시대폐색 현상時代閉塞の現狀》등을 써서 러일전쟁 후의 상황을 비판하기도 했습니다. 그

---

* 메이지 시대에 활동했던 사회주의자, 무정부주의자. 제국주의를 비판하고 러일전쟁도 반대했으며 노동자에 의한 동맹파업을 주장했다.
** 천황을 암살하려 했다는 죄목으로 26명의 사회주의자가 체포되어 사형에 처해진 사건. 오늘날에는 날조된 사건으로 보는 견해가 유력하다.
*** 메이지 시대 일본의 대표적인 시인.

밖에 무엇이 있을까요?

── 전쟁으로 인한 부채가 많고 사상자도 많은데, 러시아로부터 배상금을 받지 못했습니다. 그래서 정부에 대한 비판이 높아졌습니다.

그렇습니다. 일본 국민은 강화조약을 통해 배상금을 받을 수 없다는 사실에 크게 실망했습니다.* 청일전쟁에서는 막대한 배상금을 받았지만, 러일전쟁에서는 배상금을 한 푼도 못 받았던 것입니다. 또 어떤 변화가 있었을까요? 힌트를 드리자면 국민이 전쟁 중에 거액의 전비를 부담했다는 점입니다.

── …?

잘 모르겠습니까? 먼저 청일전쟁 후에 일본에서는 처음으로 정당내각**이 탄생했습니다. 헌정당憲政黨을 여당으로 한 제1차 오쿠마大隈*** 내각이 탄생한 것입니다. 그리고 러일전쟁 후에는 선거와 관련해 커다란 변화가 생기는데, 이를 차근차근 알아보겠습니다.

사실 러일전쟁 당시 의회의 상황을 보면 청일전쟁 때보다 전쟁을 피

---

* 러일전쟁의 강화 협상에서 일본은 전승국임을 들어 거액의 배상금을 요구했다. 그러나 러시아는 배상금 지불을 거부했고, 이를 관철할 수 없었던 일본은 결국 배상금을 포기했다. 배상금 포기는 당시 일본 국민을 크게 실망시켰으며 국민적 공분을 샀다.

** 의회, 특히 하원에서 다수를 차지하는 정당으로 구성된 내각. 메이지 초기에는 정당이 아니라 막부 타도와 메이지유신을 주도한 세력이 주로 내각을 구성했다. 그러므로 '정당'이라는 단체로 구성된 내각은 민주주의, 정당정치의 발달을 의미한다.

*** 오쿠마 시게노부大隈重信(1832~1922). 메이지 시대의 대표적인 정당 정치가. 와세다대학 창립자로도 유명하다.

하고 싶어 했음을 알 수 있습니다. 하라 다카시의 일기에도 쓰여 있었지요. 여기에는 전비 때문에 외채를 많이 빌려야 했던 사정도 있습니다.

러일전쟁 당시 '비상특별세법非常特別稅法'이 있었다는 것을 알고 계십니까? 이것도 만주 문제와 마찬가지로 경제 문제와 관련이 있습니다. 가쓰라 내각은 기본적으로 증세를 통해 전쟁 비용을 조달했습니다. 당시에는 직접세로서 지조, 영업세, 소득세가 있었습니다. 비율로는 지조가 가장 많았습니다. 그리고 기업이 많아지고 개인의 근로소득도 올라감에 따라서 영업세와 소득세도, 지세도 국가 재정의 일익을 담당하게 됐습니다. 비상특별세법은 바로 이러한 직접세의 증세를 의미합니다. 물론 시행 당시 '러일전쟁 때까지'라는 단서를 달기는 했습니다.

그런데 그 증세 비율이 매우 높았습니다. 지조의 경우 일률적으로 땅값의 2.5퍼센트였던 것이 비상특별세법과 함께 논밭은 5.5퍼센트, 시가지는 무려 20퍼센트가 됐습니다. 굉장한 증세입니다. 또한 소득세는 일률적으로 1.7배로 늘어났습니다.

이구치 가즈키井口和起의 《러일전쟁》*에 따르면 비상특별세법이 1904년 4월과 12월, 2회에 걸쳐서 시행된 결과, 일본 국민은 1903년에 납부한 세금과 똑같은 액수의 세금을 한 번 더 지불하게 됐습니다. 세금을 두 번 낸 격입니다.

이 증세는 본래 시한 입법으로, 전쟁이 끝나면 없어질 예정이었습니

---

* 井口和起, 《日露戰爭-世界史から見た'坂の途上'》, 東洋書店, 2005.

다. 그렇지만 일본 정부는 러시아로부터 배상금을 받을 수 없었습니다. 원래는 배상금으로 30억 엔을 받아낼 작정이었다고 합니다. 정말 대담하다고나 할까요. 그러나 니콜라이 2세는 배상금을 단 한 푼도 줄 수 없다고 버텼고, 결국 배상금은 지불되지 않았습니다.

일본 정부는 상당히 난처했습니다. 그 때문에 70퍼센트 정도의 증세를 유지하고자 했습니다. 비상특별세법에는 "본 법률은 전시 중에만 이것을 적용한다"라는 조문이 있었는데, 이 조문만 삭제하면 증세는 영구적인 상태가 됩니다. 그래서 이 조문을 삭제하는 법 개정안을 억지로 밀어붙였습니다. 그렇게 세금이 크게 늘어났는데, 이는 정치적 변화를 초래합니다.

전쟁 이전인 1900년 제2차 야마가타山縣 내각*은 중의원선거법을 개정했습니다. 그때까지는 직접 국세 15엔을 납입하지 않으면 선거권을 가질 수 없었지만, 5엔을 내려 10엔 이상으로 수정한 것입니다. 그 결과 유권자 수는 처음의 45만 명에서 76만 명으로 늘어났습니다. 덕분에 지주 외의 의견도 의회에 반영되게 됐습니다. 그런데 여기에 비상특별세법으로 인한 증세가 시행됐습니다. 당연히 10엔 이상의 납세자 수가 늘어났고, 덩달아 유권자 수도 크게 늘어났습니다. 예를 들어 1908년 선거에서 유권자 수는 158만 명이었습니다. 러일전쟁 이후 유

* 야마가타 아리토모는 두 차례 내각의 총리를 역임했다. 제1차 야마가타 내각은 1889년 12월부터 1891년 5월까지며, 제2차 야마가타 내각은 1898년 11월부터 1900년 10월까지다.

권자 수가 크게 변한 것입니다. 그 결과 러일전쟁 이후 국회, 지방의회 등이 질적으로 크게 변했습니다. 어떻게 변했는지 아십니까?

—— …? 의원으로 뽑힌 사람들이 변했다는 것인가요?

그렇습니다. 선거권을 가진 사람이 늘어서 유권자 층이 변했고, 그래서 선거에서 뽑힌 정치가도 변하게 됐습니다. 그전까지는 주로 어떤 사람이 선거권을 가지고 있었지요?

—— 지주요.

네, 지주 등 풍요로운 농촌 사람이었습니다. 그것이 점차 변하기 시작한 것입니다. 예를 들어 회사를 경영하거나 은행 등 월급이 많은 곳에서 근무하는 사람은 직접세로서 영업세, 소득세를 납부합니다. 그런데 증세로 인해 10엔 이상의 세금 납부자가 늘어났습니다. 이러한 상황에서 유권자 중에서도 경영자, 은행가 등의 부자가 늘어납니다. 유권자 중에서 부자가 얼마나 되는지 조사하기는 어렵습니다. 하지만 경영자, 은행가 실업가의 이익을 대변하는 정당을 만들기 시작했다는 점은 주목할 만합니다. 이제까지는 정당이 주로 지주를 대표했는데, 실업가를 대표하는 정당이 처음으로 나온 것입니다. 이것이 실업가 45명이 만든 '보신구락부戊申俱樂部'라는 정당입니다. 1908년 제10회 총선거 때의 일입니다.

> 전쟁을 위한 증세로 유권자 수가 러일전쟁 이전의 두 배로 늘었고,
> 정치가의 질도 변했다.

한편 지주 정당이라고 불렸던 정우회에서도 낙선하는 대지주 의원이 나오는가 하면, 반대로 기업가 출신 의원이 탄생하기도 했습니다. 러일전쟁 이후 지방의 상공회의소 등에서 활동하던 기업가도 처음으로 단체를 조직해서 정당을 자칭했습니다. 이제 기업가 출신 의원이 본격적으로 활동하기 시작한 것입니다.

제2차 야마가타 내각은 그다지 주목받지는 못했지만, 여러 가지 의미 있는 일을 했습니다. 1900년 선거법 개정에서 납세 자격을 비록 15엔에서 10엔 이상으로 5엔 정도 낮추었을 뿐이지만, 이는 청일전쟁 이후 산업 발달 과정에서 상공업자와 실업가를 독려하기 위해 그들로 하여금 정치에 참여하도록 촉진하는 조치였습니다. 또 정부는 의회에서 상공업자와 실업가의 비중을 높이기 위해 여러 가지 조작을 행했습니다. 선거구 분할 방식을 변경하기도 하고 큰 공장이 있는 도시에 의석을 많이 분배하기도 했습니다. 산업화의 주역을 의회로 흡수하려고 한 것이지요. 그때는 지주 의원이 많으면 지조를 더 거두기 어려웠습니다. 특히 러일전쟁 이전에 지주 출신 의원은 군비 확장과 그에 따른 증세 조치에 반대하며 정부의 전쟁 준비에 제동을 걸었습니다. 그런 이유로 정부에서는 기업가, 상공업자 등을 중심으로 피선거권을 확대해 나갔습니다.

피선거권이란 선거에 입후보할 수 있는 권리입니다. 1889년 첫 선거법에서는 피선거권이 무척 엄격했습니다. 직접 국세 15엔 이상을 낼 수 있는 자여야 했고, 또 일정한 비율의 득표를 얻지 못하면 돈을 내야 했습니다. 그런데 그것이 1900년 제2차 야마가타 내각의 선거법 개정으로 바뀐 것입니다. 우선 피선거권의 납세 자격이 없어졌습니다. 예를 들어 도시의 상공업자가 "신문 기자 출신인 그 사람 말을 참 잘해. 국회로 보냅시다"라고 하면 그 사람을 보낼 수 있게 됐습니다. 이같은 정부의 계획, 즉 지주 의원을 줄이고 다른 계층의 의원을 증원하는 것은 시간이 지남에 따라 점점 현실화됩니다. 특히 그 효과는 러일전쟁 후인 1908년 선거에서 뚜렷이 나타났습니다.

야마가타는 여러 가지로 욕을 먹었습니다.* 귀뚜라미라는 별명도 있었던 것 같습니다. 얼굴이 갸름하기 때문일까요? 다이쇼 천황**은 야마가타와는 밥 먹는 것도 싫다고 말했다 합니다. 다이쇼 천황은 철도광이었는데, 그래서인지 철도를 많이 부설한 하라 다카시를 무척 좋아했지요. 어쨌든 그런 야마가타가 상공업자, 기업가가 의회에 등장하는 기반을 만들었다는 사실이 매우 흥미롭습니다.

결국 러일전쟁을 위한 증세로 직접 국세 10엔을 지불하는 사람이 두 배로 늘었고, 그래서 유권자 수도 두 배가 됐습니다. 이것이 러일전쟁 이후의 중대한 변화입니다.

---

* 야마가타 아리토모는 국정 전반에 걸쳐 매우 큰 영향력을 행사했던 인물이다. 그러나 권력욕이 강했고 정당정치를 혐오했기 때문에 의회민주주의 지지자에게는 평판이 매우 나빴다.
** 근대 일본의 천황을 순서대로 꼽으면, 메이지유신으로 유명한 메이지, 그 뒤를 이은 다이쇼, 마지막으로 만주사변·중일전쟁·태평양전쟁 당시의 쇼와 천황(히로히토 천황)이다.

3 제1차
세계대전

일본이 느꼈던
주관적인 좌절감

식민지가
허용되는 시대,
허용되지 않는 시대

총력전에 직면한 세계

제1차 세계대전은 세르비아, 영국, 프랑스, 러시아 등의 연합국과 오스트리아, 독일, 터키 등의 동맹국이 싸운 세계적인 규모의 전쟁이었습니다. 1914년 7월 28일에 시작돼 1918년 11월 11일에 종결됐습니다. 또한 강화조약은 그 이듬해에 조인됐습니다.

우선 전사자와 부상자 수를 세계와 일본으로 나누어서 보겠습니다. 세계적으로는 전사자가 약 1000만 명, 부상자가 약 2000만 명인데, 일본의 경우는 칭다오青島 공략전의 사상자(전사자와 부상자를 합친 수)가 1250명 정도입니다. 크게 다르지요? 세계적으로 1000만 단위의 사람이 희생됐는데, 일본에서는 1000단위의 희생자만 나왔습니다.

그러면 이 전쟁이 초래한 변화를 세계와 일본으로 나누어서 보겠습니다. 먼저 세계의 변화를 살펴보지요. 가장 큰 변화는 오랜 전통을 자랑하는 유럽의 세 왕조가 무너진 것입니다. 첫째는 러시아입니다. 연합국의 일원이었던 러시아에서는 오래 이어진 전쟁과 혼란으로 혁명이 일어났고, 결국 로마노프 왕가가 무너졌습니다. 여기서 혁명이란 1917년 11월(러시아력으로는 10월) 레닌과 트로츠키가 이끈 볼셰비키(다수파) 혁명을 말합니다. 둘째는 독일입니다. 동맹국의 중심이었던 독일에서는 1918년 11월 노동자의 무장 봉기가 일어났습니다. 그 결과 황제 빌헬름 2세는 망명하고 유서 깊은 호엔촐레른 왕가가 무너졌습니다. 셋째는 오스트리아입니다. 독일의 동맹국이었던 오스트리아도 패전으로 인해 합스부르크제국이 무너졌습니다. 참고로 그 후 독일에서는 1919년에 바이마르공화국이 탄생했고, 러시아는 내전을 거쳐 1922년에 소련(소비에트사회주의공화국연방)이 됩니다.

〈제1차 세계대전 당시 사상자 수〉

세계: 전사자 약 1000만 명, 부상자 약 2000만 명
일본: 전사자·부상자 1250명

두 번째 큰 변화는 새로운 사회계약의 등장입니다. 앞에서 이미 제1차 세계대전이 총력전이었다는 점, 그리고 엄청난 사상자가 나왔다는 점 때문에 전후 새로운 사회계약이 필요해졌다고 언급했습니다. 유

럽을 대표하는 세 왕조가 무너져서 공화국이 된 것도 새로운 사회계약을 의미합니다. 또 너무나도 많은 희생자를 낸 전쟁이었기에 두 번 다시 전쟁이 일어나지 않도록 국제기구도 설립됐습니다. 1920년에 조직된 국제연맹이 그것입니다. 이와 같이 제1차 세계대전 이후에는 세계적으로 새로운 사회계약이 등장했습니다.

세 번째 큰 변화는 제국주의 시대에 당연시됐던 식민 지배가 비판받기 시작했다는 점입니다. 제국주의란 어떤 국가나 인민이 다른 국가나 인민을 지배하고, 그 지배를 확대하려는 정책을 가리킵니다. 사람들은 식민지 획득을 위한 경쟁이 제1차 세계대전의 주요 요인이었다고 생각하고, 그 반성으로 식민 지배에 대해 비판하기 시작했습니다. 과거에는 국가의 이름으로 당당하게 다른 나라를 식민지로 삼거나 보호국으로 만들었지만, 이제 노골적인 침략은 국제적으로 용인되지 않게 됐습니다. 이를테면 제1차 세계대전 이후 구舊독일령 식민지를 처분할 때 연합국은 국제연맹이 각각의 연합국에 대해서 그 지역의 통치권을 위임하는 형식을 취했습니다. 그래서 일본도 국제연맹으로부터 통치권을 위임받는 형태로 남양군도* 등의 독일 식민지를 분배받았습니다.

자, 그럼 일본의 변화를 살펴봅시다. 일본에서는 천황 중심의 입헌군주제가 견고하게 유지됐습니다. 그렇지만 원래 몸이 약했던 다이쇼

---

* 서태평양 적도 부근에 있는 광대한 지역. 제2차 세계대전 때까지 일본의 지배를 받다가, 오늘날에는 각각의 섬이 미국의 통치를 받거나 독립국이 됐다.

천황이 병에 걸렸고, 증상은 점차 악화됐습니다. 또한 대내적으로는 시베리아 출병*을 진행 중이었고, 전국적으로 쌀 소동이 일어났습니다.**

당시에 벌어진 쌀 소동은 그야말로 대단했습니다. 상황이 너무 심각해서 원로 야마가타 아리토모는 중대한 결심을 했습니다. 바로 유력한 정당 정치가 하라 다카시를 총리로 앉히기로 한 것이지요. 당시 천황에게 총리를 추천하는 권한은 원로에게 있었습니다. 원로 중에서도 가장 큰 힘을 가졌던 이가 바로 야마가타 아리토모입니다.

그는 오랫동안 정당내각을 반대해왔습니다. 그러나 국내외 상황이 점점 악화되자 하라를 총리로, 정우회를 여당으로 하는 정당내각의 탄생을 지지하게 됐습니다.*** 그 결과 하라 내각이 출범했고, 하라 내각은 외무대신·육군대신·해군대신 이외의 각료를 전부 정우회 당원으로 임명했습니다. 일본에서도 드디어 본격적인 정당내각이 탄생한 것입니다.**** 세계적인 변화와는 차원이 다르지만, 그래도 커다란 변화임에는

---

* 제1차 세계대전 당시 러시아는 미국·영국·프랑스와 함께 연합국에 속했지만, 공산혁명 이후 독일과 단독으로 강화를 맺고 연합국에서 이탈했다. 그러자 미국, 영국, 프랑스, 일본 등은 볼셰비키 정권을 견제·간섭하기 위해 시베리아에 군대를 파견했다. 열강 중에서도 일본은 가장 적극적으로 군대를 파견했다.

** 1918년 쌀값 폭등에 대한 항의는 빠르게 퍼져 쌀 소동으로 확대됐다. 소요 사태는 전국으로 퍼져 나갔는데, 이는 일시적이나마 정부의 지배력을 흔들 정도였다.

*** 쌀 소동을 통해 야마가타는 대규모 민중봉기가 지배 체제를 흔들까 봐 우려하기 시작했다. 그래서 야마가타는 하라 다카시와 정우회가 정당·의회 등의 민주주의적 요소를 어느 정도 수용하는 한편, 천황제 국가의 지배 체제를 공고하게 해주기를 기대했다.

**** 그전까지 일본에서는 정당이 내각의 주체(권력의 주체)로 제대로 인정받지 못했다.

틀림없습니다.

일본이 일관되게 추구했던 것

앞에서 언급했듯이, 제1차 세계대전 이후 국제사회는 공식적인 식민지 획득을 인정하지 않았습니다. 하지만 국제사회가 갑자기 성인군자가 될 리는 없었습니다. 국제연맹의 이름으로 행해지던 위임통치도 실은 식민 지배에 다름 아니었습니다. 공식적이든, 비공식적이든 일본도 제1차 세계대전 후 식민지를 얻었습니다. 근대 이후 일본은 일관되게 식민지 획득을 추구했는데, 그때까지 진행된 일본의 식민지 획득을 정리해보겠습니다.

일본은 청일전쟁에서 타이완과 펑후제도를, 러일전쟁에서 관동주 關東州(일본의 조차지로 중심 지역은 뤼순·다롄) 그리고 중둥 철도와 그 남쪽 지선(창춘-뤼순 간), 그 외의 부속 탄광, 연선의 토지를 획득했습니다. 게다가 러일전쟁 5년 후인 1910년에는 한국을 합병했습니다. 그리고 제1차 세계대전 이후 산둥반도의 옛 독일 권익과 적도 이북의 구독일령 남양군도를 얻었습니다. 차근차근 식민지를 늘리는 모양새입니다. 일본의 식민지 통치 방식을 연구하는 스탠퍼드대학의 마크 피티 연구원은 일본의 식민지 획득에 대해 이렇게 표현했습니다.

근대 식민지 제국 중에서 이 정도로 확고한 전략적 사고를 가지고, 또 이토록 당국자 간의 신중한 고찰과 광범위한 의견 일치를 보인 나라는 없다.

일본의 식민지는 모두, 그 획득이 일본의 전략적 이익에 합치된다는 최고 수준의 신중한 결정을 근거로 했고 그에 기초해서 식민지를 영유했다.

여기서 중요한 것은 '전략적'이라는 표현입니다. 확실히 일본이 획득한 식민지를 보면 대부분 안전보장과 관련된 곳입니다. 타이완의 경우 그 바로 맞은편에 중국의 푸젠성福建省이 있고, 타이완과 푸젠성 사이의 해역은 타이완 해협입니다. 해상교통로로서 중요한 곳입니다. 또한 한반도와 일본 사이의 해역은 대한해협으로, 슈타인이 중요성을 강조한 곳이기도 합니다.

그럼 일본과 비교하기 위해 서구 제국주의 국가인 영국, 프랑스, 러시아를 살펴보겠습니다. 다른 제국주의 국가는 어떤 이유로 식민지를 늘렸을까요? 먼저 산업혁명 이전, 즉 15세기부터 18세기까지 유럽의 절대왕정 국가를 생각해봅시다. 당시 유럽 국가는 국부를 늘리기 위해 중상주의를 채택했습니다만, 제국주의 시대에 유럽 국가는 무슨 이유로 식민지를 획득하려 했을까요?

—— 시장을 확대해서 경제를 활성화하기 위해서입니다.

네, 일단 중요한 것은 상업적인 요인이었습니다. 이미 15세기 무렵부터 자원과 해외시장을 위한 식민지 획득이 시작됐습니다.

제1차 세계대전 후의 일본 영토
1905년에 사할린 남쪽 절반(북위 50도 이남)을 획득했고, 1910년에는 한국을 합병했다. 또 제1차 세계대전 때는 산둥반도의 경제적 권익과 남양군도를 획득했다.

—— 플랜테이션 농업을 하기 위해서입니다.

플랜테이션이라는 것은 식민지의 넓은 토지에 단일 농산물을 대규모로 재배하는 것이지요. 주로 아시아나 아프리카에서 이루어졌고, 작물로는 차·커피·카카오·천연고무 등이 있었습니다. 그리고 또 무슨 이유가 있었을까요?

—— 그리스도교 포교를 위해서입니다.

확실히 도요토미 히데요시豊臣秀吉와 에도 막부가 그리스도교를 금지한 이유 중 하나는 에스파냐와 포르투갈이 포교와 무역을 기회로 삼아 일본에 영향력을 확대하는 것을 경계했기 때문입니다. 반면 네덜란드나 중국에 무역을 허용한 이유는 이들이 무역에만 전념한다고 생각했기 때문이지요. 그 외에 또 무슨 이유가 있을까요?

—— ….

이젠 떠오르지 않나요? 그럼 제가 대답하겠습니다. 그것은 해외 식민지를 통해 국내의 과잉 인구를 유출하는 것, 국내의 실업 문제를 해결하는 것이었습니다. 즉 사회정책적인 이유입니다. 비스마르크와 빌헬름 2세 시대의 독일이 바로 그와 같았습니다.

결국 서구와 달리 일본은 무역·포교·사회정책이 아닌, 주로 안전보장을 최우선으로 고려해서 식민지를 획득했습니다. 마크 피티의 지적대로 일본과 같은 생각으로 식민지를 확대했던 나라는 거의 없을 것입니다.

일본은 안전보장을 최우선으로 고려해서 식민지를 획득했다.

미국과 일본의 전쟁 공포

그러면 저 멀리 떨어진 유럽의 전쟁이 어떻게 일본의 문제와 연결되는지 생각해보겠습니다. 이것을 알면 일본이 산둥반도의 권익과 남양군도를 어떻게 획득했는지 알 수 있습니다.

1914년 7월 28일 오스트리아가 세르비아에 선전포고를 했습니다. 한 달 전쯤 오스트리아의 황태자가 친러시아 성향의 세르비아인에게 암살되는 사건이 일어났는데, 이것이 도화선이 됐습니다. 물론 그전부터 발칸반도에는 민족 문제가 존재했고, 독일·오스트리아와 러시아는 심각하게 대립하고 있었습니다. 8월 1일 독일이 러시아에 선전포고를 하자, 8월 4일 러시아와 동맹을 맺은 영국이 독일에 선전포고를 했고, 프랑스도 영국과 행동을 같이했습니다. 결국 전쟁은 세계대전으로 확대됩니다.

한편 일본은 8월 23일 독일에 선전포고를 하며 제1차 세계대전에 참전했습니다. 그런데 그 과정을 보면 무리한 감이 없지 않습니다. 참전 결정의 주역은 제2차 오쿠마 내각의 외상이었던 가토 다카아키加藤高明입니다. 그는 다이쇼 천황이 여름 휴가차 닛코日光 다모자와田母澤의 황실 별장에서 쉬고 있을 때 천황을 방문했습니다. 밤중에 말이지요. 그러고는 천황의 재가를 받았습니다. 원로 야마가타는 학문·군사·기술 등 각 분야에 걸쳐 일본의 모범이 된 독일과 싸우는 것을 망설였습니다. 그러나 가토 다카아키는 참전을 밀어붙였습니다.

그렇다면 일본은 제1차 세계대전 참전으로 무슨 이익을 얻을 수 있었나요? 많은 사람은 서구 열강이 유럽에서 일어난 전쟁에 힘을 쏟고 있을 때, 일본이 불난 집을 터는 도둑처럼 중국에 대한 영향력을 강화했다고 평가했습니다. 실제로 세계대전 기간 동안 중국에 대한 일본의 수출액은 크게 늘어납니다. 하지만 이는 경제적인 것입니다. 전략적으로는 어떨까요? 이 전쟁을 기회로 일본이 얻게 되는 안보상의 이익은 무엇일까요? 힌트는 해군입니다.

—— 남양군도 아닌가요?

네, 첫 번째 정답입니다. 앞에서 일본이 남양군도를 위임통치령으로 받았다고 언급했습니다. 독일은 적도 이북과 이남, 즉 태평양 한가운데의 많은 섬을 소유하고 있었습니다. 이를 일본이 차지한 것입니다. 미국과 전쟁을 할 경우 해군 근거지로 삼을 수 있기 때문이지요.

사실 열강은 제1차 세계대전 이후 태평양의 섬에 눈길을 돌립니다. 이를테면 미국은 식민지를 별로 갖지 않는 나라였지만, 1898년의 미국-에스파냐전쟁으로 필리핀과 괌을 획득합니다. 그리고 하와이와 사모아를 합병합니다. 미국과 일본 둘 다 태평양의 섬을 합병하기 시작하는데, 미국 쪽의 움직임이 더 빨랐던 것 같습니다. 사실 미국에서는 러일전쟁이 끝난 뒤인 1907년 '전쟁 공포'가 생겨났습니다. '일본이 바다를 건너 미국을 습격해오는 것은 아닌지', '일본과 전쟁을 하게 되는 것은 아닌지' 등의 근거 없는 공포였습니다.

어째서 이런 공포가 퍼졌을까요? 그 계기는 1906년 4월 18일에 발생한 샌프란시스코 대지진 당시로 거슬러 올라갑니다. 샌프란시스코에는 차이나타운이 많았습니다. 그곳의 중국인 이민자는 미국인 노동자보다 적은 임금을 기꺼이 감수하며 일했고, 이 때문에 미국 사회의 적대적인 시선까지 받는 등 차별을 받으며 살고 있었습니다. 이러한 상황에서 대지진이 일어난 것입니다. 공포에 질린 미국인은 차이나타운의 중국인이 습격해오는 것이 아닐까 우려했습니다. 그 결과 샌프란시스코의 미국인은 차이나타운의 중국인을 대상으로 폭행과 약탈을 일삼았습니다.

사실 이와 비슷한 현상은 일본에도 있었습니다. 1923년 9월 1일에 발생한 관동대지진 당시 일본은 중국인, 조선인을 대상으로 학살 사건을 일으켰습니다. 그 배경에는 '평소 학대받던 조선인이 일본인을 습격할지도 모른다'는 근거 없는 유언비어가 있었습니다. 결국 수천 명의 조선인과 약 200명의 중국인이 희생됐습니다. 미국과 일본 둘 다 비슷한 양상이었습니다.

캘리포니아에 사는 백인의 눈으로 보면 중국인도, 일본인도 같은 동양인입니다. 1891년부터 1906년 사이에 수천 명의 일본인이 캘리포니아로 이민을 왔습니다. 캘리포니아에서 일본인 이민자는 저임금으로 일하면서도 미국 사회의 일체감을 혼란시키는 사람으로 간주됐습니다. 그래서 1906년에는 일본인 학생의 공립학교 입학을 거부하고, 1907년에는 일본인 이민을 배척하는 조항(입국이 쉬운 하와이, 멕시코, 캐나다 등 미국 본토 이외를 경유한 일본인 이민을 배척하는 조항)을 넣은 연방이민법을 통과시켰습니다. 이러한 배경에는 미국 사회에서 급속히 퍼져 나간 일본의 이미지, 즉 러시아를 패배시킨 호전적인 국가라는 부정적인 이미지가 있었습니다.

서태평양의 군도

이처럼 미일관계가 어색할 즈음 일본은 독일이 서태평양의 섬을 지배하는 것에 주목했습니다. 마리아나, 팔라우, 캐롤라인, 마셜 등의 미크로네시아 지역은 미국이 태평양을 횡단해 동양으로 올 때의 길목에 있습니다. 일본은 이런 섬에 주목했습니다. 그리고 가토 다카아키 외상은 영일동맹을 내세워 제1차 세계대전에 참전하려고 했습니다.* 동맹국을 돕는다는 명분이었지요.

그러나 영국은 일본의 이러한 태도를 경계했습니다. 당시 영국은 일본의 개입에 소극적인 반응을 보였습니다. 그런데도 가토 외상은 영일동맹 협약 전반의 이익을 방호한다는 명목으로 참전을 강행했습니다. 영국이 대서양에서 안심하고 싸우는 동안 일본 해군은 1914년 9월부터 10월 사이에 독일령 섬, 즉 남양군도를 차례로 점령했습니다. 당시 독일은 마셜제도의 젤루잇, 캐롤라인제도의 포나페·트루크·야프, 마

---

* 1902년 이후 영국과 일본은 여전히 동맹 관계를 유지하고 있었다.

리아나제도의 사이판 등지에 해군기지를 갖고 있었는데, 이것을 일본이 점령한 것입니다. 이들 해군기지는 제2차 세계대전 때도 자주 등장합니다. 특히 사이판에서는 B29 폭격기로 일본 본토 폭격이 가능했기 때문에 사이판을 두고 미국과 일본 간에 치열한 전투가 벌어졌습니다. 즉 일본에도, 미국에도 중요한 지점이었던 것입니다.

오늘날 남양군도의 섬은 휴양지, 관광지로 유명합니다. 그러나 예전에는 달랐습니다. 우리 할아버지, 할머니 때부터 전해 내려오는 〈추장의 딸酋長の娘〉이라는 노래가 있습니다. 가사는 대략 다음과 같습니다. "나의 라버 씨/ 추장의 딸/ 피부는 검지만/ 남양에서는 미인/ 적도에서 남으로/ 마셜군도/ 야자나무 그늘에서/ 터벅터벅 춤을 춘다." 상당히 이상한 가사지요? 일본은 1914년에 남양군도를 점령합니다. 그리고 1919년 파리강화회의에서 그곳을 위임통치라는 형식으로 차지합니다. 그 후 남양군도에는 수산업, 무역을 위한 일본인 이주민이 늘어납니다. 이에 따라 섬사람과 일본인의 교류도 크게 증가했습니다. 이 노래는 그러한 배경에서 1930년에 만들어졌습니다.

사실 저와도 관련이 있습니다. 제 어머니는 만주사변이 일어났던 1931년 도치기현栃木縣 사노시佐野市에서 가까운 다누마정田沼町이라는 작은 마을에서 태어났습니다. 어머니의 기억에 따르면 어릴 적 마을에는 남양에서 시집온 갈색 피부의 여성이 있었습니다. 그런데 그 여성을 본 아이들은(아이들은 때로 잔혹하기도 합니다) 〈추장의 딸〉을 부르고 소란을 떨면서 그녀의 뒤를 따라다녔다고 합니다. 그녀는 머리에 큰 옹기를 이고 천천히 걸었던 것 같습니다. 쇼와 초기, 즉 1920년대 이후 다누마정과 같은 작은 일본 마을에도 남양 출신의 신부가 오게 된 것입니다.

산둥반도의 전략적 의미

태평양의 여러 섬은 전략적으로 중요했기에 일본은 제1차 세계대전과 함께 그 섬들을 점령했습니다. 그럼 이제 두 번째 정답에 대해 말해보겠습니다. 그것은 칭다오를 포함한 중국 산둥성의 권익입니다. 왜 일본은 제1차 세계대전과 함께 중국의 칭다오를 점령했을까요? 그 전략적 의미는 무엇일까요? 그 이유를 생각하면서 일본이 중국으로부터 빼앗은 것을 보겠습니다. 제1차 세계대전 참전과 함께 일본 육군은 독일령 칭다오를 공략합니다. 이때 일본은 독일이 부설한 자오지 철도膠濟鐵道를 점령합니다. 이것은 자오저우만膠州灣의 주요 도시 칭다오에서 지난濟南까지 연결되는, 즉 산둥성을 동서로 관통하는 철도입니다. 독일이 19세기 말에 착공해 1904년에 완성한 것이지요. 일본은 칭다오와 자오지 철도를 독일로부터 빼앗은 것입니다.

제1차 세계대전 이후 파리강화회의에서 각 나라는 독일이 갖고 있던 권익을 둘러싸고 옥신각신했습니다. 미국은 산둥반도의 옛 독일 권익을 중국에 돌려주어야 한다고 주장했고, 일본은 '우리가 독일을 상대

칭다오와 자오지 철도
일본은 독일령이었던 칭다오 조차지와 자오지 철도를 획득했다.

로 승리했으니 우선 독일에서 일본으로 이관하고, 나중에 적당한 시기를 봐서 중국에 반환할 것'이라고 말했습니다.

　이때 일본이 산둥반도의 철도를 차지해야겠다고 생각한 이유는 무엇일까요? 특히 육군은 왜 안보를 내세워 그 철도를 탐냈을까요?

── ….

지도를 잘 보세요.

── 혹시 그쪽 철도 근처에 만주가 있어서가 아닐까요?

오! 좋은 질문이군요. 만주는 중국 동북부의 랴오닝성·지린성·헤이룽장성 일대입니다. 산둥반도와는 조금 거리가 먼 것 같군요. 일본은 러일전쟁으로 창춘에서 뤼순까지의 철도를 얻었습니다. 그리고 뤼순에서 북상하면 펑톈이라는 곳이 있습니다. 펑톈은 현재의 지명으로 선양瀋陽인데, 이곳은 한국과 만주의 국경도시인 신의주 및 안둥安東(현재의 단둥)과 철도로 연결됩니다. 즉 러일전쟁과 한국합병으로 일본의 교통망은 한반도를 통해 대륙까지 뻗어나갈 수 있었습니다. 일본에서 연락선을 타고 한반도에 닿고, 한반도에서는 철도를 통해 대륙으로 가는 것이지요. 그리고 일본은 제1차 세계대전 이후 산둥반도의 철도를 획득했습니다.

—— 혹시 중국의 내전에 손쉽게 개입하기 위해서 산둥반도의 철도를 노린 것이 아닐까요?

정답에 가까이 왔군요. 그런데 내전이라기보다 통일로 가는 과정에서의 분쟁이라는 표현이 더 적절한 것 같군요.

이야기가 조금 옆길로 새지만, 1914년경 중국의 상황에 대해 말씀드리겠습니다. 당시 중국에서는 1911년 와세다대학에 유학하고 있었던 쑹자오런과 하와이에서 혁명 결사를 일으킨 쑨원孫文 등의 혁명파, 새로운 제도하에서 편성된 군대, 즉 신군新軍 내부의 개혁파, 국회 개설을 요구하는 정치가라는 세 세력이 힘을 합쳐서 청의 타도를 꾀했습니다. 이것이 바로 신해혁명입니다. 중국에 가장 큰 영향력을 행사했던 영국은 청이 쓰러져도 관료 출신의 실력자 위안스카이를 중심으로 정부를 유지하면 된다고 생각했습니다. 그래서 신해혁명에 간섭하지 않았습니다.

결국 1912년에 청이 쓰러지고 중화민국이 탄생합니다. 혁명의 원동력은 난징南京과 광저우廣州를 기반으로 한 남방의 혁명파와 그 지도자

쑨원이었습니다. 그러나 쑨원은 청 최후의 황제 선통제宣統帝를 퇴위시킬 때 공을 세우고 베이징을 근거지로 하고 있던 위안스카이와의 경쟁에서 밀려났습니다. 1912년의 일입니다. 그해 3월 위안스카이는 임시 대총통에 취임했습니다. 그러니까 1914년이라는 시기는 위안스카이가 베이징 정부를 다스리고는 있지만, 쑨원 등의 혁명파와 새로운 사

위안스카이

상과 힘을 가진 지방 군인이 언제 남방에서 올라올지 모르는 상황이었습니다.

　그 밖에 다른 이유로는 무엇이 있을까요? 일본 처지에서 보면 전략적으로 중요한 부분이 있습니다.

──　랴오둥반도의 가장 남쪽에 뤼순이 있어서 산둥반도를 얻는다면 두 개의 반도에 끼인 만을….

그 만이 바로 보하이만渤海灣입니다. 그럼 산둥반도의 철도를 차지하면 일본은 무엇이 가능해질까요?

──　바다와 육지 양쪽에서 중국을 공격할 수 있습니다.

네, 바로 그렇습니다. 제1차 세계대전 후 일본이 무엇을 얻어내야 하는지에 대해 육군의 군무국장軍務局長* 야마다 류이치山田隆一는 칭다오 조

---

*　육군성에서 다른 부서와 정치 관련 협상을 담당하는 군무국의 장. 군무국은 육군성의 전반적인 업무를 통제하기 때문에 육군 내에서 군무국장의 영향력은 매우 크다.

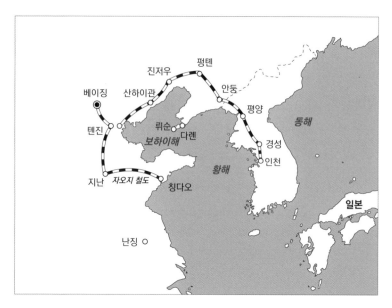

자오지 철도의 의미
자오지 철도로 인해 지난·톈진·베이징이 연결되고, 육지와 바다 양쪽에서 베이징을 공격할 수 있게 된다.

차지보다 자오지 철도가 중요하다며 다음과 같이 말했습니다.

> 산둥성의 칭다오 조차지는 가치가 없고 본 철도(자오지 철도)가 군사적, 경제적, 식민지와 관련해서 유일하게 가치 있는 중요한 것이다.

칭다오와 자오지 철도를 차지하면 일본은 유사시에 산둥반도의 자오저우만·칭다오에 상륙한 다음, 철도를 통해 서쪽으로 이동할 수 있습니다. 그러면 지난까지 손쉽게 진격할 수 있습니다. 그리고 다시 철도를 따라 톈진, 베이징까지 금방 북상이 가능합니다. 그전에는 베이징에 도달하려면 우선 한반도의 인천에 상륙하고, 거기서 다시 철도로 만주의 안둥까지 가야 했습니다. 그런 다음 펑톈·진저우·산하이관山海關을 넘어서 톈진·베이징으로 이동해야 했습니다.

중국의 심장부를 달리는 가장 좋은 철도는 영국이 가지고 있었습니다. 그런데 일본은 독일령을 빼앗음으로써 영국 이외에는 누구도 가지지 못했던 중요한 철도를 손에 넣은 것입니다. 사실 바다와 육지 양쪽에서 베이징을 공략할 수 있는 조건을 가진 나라는 그때까지 없었습니다. 더구나 일본은 지리적으로 중국과 가깝습니다. 러일전쟁에서 일본은 육해군 공동 작전을 수행했는데, 이제는 중국에 대해서도 그것이 가능해졌습니다.

당시 칭다오에 주둔한 독일 함대는 순양함 두 척과 경순양함 세 척에 불과했습니다. 일본이 동아시아에서 러시아 해군을 격파하자(러일전쟁), 일본에 인접한 열강 해군은 독일 해군뿐이었습니다. 그런데 이에 만족하지 않고 일본은 제1차 세계대전에서 중국 주둔 독일 함대를 격파했습니다. 이제 일본 주변에는 일본과 경쟁할 만한 해군이 없습니다. 왜 일본이 독일 함대를 격파하고 산둥반도의 권익을 그토록 가지려고 했는지 이해하시겠습니까? 이제 일본은 마음대로 중국을 압박할 수 있게 됐습니다.

왜
국가개조론이
등장했을까

변하지 않으면 나라가 망한다

제1차 세계대전이 일본에 미친 영향은 제2차 세계대전에 버금가거나 혹은 맞먹을 만큼 컸습니다. 앞에서는 제1차 세계대전 이후 일본의 변화로, 본격적인 정당내각인 하라 다카시 내각이 탄생했다고 말했습니다. 물론 정당내각의 성립 외에도 큰 변화가 있었습니다. 그 점에 대해 차근차근 알아보겠습니다.

제1차 세계대전으로 유럽에서는 3000만 명에 달하는 사상자가 나왔는데, 일본에서는 1000명 단위의 사상자가 나왔습니다. 일본의 사상자는 상당히 적었습니다. 서장에서 이야기했듯이 전쟁에서 많은 사람이 죽으면 그 영향으로 전후에 큰 변화가 일어납니다. 국가의 근간이 되는 사회계약을 다시 써야 하는 상황이 오는 것입니다. 이를 적용하면 제1차 세계대전이 일본에 미친 영향은 적을 것이라고 생각할 수 있습니다.

제1차 세계대전 당시 일본의 전쟁은 1914년 8월에 시작돼 3개월 후인 11월경 사실상 끝났습니다. 물론 그 후에도 지중해에서 연합국의 병력 수송에 참가하긴 했습니다. 그러나 어쨌든 전체적인 전사자는 놀랄 만큼 적었습니다.

그런데도 제1차 세계대전 이후 일본에서는 '국가개조론'이 속속 등장하고, 이대로 변하지 않으면 나라가 망한다며 위기감을 호소하는 단체가 많이 생겨났습니다. 왜 전후에 이처럼 강한 위기감이 생겨났을까요? 우선 그들이 요구하는 정책이 어떤 것인지 살펴보겠습니다.

① 보통선거

② 신분 차별 철폐

③ 관료 외교 타파

④ 민본적 정치 조직 수립

⑤ 노동조합 공인

⑥ 국민 생활 보장

⑦ 세제의 사회적 개혁

⑧ 형식 교육 타파

⑨ 새 영토인 한국, 타이완, 남양군도 통치의 쇄신

⑩ 궁내성宮內省*의 기강 세우기

⑪ 기존 정당의 개조

이상 열한 개 항목이 있습니다. 이것은 1919년 이후에 나온 여러 '개조 단체'의 전형적인 주장을 모은 것입니다. 얼핏 이해가 안 가는 항목도 있습니다.

⑤의 '노동조합 공인'을 봅시다. 제2차 세계대전 이전의 일본에서는 단결권, 단체교섭권, 단체행동권 등을 인정하지 않았습니다. 그래서 그런 요구가 나온 것입니다. ⑦의 '세제의 사회적 개혁'은 무슨 뜻일까요? 지주와 자본가에게 유리한 세금제도를 바꾸라는 것입니다. ⑨의 항목은 무슨 뜻일까요? 이것은 일본의 식민지, 위임통치령에도 헌법을 적용해 선거권·피선거권 등을 주자는 요구인 것 같습니다. ⑪의 '기존 정당의 개조'라는 것은 지주와 자본가가 지지하는 기존의 유력한 정당, 즉 정우회와 헌정회憲政會 외에도 정당이 만들어져야 한다는 것입니다.

이 시기의 개조 단체 중에는 파리강화회의(1919)에 다녀온 소장파 정치가나 언론인이 만든 것이 많았습니다. 파리에 부임했던 외교관(전권대사)이나 군인 외에도 세계 각지의 많은 정치가·언론인이 자비 또는 회사

---

* 근대 일본의 특수 계급이었던 황실, 황족, 화족華族에 대한 사무를 담당하는 부서. 오늘날에는 부서가 격하돼 궁내청宮內廳이 됐다.

부담으로 파리강화회의로 모여들었습니다(견학을 위해서 오는 경우가 많았습니다). 앞에서 말한 열한 번째 항목은 파리에 다녀온 정치가, 언론인, 기업인 등이 '일본은 안 된다. 일본은 끝났'고 하면서 주장한 것입니다.

청일전쟁 이후의 개조 운동은 기껏해야 보통선거운동 정도였습니다. 비유하자면 '점'의 운동이었습니다. 러일전쟁 이후의 개조 운동은 기업인이나 지방의회 의원 등이 '나쁜 세금을 없앱시다' 하는 식의 경제 운동이었습니다. '점'의 운동이 '선'의 운동이 된 것입니다. 다음으로 제1차 세계대전 이후의 개조 운동은 좀 더 포괄적인 '국가개조론'으로 발전했습니다. '선'의 운동이 '면'의 운동으로 확대된 것입니다. 그 이유와 배경을 살펴봅시다.

제1차 세계대전 이후 등장한 일본의 개조론을 보면 참으로 굉장합니다. 마치 군사 쿠데타로 집권한 남미 혁명정권의 강령 같습니다. 이를테면 "보통선거를 실시하겠습니다, 신분차별을 철폐하겠습니다, 관료 외교를 금지하고 비밀외교를 중단하겠습니다, 노동조합을 만들어 국민 생활을 보호하겠습니다"라는 식입니다. 그렇다면 왜 이렇게까지 철저한 개혁 요구가 제1차 세계대전 이후에 등장했을까요? 사실 전쟁의 피해로만 본다면 제1차 세계대전보다 청일전쟁, 러일전쟁 쪽이 훨씬 심했습니다. 전사자도 훨씬 많았고, 대외 긴장감도 더 높았으며, 돈도 더 많이 들었습니다. 반면 제1차 세계대전의 경우 전사자가 훨씬 적었고 오히려 무역 수출로 15억 엔이라는 경제적 이익을 얻었습니다.[*] 그런데도 더 큰 변화의 요구가 있었다는 것이 이상하지 않나요?

—— 정치제도나 사회제도에서 나타나는 서구와 일본의 차이를 보고 일본이 무시당하는 원인이 그러한 차이에 있다고 생각해 일본을 바꾸려고 했던 것 같습니다.

그럴듯한 이유로군요. 메이지 초기에는 이와쿠라岩倉 사절단** 등 많은 사람이 서구에 직접 가서 선진 문물을 배웠습니다. 하지만 이제는 언론인이 자신의 눈으로 본 것을 기사로 쓰고, 그것이 신문과 잡지에 실려서 많은 사람이 볼 수 있게 됐습니다. 게다가 파리강화회의의 모습은 시시각각 본국으로 전송됐습니다. 그래서 서구와 일본의 차이가 더욱 분명하게 나타나고, 그 결과 개조론이 등장했다는 뜻이군요.

—— 미국의 국력이 강해지고 공산혁명으로 소련이 탄생하자 가상적국 미국과 소련이 일본을 위협할 수 있다고 생각했던 것 같습니다. 그래서 미국과 소련의 정책을 본받아 일본을 성장시키려고 한 것이 아닐까요?

좋은 대답입니다. (웃음) 가상적국이라고 했나요? 매우 중요한 단어로군요. 하지만 소련이 정식으로 탄생한 것은 파리강화회의 3년 후인

---

* 제1차 세계대전은 주로 유럽을 무대로 벌어졌다. 따라서 일본은 별로 전쟁 피해를 입지 않았고, 오히려 유럽에 대한 수출량이 늘어나 막대한 무역 수지 흑자를 기록했다. 그전까지 채무국이었던 일본은 전쟁 중에 채권국이 됐다.

** 이와쿠라 도모미岩倉具視를 단장으로 한 메이지 정부의 사절단. 1871년에 파견됐고, 주요 임무는 불평등조약 개정과 서구 문물 견학이었다. 불평등조약 개정에는 실패했지만, 근대화의 직접적인 계기가 됐다는 점에서 중요하다. 또한 정부 지도층의 반 이상이 해외에 나가서 서구 문물을 적극적으로 배웠다는 점도 주목할 만하다.

1922년입니다. 그러니까 소련의 출범은 개조 요구가 나온 다음의 일입니다. 다른 생각이 또 있나요?

—— 제1차 세계대전에서 승리한 유럽 국가와 일본의 차이점이 열한 번째 항목인 '기존 정당의 개조'에 있고, 그 점이 연합국을 승리로 인도했다고 생각했기 때문입니다. 그래서 유럽 국가를 본받으려고 한 것이 아닐까요?

음, 제1차 세계대전 후반에 독일은 전쟁에서 거의 이기고 있었습니다. 당시 연합국의 일원이었던 러시아의 상황을 봅시다. 1917년 10월의 공산혁명 후 러시아는 독일에 강화를 제안했습니다. 서장에서 언급했듯이 러시아는 트로츠키의 결단으로 핀란드, 러시아령 폴란드, 리투아니아, 우크라이나, 에스토니아, 베사라비아 등의 광대한 지역을 독립시키거나 독일에 할양하기로 했습니다. 혁명 직후였기에 하루빨리 전쟁을 그만두고 국내 문제에 집중하기 위해서입니다. 그러나 광대하고 풍요로운 영토를 할양받은 독일은 얼마 후 전쟁에 패하고 파리강화회의의 피고인으로 소환됩니다.

자, 그럼 전쟁의 막바지에 이른 독일에 부족한 점은 무엇이었을까요? 아마 당시에도 많은 사람이 그 점을 궁금해했을 것입니다. 어쩌면 영국이나 프랑스의 정치체제가 독일보다 우수했을지도 모른다고 생각하고 그 점을 인식한 사람들이 우리도 개혁하지 않으면 큰일 날 것이라고 생각했을 수도 있겠네요. 제가 생각한 정답은 아니지만, 연합국의 승리로 인해 일본이 유럽 국가를 본받으려고 했다는 것은 참으로 적절한 대답입니다. 그 밖에 다른 의견은 없나요?

_____ 제1차 세계대전으로 인한 유럽의 참상을 목격하고, 그러한 참상이 일본에도 닥치지 않을까 하는 불안이 퍼져서가 아닐까요? 그래서 개조론이 등장하지 않았을까요?

미래의 전쟁

일본의 피해는 적었지만 일본인은 제1차 세계대전으로 인한 유럽의 참상을 마치 자신의 일처럼 여겼다는 것이군요. 상상력을 발휘하면서 말이지요.

사실 제1차 세계대전은 여러모로 굉장했습니다. 러일전쟁 당시 전쟁의 모든 기간 동안 사용할 만한 양의 탄약을, 제1차 세계대전의 격전지에서는 불과 1~2주 만에 다 써버렸습니다. 일본은 러일전쟁에서 8만 명이 넘는 전사자를 냈습니다. 그러면 미래에 총력전이 벌어질 경우 일본은 얼마나 많은 희생을 치러야 할까요? 그런 생각을 하자 불안해지기 시작했습니다. 더구나 미래의 무기인 비행기가 이제 정찰용으로 쓰이기 시작하고 있었습니다.

일본의 불안은 1923년의 관동대지진 때도 나타났습니다. 그때 일본인이 느낀 대표적인 감정은 공포였습니다. 그 대지진의 광경에서 일본인은 총력전을 떠올렸습니다. 지진과 그 후에 일어난 화재로 관동대지

진의 사망자와 행방불명자는 10만 명이 넘었습니다. 관동대지진을 경험한 뒤 일본인은 제1차 세계대전의 참상을 더욱 현실적으로 받아들이게 된 것입니다. 그 불안을 더 자세히 살펴보면 왜 일본에서 개조론이 나왔는지 이해할 수 있을 것입니다.

인간의 역사는 나선형을 그리며 발전한다는 말이 있습니다. 그래서 일본인은 생각했습니다. '청일전쟁에서는 8000명 정도 죽었다. 러일전쟁에서는 8만 명이 죽었다. 제1차 세계대전에서 일본의 피해는 적었지만, 유럽에서는 민간인을 포함해서 1000만 명이 죽었다고 한다. 다음 전쟁에선 어느 정도가 될까? 아마 전쟁은 풍부한 자원의 중국을 무대로 벌어질 것이다. 제1차 세계대전을 끝낸 유럽 각국이 내부 문제를 해결하기 위해 중국의 요충지로 몰려들 것이고, 그래서 엄청난 전쟁이 벌어질 것이다.' 이런 식으로 말입니다. 많은 일본인은 1920년대 이후 중국의 자원과 경제를 둘러싼 전쟁이 벌어질 것이라고 예측했습니다. 이러한 긴장감은 일본의 중장기적인 전략을 모은 문서 〈제국국방방침帝國國防方針〉의 개정에서도 나타납니다.

〈제국국방방침〉은 러일전쟁 후인 1907년에 만들어졌습니다. 러일전쟁이 끝난 단계에서 일본의 국방 설계를 정리한 것인데, 육군 중좌(중령에 해당함) 다나카 기이치田中義一가 원안을 작성한 다음, 야마가타 아리토모가 수정해서 완성한 것입니다. 기본적으로 〈제국국방방침〉은 군이 주도해서 작성했으며, 총리조차 내각·의회가 관여하는 예산 부분만 볼 수 있었습니다. 최고의 기밀문서인 셈이지요. 이때의 〈제국국방방침〉은 제1가상적국으로 러시아를 상정했습니다. 그 후 시대에 따라서 〈제국국방방침〉은 여러 번 개정됩니다.

첫 번째 개정은 1918년에 이루어지는데, 11년 만의 개정이었습니다. 이때의 가상적국 제1순위는 러시아·미국·중국이었습니다. 3개국이 똑같이 1순위였던 것입니다. 첫 번째 개정을 11년 만에 했으니까 그다음 개정은 좀 더 천천히 해도 좋을 텐데, 불과 5년 후인 1923년에 다시 개정됐습니다. 가상적국 제1순위로 육군과 해군 둘 다 미국을 꼽았다는 점이 주목할 만합니다.

〈제국국방방침〉의 개정 간격이 단축되고 가상적국이 크게 변하는 것을 보면, 제1차 세계대전 이후 일본이 상당한 긴장감에 싸여 있었음을 알 수 있습니다. 그러면 다시 처음의 질문으로 돌아가서 '제1차 세계대전은 왜 일본에 커다란 영향을 주었는가? 왜 개조론이 등장할 정도로 변화의 요구가 컸는가?'에 대한 답을 해보겠습니다.

〈제국국방방침〉의 변천

1907년: 〈제국국방방침〉 작성.
가상적국은 러시아(다음으로 미국, 독일, 프랑스)

1918년: 〈제국국방방침〉 제1차 개정.
가상적국은 러시아, 미국, 중국

1923년: 〈제국국방방침〉 제2차 개정.
가상적국은 미국(다음으로 러시아, 중국)

위기감의 세 가지 요인

답은 크게 세 가지로 나뉩니다. 우선 이 전쟁이 시작될 때 일어났던 것, 다음으로 전쟁 후 일본이 직면했던 것, 마지막으로 파리강화회의 당시 일본의 통치하에서 있었던 움직임입니다. 이 세 가지가 일본으로 하여 금 위기감을 갖게 했습니다. 구체적으로 살펴봅시다.

첫째, 제1차 세계대전에 참전할 당시 일본은 참전 범위를 놓고 미국, 영국과 대립했습니다. 그리고 그 사실이 제국의회에서 폭로됐을 때 격렬한 정부 비판이 제기됐습니다. 이것은 일본 사회에 큰 영향을 미쳤습니다.

둘째, 제1차 세계대전 이후 파리강화회의에서 일본은 중국 내 권익을 두고 중국과 미국의 강한 비판을 받았습니다. 이에 일본은 큰 충격을 받았습니다.

셋째, 파리강화회의 도중 일본의 통치하에 있었던 한국에서 3·1운동이 일어났습니다. 이는 일본의 식민 지배에 대한 큰 위협으로 간주됐습니다.

이 같은 이유 때문에 제1차 세계대전 이후 일본은 커다란 고뇌와 위기감을 느꼈던 것입니다. 자, 그럼 이러한 관점을 가지고 다시 한 번 시간을 거슬러 올라가 제1차 세계대전을 살펴봅시다. 너무 싫어하지는 말아주세요. (웃음) 관점이 다르면 같은 시기라도 전혀 다른 것을 볼 수 있습니다.

개전 과정과
미국·영국과의
조율

가토 다카아키와 에드워드 그레이

일본이 제1차 세계대전에 참전하던 1914년 8월의 상황을 좀 더 자세히 보겠습니다. 제2차 오쿠마 내각의 외상은 가토 다카아키였습니다. 가토가 다이쇼 천황의 거처로 다짜고짜 찾아간 것, 원로 야마가타의 망설임을 뿌리치고 참전을 결정했던 것은 앞에서 말한 그대로입니다.

막부 말기와 메이지유신 시기에 크게 활약했던 기존의 정치가와 달리, 가토 외상은 도쿄제국대학 법학부를 졸업하고 미쓰비시三菱에 입사했으며, 그 후 대장성大藏省*을 거쳐 외무 관료가 된 사람입니다. 요컨

---

* 재무와 경제 정책 전반을 총괄하는 관청. 메이지 시대부터 경제 전반에 걸쳐서 폭넓은 권

대 그는 메이지 국가가 안정
기에 들어선 후의 세대입니
다. 그리고 미쓰비시의 창
업자인 이와사키岩崎 가문 출신 여
성을 아내로 맞이했습니다. 그래서 가토는 선거
자금에 큰 어려움을 겪지 않았습니다. 그는 정우회와

"영일동맹의 이름으로
참전한다."

가토 다카아키

함께 2대 정당으로 불리던 헌정회를 이끌어 나갔는데,
선거 자금을 미쓰비시에 의지할 수 있었기에 돈 때문에 곤란한 일은
없었다고 합니다.

가토는 영국 주재 대사를 맡은 적이 있습니다. 그래서 가토가 '영일
동맹 협약의 예상할 수 있는 전반적인 이익을 방호防護한다'는 명목으
로 독일에 최후통첩을 하고 전쟁에 뛰어들었을 때, 많은 사람은 가토가
'영국병'에 걸렸기 때문에 어쩔 수 없다고 생각했습니다. 영국이 말하
는 것은 뭐든지 듣는다는 의미로 사람들은 그를 영국병에 걸렸다고 비
판했습니다. 그러나 양국 간의 외교는 그리 단순하지 않았습니다.

사실 영국은 일본이 영일동맹을 내세워 제1차 세계대전에 참전
하는 것을 반대했습니다. 당시 영국의 외무장관은 에드워드 그레이
Edward Grey였습니다. 그레이 외무장관은 야생조류 관찰, 낚시 등 자연
을 즐기는 영국 상류층의 취미에 정통한 사람이었습니다.《낚시꾼의

한을 가졌다. 2001년에 폐지됐고, 그 후 대장성의 권한은 재무성과 금융청으로 분리됐다.

휴일》이라는 멋진 에세이를 쓰기도 했습니다.

그레이 외무장관은 일본을 깊이 이해한 사람이었습니다. 하지만 영일동맹을 내세운 일본의 참전에는 거절의 뜻을 나타냈습니다. 1902년에 맺은 영일동맹은 1914년까지 두 차례 개정됐는데, 그 목적은 '동아시아와 인도 전역의 평화'와 '중국의 독립과 영토 보전'에 있었습니다. 조문을 잘 살펴보면 동아시아, 인도, 중국에 대한 안전보장조약을 규정한 것임을 알 수 있습니다. 즉 영일동맹과 일본의 대독일전은 별 상관이 없었습니다.

에드워드 그레이

또 1914년 8월 당시 영국은 제1차 세계대전이 장기화될지, 그렇지 않을지 알 수 없었습니다. 그래서 영국은 일본에 동아시아 해역에서 영국 상선을 호위해주는 정도로만 도와달라며 일본의 적극적인 참전을 거절했습니다. 하지만 가토는 참전을 강력하게 주장했고, 결국 영국은 일본이 영일동맹을 이유로 참전하는 것을 승낙했습니다.

그러나 그레이는 일본에 조건을 걸었습니다. 군사행동의 범위를 '중국해의 서쪽과 남쪽, 독일 조차지 자오저우만 밖으로 확대하지 않는다. 특히 태평양에 미치지 않는다'라고 선언할 것을 요구한 것입니다. 제법 엄격한 요구입니다. 하지만 가토 외상은 이에 응하지 않습니다. 그러자 영국은 일본과 합의했다며 일방적으로 일본의 조건부 참전을 공표해 버립니다. 영국의 강경한 자세를 엿볼 수 있습니다.

왜 영국은 중요한 동맹국 일본에 군사행동의 범위를 제한하는 성명을 내도록 요구했을까요? 그 이유 중 하나는 일본에 대한 영연방과 영국자치령의 경계심이었습니다. 태평양 남쪽에는 호주와 뉴질랜드가 있는데, 이들 국가는 일본의 남하를 우려했습니다. 특히 일본이 영일동맹을 이유로 독일령을 점령한 다음 자기들을 공격하지 않을까 두려워했습니다.

하지만 다른 이유도 있었습니다. 그레이 외무장관이 우려했던 문제입니다. 자, 그럼 생각해봅시다. 일본이 영일동맹을 이유로 참전한다고 할 때 영국이 가장 우려할 만한 문제는 무엇일까요?

── 일본이 너무 넓은 범위로 진출하면 영국의 해양 지배에 위협이 되지 않을까요?

당시 영국의 해군장관은 훗날 총리가 된 윈스턴 처칠이었습니다. 이때 처칠과 영국 해군은 일본이 빨리 전쟁에 참가하도록 하자고 주장했습니다. 당시 독일은 단기결전으로 전쟁을 끝내기 위해 전 해역에서 함대를 이용한 공격을 퍼붓고 있었습니다. 따라서 처칠이 이끄는 해군은 그레이 외무장관이나 외무성과 달리 영일동맹을 통한 일본의 전면적인 참전을 오히려 기대했습니다. 그러므로 일본의 참전은 영국의 해양 지배에 위협을 가하는 것이 아니었습니다.

── 잘 모르겠지만, 혹시 일본과 미국의 트러블을 걱정한 게 아니었을까요?

그런 점도 있을 수 있군요. 사실 영국이 미국을 배려한 것은 사실입니다. 부분적으로는 맞습니다. 다른 의견은 없나요?

—— 일본이 필요 이상으로 세력을 확대하면 극동이 불안해지기 때문이 아닐까요?

'극동의 불안'이라는 표현이 좋군요. 극동의 질서 유지는 제가 원하는 답의 힌트가 됩니다. 극동에서 영국의 가장 큰 권익이 있는 곳은 어디였을까요?

—— 중국입니다.

맞습니다. 중국입니다. 중국에 각각의 세력권을 만들었던 유럽의 각국, 즉 영국과 프랑스 등은 유럽에서 독일과 싸우고 있었습니다. 또 독일도 중국의 권익에 눈을 돌릴 틈이 없었습니다. 그래서 영국은 이렇게 생각했습니다. '일본은 중국에서의 권익 확대에 뛰어들 것이고, 이를 위해 독일의 세력권인 산둥반도를 빼앗을 수 있다. 그런데 산둥은 원래 중국 땅이고 중국은 현재 중립을 선언하면서 전쟁에 끼어들지 않고 있다. 중국 땅인 산둥을 독일령이라는 이유로 일본의 육해군이 점령하면 중국 내부에서 강한 반발이 일어날 것이다. 중국이 일본에 반발하면 자칫 영일동맹이라는 이유로 그 반발이 영국에까지 미칠 수 있다. 그렇게 되면 보통 문제가 아니다.' 이것이 영국의 계산이었습니다.

영국이 우려했던 것

영국이 가장 피하고자 했던 것은 대중 무역 이익이 줄어드는 것이었습니다. 일본이 독일령 산둥반도를 점령하는 것 자체는 큰 문제가 아니었습니다. 영국의 대외무역 중 중국 시장의 비율은 10퍼센트 정도에 불과했습니다. 하지만 영국은 일본이 중국에서 분란을 일으키는 것을 경계했습니다. 영국의 처지에서 볼 때 일본은 곧잘 중국에서 문제를 일으키곤 했습니다.

예를 들어, 영국은 일본이 중국 남방의 혁명파에는 자금을 제공하고, 위안스카이의 베이징 정부에 접근해서는 혁명을 부추기는 것을 우려했습니다. 영국은 중국에서 남북 간 내전이 일어나는 것을 피하고자 한 것입니다. 그렇게 되면 상하이와 홍콩을 거점으로 하는 영국의 대중 무역액이 줄어들기 때문입니다. 이것이야말로 영국의 가장 큰 고민거리였습니다.

다음의 표 '중국의 수입 상대국 변천'을 보세요. 이 표에는 1912년부터 1931년까지 중국이 수입한 상대국의 비율이 표시돼 있습니다. 제1차 세계대전, 전후 공황, 세계대공황 그리고 1931년의 만주사변까지 포함됩니다. 여러 가지를 파악할 수 있는 표입니다.

제1차 세계대전이 일어난 1914년을 보면 미국은 물론 최하위권입니다. 일본은 중간에 있습니다. 단연 영국이 가장 높습니다. 제1차 세계대전이 본격화되는 1915년경까지 영국의 우위는 변함이 없습니다.

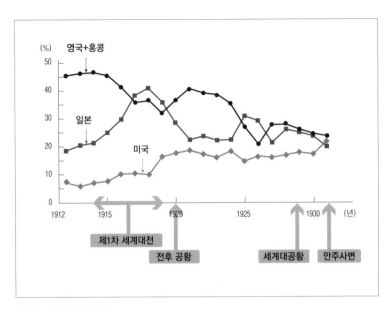

중국의 수입 상대국 변천
1912년부터 1931년까지 영국+홍콩, 일본, 미국의 비율.
출처: 加藤揚子, 《滿洲事變から日中戰爭へ》, 岩波書店, 2007, 34쪽.

그러나 이러한 상황은 1917년 즈음 변합니다. 일본이 영국을 앞지른 것입니다. 하지만 그것도 한순간에 불과했습니다. 일본의 비중이 1919년에 다시금 내려가고 영국의 우위가 회복됩니다. 그리고 일본의 감소와 함께 미국의 증가가 눈에 띕니다.

1930년 이후 판세는 3파전으로 변합니다. 미국이 점점 올라갑니다. 일본은 천천히 내려갑니다. 영국은 1925년 이후 크게 하락하고 그 후 잠시 상승하지만 전체적으로는 하락세를 보입니다. 1925년에 무슨 일이 있었을까요? 1925년에 중국공산당은 상하이에서 영국에 대항해 파업을 일으켰습니다. 그 여파로 영국의 대중 무역은 하락세를 보입니다. 어쨌든 영국은 무역에서 받게 될 타격을 피하고자 했습니다. 그래서 제1차 세계대전에 참전하려는 일본에 너무 남쪽까지는 가지 말라고 끈질기게 부탁한 것입니다.

미국의 각서

영국뿐만이 아닙니다. 미국도 일본에 여러 가지를 말했습니다. 1914년 8월 23일 일본이 독일에 선전포고를 하자, 미국은 이렇게 말했습니다.

① 미국 정부는 일본이 중국에서 영토 확장을 도모할 의사가 없고, 그 행동이 영일동맹에 따른 것이라는 점에 대해 만족한다.
② 중국 내에서 소란이 발생해 일본 또는 다른 나라가 조치를 취해야 한다고 일본 정부가 생각할 경우, 일본 정부는 사전에 미국 정부와 협의하기를 바란다.

①은 일본을 견제하는 내용입니다. '일본이 전쟁을 하고 있군요. 알겠습니다. 하지만 일본이 중국에서 무슨 일을 꾸미지는 않겠지요? 그리고 영토 확장도 하지 않겠지요? 우리 미국은 그렇게 믿겠습니다.' 이

런 식으로 일본의 행동을 구속하는 것입니다. ②의 경우를 볼까요? 이는 '중국에서 내란이나 혁명이 일어나면 일본은 우선 미국과 상담해주세요'라는 의미입니다.

이 같은 미국의 각서가 미국과 일본 양국 간의 비밀이라면 별 문제가 없습니다. 그러나 이것은 뉴욕에서 온 특전으로 일본의 야당에 알려졌습니다. 당시 제2차 오쿠마 내각의 여당은 헌정회이고 야당은 정우회였습니다. 미국의 각서가 정우회에 발각된 것입니다. 1914년 9월 제2차 오쿠마 내각이 임시군사비 증액 심의를 위해 열었던 임시의회*에서 정우회는 가토 외상을 격렬하게 비난했습니다. 이러한 비난은 다음 의회인 같은 해 12월에 열린 통상의회**에서도 반복됐습니다. 정우회의 마쓰다 겐지松田源治 의원은 미국과 일본 정부를 비판하며 이렇게 말했습니다.

이것은 일본의 자주권, 일본의 독립권, 일본의 선전宣戰 행동에 대한 일대 제한制限이다.

자주독립, 선전포고의 권리 같은 기본적인 일본의 주권을 미국이 침해한 것이 아니냐는 비판이었습니다. 꽤 훌륭한 말입니다. 정우회 의원

---

* 임시로 열리는 의회. 한국의 임시국회에 해당한다.
** 정기적으로 열리는 의회. 한국의 정기국회에 해당한다.

은 미국과 영국의 제한·견제에 대해 크게 분노했습니다. 그들은 일본의 제1차 세계대전 참전에는 반대하지 않았습니다. 하지만 영국이 일본의 군사행동 범위를 축소하고, 미국이 중국 대륙에서의 일본의 행동을 견제한다는 것에 대해서는 주권 침해라며 항의했습니다. 이는 결코 작은 문제가 아니었습니다.

'주권 침해' 문제를 자세히 알아봅시다. 메이지 헌법에는 선전포고와 강화조약 체결에 관한 권리는 천황의 대권이라고 규정돼 있습니다. 물론 천황이 혼자 판단하는 것이 아니라 외무대신의 보필을 받는 것이기에 사실상 내각이 선전포고와 강화조약 체결을 진행하는 것입니다. 한편 정우회 의원은 언제, 어떤 나라를 상대로 전쟁을 할지는 타국의 간섭을 받을 문제가 아니라고 주장했습니다. 그리고 미국·영국의 '간섭'에 대한 가토 외상의 침묵을 인정할 수 없다고 비판했습니다. 결론은 가토 외교가 연약하다는 것입니다.* 독일에 대항해 함께 싸우기로 한 영국, 그리고 훗날 연합국에 참전하게 되는 미국에 대해 이처럼 적의가 싹트고 있었다는 사실이 이상합니다. 서로 협력해야 할 연합국인데 말이지요.

물론 야당인 정우회의 주장은 정치적 공세로서의 측면이 강합니다. 즉 정부와 여당을 흔들기 위해 '정부가 미국·영국의 간섭을 감수했다'

---

* 근대 일본에서는 종종 굴욕 외교, 지나치게 온건한 외교라는 의미로 '연약軟弱 외교'라는 표현이 사용됐다.

고 소동을 피운 것입니다. 하지만 1914년 9월 임시의회에서 격론을 벌였던 이 문제는 훗날 새로운 형태로 이어집니다. 1919년 파리강화회의에서 벌어졌던 일본과 미국·영국·프랑스 간의 격론이 그것입니다.

제1차 세계대전 초부터
일본에서는 같은 연합국인데도
미국, 영국에 대한 반감이 싹트고 있었다.

그 격론이란 무엇일까요? 그것은 일본이 차지한 독일령 산둥반도의 권익에 관한 것이었습니다. 격론의 핵심은 산둥반도를 바로 중국에 돌려줘야 하느냐, 아니면 일본이 패전국 독일로부터 정식으로 수령한 다음 적절한 시기에 중국에 반환해야 하느냐의 문제였습니다.

이 격론이 벌어졌을 때 일본은 1914년 9월에 열린 임시의회에서의 논의를 떠올렸습니다. 파리강화회의 때의 일본 정부는 하라 다카시를 총리로, 정우회를 여당으로 하는 내각이었습니다. 또한 1914년 당시 내각은 제2차 오쿠마 내각이었습니다. 그래서 하라 내각과 정우회는 파리에서 있었던 외교상의 문제를 전부 이전 정권인 제2차 오쿠마 내각과 헌정회, 그리고 가토 외상의 책임이라고 강조했습니다.

이러한 주장은 이후에도 계속 조명돼 왜곡된 기억을 낳게 했습니다. 이전 정권의 잘못으로 일본이 파리강화회의에서 부당하게 비난을 받았다는 것입니다. 특히 서구 국가가 중국에 동조해서 일본을 부당하

238

게 비난했다는 이미지는 일본의 우익에 의해 확대되고 재생산됐습니다. 2·26사건*에 연루돼 처형된 기타 잇키北一輝**가 그 예입니다. 민간 우익으로 유명한 기타 잇키는 산둥 문제를 둘러싼 격론에 대해 일본이 중국과 미국으로부터 완전히 배척됐다고 평가했습니다.

---

* 급진적 국가개조론을 앞세운 청년 장교들의 쿠데타. 1936년 2월 26일에 벌어졌기 때문에 2·26사건으로 불린다. 약 1500명이 참가한 쿠데타로, 4일 만에 진압됐다.
** 급진적인 국가개조론을 주장한 사상가. 특히 그의 저작《일본개조법안대강日本改造法案大綱》은 국가 개조를 추구하는 청년 장교에게 적잖은 영향을 끼쳤다. 2·26사건 이후 청년 장교의 사상적 배후로 지목됐고, 그로 인해 처형됐다.

파리강화회의에서
비판받은
일본

마쓰오카 요스케의 편지

제1차 세계대전이 끝나고 1919년 1월 18일부터 파리강화회의가 시작
됐습니다. 회의는 약 반년 후에 끝났고, 6월 28일 베르사유강화조약이
체결됐습니다. 이 회의에는 세기의 구경거리라고 할 만큼, 외교관 외
에도 세계 각국의 우수한 젊은 인재가 모여들었습니다. 이를테면 젊은
수재 월터 리프먼Walter Lippmann*은 회의에 참석하기 위해 "어떤 자격
이라도 상관없습니다. 참가하게 해주십시오"라고 월슨 대통령의 측근

---

* 미국을 대표하는 언론인이자 정치평론가. 뛰어난 통찰로 현안에 대한 비평을 내놓았고,
이를 통해 미국의 정치·사회·외교에 커다란 영향을 끼쳤다.

에게 부탁해서 간신히 회의에 참석할 수 있었습니다. 참고로 월터 리프먼은 독일이 휴전에 응하는 계기를 마련한 미국의 대통령 우드로 윌슨의 '14개조 평화원칙'을 쓴 사람입니다.

마쓰오카 요스케
사진: 일본 국립국회도서관
홈페이지

그런데 회의가 끝나고 한 달 후인 1919년 7월 27일, 마쓰오카 요스케는 마키노 노부아키牧野伸顯에게 편지를 썼습니다. 이 편지는 오늘날 일본 국회도서관의 헌정자료실에 남아 있습니다. 마키노는 오쿠보 도시미치의 아들로, 사이온지 긴모치西園寺公望*와 함께 전권全權이 된 인물입니다. 마쓰오카는 조슈, 즉 야마구치현山口縣 출신입니다. 마쓰오카의 집안은 원래 명문이었는데 메이지유신 시기에 몰락했습니다. 미국으로 건너간 그는 고학으로 대학을 졸업하고, 러일전쟁이 한창이던 1904년 10월에 외교관 시험을 수석으로 통과했습니다. 물론 마쓰오카를 유명하게 만든 장면은 따로 있습니다. 1933년 3월 국제연맹에서 일본은 만주국 문제로 각국의 항의를 받았고, 이에 맞서 일본은 국제연맹을 탈퇴하기로 결정했습니다. 그때 마쓰오카는 전권대사로서 마지막 연설을 하고 국제연맹 총회의 회의장을 떠났습니다.

---

* 메이지부터 쇼와 시대에 이르는 정치가. 이토 히로부미와 함께 정우회를 창당했고, 이를 기반으로 당 총재, 총리 등을 역임했다. 정계에서 물러난 이후에도 원로로서 영향력을 행사했다. 대외적으로는 미국이나 영국과의 협조 관계를 중요하게 여겼고, 대내적으로는 정당정치를 존중한 온건론자였다.

자, 이야기를 다시 처음으로 돌리겠습니다. 마쓰오카가 마키노에게 쓴 편지는 1919년 7월에 보낸 것입니다. 그때는 아직 국제연맹이 만들어지지 않았던 시기입니다. 마쓰오카는 보도 담당 주임으로 파리강화회의에 갔습니다. 보도 담당 주임이라는 것은 이른바 정보선전부장을 말합니다. 그는 선전 전문가로서 회의 기간 중 마키노를 보좌했습니다. 두 사람은 반년 동안 파리강화회의에서 힘겨운 싸움을 벌였습니다. 치열했던 시간이 끝나고 두 사람은 어떤 의견을 교환했을까요? 그들의 편지를 읽어보겠습니다.

이른바 '21개조 요구'*는 논변을 할수록 불리합니다. 애초에 산둥 문제는 도저히 '21개조 요구'를 떼어놓고 설명할 수 없습니다. 게다가 '21개조 요구'에 관해서는 결국엔 우리가 이것을 변명하려고 하는 것조차 실은 구차할 지경입니다. 자꾸만 스페셜 플리딩special pleading이라고 하면서, 다른 사람도 강도짓을 할 수 있으니 우리 행위를 너무 책망하지 말아달라고 주장하는 것은 필경 궁여지책이 될 것입니다.

---

* 제1차 세계대전이 한창이던 1915년 1월, 일본은 중국(위안스카이)에 '21개조 요구'를 받아들이라고 강요했다. 서구 열강이 제1차 세계대전에 집중하는 틈을 타서 중국에 갖가지 이권을 요구한 것이다. 일본이 제시한 '21개조 요구'에는 산둥반도 이권, 남만주 이권, 광범위한 내정 간섭 등이 포함돼 있었고, 이는 사실상 중국을 반식민지로 만드는 가혹한 요구였다. 따라서 일본의 '21개조 요구'는 일본의 본격적인 중국 침략을 알리는 상징적인 사건으로 평가된다.

내용을 요약하면 마쓰오카의 주장은 대략 이렇습니다. '이른바 '21개조 요구'는 일본이 변명을 하면 할수록 불리해진다. 애당초 산둥 문제는 '21개조 요구'와 분리해서 논의할 수 없다. 일본이 변명하는 것은 쓸데없는 일이다. 일본의 변명은 결국 도둑질은 우리만 한 것이 아니라는 변명에 지나지 않는다. 그렇기 때문에 설득력이 없다.' 꽤 훌륭한 지적입니다.

마쓰오카는 상당히 고생해서 미국의 대학을 졸업한 사람입니다. 스페셜 플리딩은 '특별소답特別訴答'으로 번역되는 법률 용어로, 여기서는 '자신에게 유리한 것만을 말하는 일방적인 논의'라는 뜻으로 쓰였습니다. 쉽게 말해서 마쓰오카는 편향된 논의를 하면 안 된다고 말한 것입니다.

일본이 비판을 받은 것은 산둥 문제 때문이었습니다. 일본은 1914년 8월 중국에 산둥반도를 돌려줄 것이라고 말했습니다. 그러고는 제1차 세계대전 참전과 함께 독일령 산둥반도를 점령했습니다. 일본은 유럽 국가가 중국에 신경을 쓰지 못하는 틈을 타서 1915년 1월 중국의 위안스카이에게 '21개조 요구'를 강요했고, 같은 해 5월에 이를 관철했습니다. 그렇게 일본은 산둥반도의 지배권을 얻었습니다. 당연히 일본은 파리강화회의에서 비난받을 수밖에 없었습니다. 중국에 반환할 것이라고 하면서 독일로부터 산둥반도를 빼앗아 자신이 차지했으니까요. 이 때문에 일본은 격렬한 비난을 감내해야만 했습니다.

편지를 보면 마쓰오카의 고뇌가 느껴집니다. 마쓰오카는 자신이 일본의 입장을 열심히 알렸다고 말했습니다. 그렇지만 다른 사람도 강도 짓을 하니까 나만 잘못하는 것이 아니라는 식의 변명으로는 다른 사람을 납득시킬 수 없다고도 말했습니다. 많은 경우 마쓰오카 요스케는 국제연맹 탈퇴, 삼국동맹 주도 등 극단적인 외교를 행하는 이미지로 알려져 있습니다. 하지만 이때는 꽤 진지하게 고뇌하는 외교관이었습니다.

어쨌든 파리강화회의 당시 마쓰오카는 일본 정부의 태도에 상당히 비판적이었습니다. 자신의 직무를 수행하면서도 말이지요. 그렇게 그는 보도 담당을 맡으면서도 세계를 설득하지 못했음을 자각합니다. 많이 힘들었던 것 같습니다.

분개한 고노에 후미마로

이번에는 고노에 후미마로의 글을 읽어보기로 하겠습니다. 고노에는 수석 전권이었던 사이온지 긴모치에게 간곡히 부탁해서 파리에 왔습니다. 고노에는 훗날, 그러니까 중일전쟁이 시작되기 직전인 1937년 6월에 국민의 폭넓은 지지를 받으며 총리가 된 인물입니다. 그래서 태평양전쟁이 시작되기 전까지 두 차례 총리를 역임하고 내각을 조직하게 됩니다. 자, 그럼 1920년, 고노에가 파리에서 일본으로 돌아온 다음에 쓴 글을 보겠습니다.

강화회의 장소인 파리에서 맨 처음에 느끼게 되는 것은 힘의 지배라는 철칙이 지금도 엄연히 존재한다는 것이다. (…) 도리道理 있는 인종평등안案은 힘이 부족한 일본이 제출했기 때문에 묻혀버리고, 반대로 부도리不道理의 먼로주의는 힘 있는 미국이 주장했기 때문에 기꺼이 연맹 규약 속에 포함됐다.

일본 최고의 가문에서 자란 젊은 귀공자 고노에는 파리의 상황을 보고 분개했습니다. 고노에의 말을 정리하면 다음과 같습니다. '파리강화회의에 참석해보니 이상이 아닌, 힘의 지배라는 철칙이 여기서도 관철되는 것 같다. 훌륭한 내용의 인종평등안은 힘이 부족한 일본이 제출했기 때문에 부결되고, 내용이 별로인 먼로주의(미국이 유럽 문제에서 떨어져 독자적인 길을 가겠다고 하는 생각·사상)는 힘 있는 미국이 제출했기 때문에 연맹 규약의 조문으로 실현됐다', 뭐 이런 내용입니다.

고노에가 언급한 인종평등안에 대해서 조금 보충 설명을 하겠습니다. 일본은 강화조약과 국제연맹 규약을 결정하는 회의에서 '국제연맹에 참가하는 나라는 각국 내에 거주하는 외국인을 차별해서는 안 된다'는 규정을 넣으려고 했습니다. 이민 차별을 금지하려는 것입니다. 예를 들어 '왜 일본인은 미국 본토로의 이민이 허용되지 않는가? 또 캘리포니아주 등에서는 왜 일본인의 토지 소유와 임차를 금지하는가?'라는 것이 일본의 불만이었습니다.

그래서 일본의 외무성은 미국을 포함한 서구 국가가 일본인 이민을 차별하는 것을 막으려고 했습니다. 그래서 이렇게 생각합니다. '미국이 제멋대로 할 수 없도록 국제연맹 규약에 이민 차별 금지 조항을 넣자.' 하지만 너무 노골적으로 내세우면 미국이 맨 먼저 반대할 것이 뻔했습니다. 그래서 누구라도 반대하기 어려울 것 같은 '연맹 구성원인 국가의 평등과 국민에 대한 공정한 대우를 요구한다'고 문구를 완화해서 국제연맹 규약 조문에 넣으려고 했습니다.

그러나 국제연맹 규약을 작성하는 위원회에서 윌슨 의장은, 이 안건은 중요하기 때문에 통상적으로 이루어지는 다수결이 아니라 만장일치로 결정하자고 주장했습니다. 그 결과 일본이 제출한 인종평등안은 부결됐습니다(찬성 열한 명, 반대 다섯 명). 이러한 상황을 겪은 고노에는 분노했습니다.

미국의 대통령 윌슨은 전쟁이 끝나기 전부터 제1차 세계대전 후의 질서에 대해 구상하고 있었습니다. 한편 연합국의 일원이었던 러시아는 국내 혁명으로 연합국 대열에서 이탈했습니다. 그런데 혁명으로 정권을 잡은 레닌과 트로츠키는 제정러시아 시대의 비밀 외교 문서를 폭로했습니다. 특히 연합국인 영국, 프랑스, 일본이 제정러시아와 함께 얼마나 냉혹하게 식민지 분할을 결정했는지를 폭로했습니다. 그중에서 일본과 관련된 내용은 산둥반도의 구독일 권익과 남양군도였습니다. 전쟁이 끝난 후 일본의 영토가 될 거라고 영국, 프랑스, 러시아, 이탈리아 등 여러 나라가 확인하고 약속해준 지역이었습니다.

상황이 이렇게 되자 윌슨은 위기감을 느꼈습니다. 그리하여 그는 연합국의 전쟁 목적을 다시금 이상적으로 만들어야 한다고 생각했습니다. 그렇지 않으면 많은 세계인이 환멸에 사로잡힐 것이고, 볼셰비키(공산주의)와의 경쟁에서도 뒤처질 거라고 생각했습니다. 그래서 '14개조 평화원칙'을 발표합니다. 1918년 1월 윌슨은 미국 의회에서 '14개조 평화원칙'을 발표하며 전후 세계의 이상을 제시했습니다. '14개조 평화원칙' 중 가장 유명한 것은 단연 민족자결주의입니다. 그런데 윌슨이 민족자결을 이야기했을 때 염두에 두었던 지역은 상당히 제한된 곳이었습니다. 하지만 이런 이야기는 제대로 알려지지 않았지요.

윌슨이 염두에 둔 곳은 러시아가 독일과 강화조약(브레스트리토프스크조약)을 맺으며 양도했던 폴란드, 그리고 중립을 침해받은 벨기에, 그 외에 루마니아와 세르비아 등이었습니다. 윌슨은 이들 지역에 민족자결이 인정돼야 한다고 생각했습니다. 그렇지 않으면 이들 지역이 다시 전쟁의 불씨가 될 수 있기 때문입니다. 반면 영국이나 프랑스 등의 광대한 식민지는 민족자결의 원칙이 적용되지 않았습니다. 윌슨 자신도 '이 선언은 권리를 가진 정부의 정당한 요구'를 무시하지 않는다고 말했습니다.

그럼에도 윌슨과 함께 미국 외교를 담당했던 로버트 랜싱 국무장관은 1918년 12월 30일 자 일기에 "이 선언은 다이너마이트를 안고 있다. 결코 실현될 수 없는 희망을 불러일으킬 것이다"라고 적었습니다. 랜싱의 생각처럼 전 세계의 식민지인은 윌슨의 민족자결주의에 커다란 희망을 품게 됐습니다.

3·1운동

커다란 희망을 품은 지역 중 한 곳이 바로 일본 통치하의 한국이었습니다. 윌슨은 한국에 민족자결의 원칙이 적용된다고는 생각하지 않았습니다. 하지만 랜싱의 우려는 현실이 됐습니다. 한국에서 독립운동이 일어난 것입니다. 1910년, 한국은 일본의 식민지가 됐습니다. 그런데 당시 한국에서는 윌슨의 의도를 확대 해석하며 독립에 대한 희망을 가졌습니다.

같은 시기인 1919년, 대한제국의 황제 고종이 붕어했습니다. 장례식은 3월 3일로 예정됐는데, 사람들이 장례식을 이유로 모여들었고, 3월 1일을 기해 만세운동을 벌였습니다. 수천에서 1만 명 이상의 사람들이 서울에서 독립운동을 일으킨 것입니다. 이것이 3·1운동입니다. 이러한 대규모 독립운동이 일어나리라고는 조선총독부도, 한국 주둔 일본군(조선군)*도 예상하지 못했습니다.

이때의 일은 2007년에 출판된 우쓰노미야 다로宇都宮太郞의 일기에 쓰여 있습니다.** 우쓰노미야 다로는 당시 조선군사령관으로 3·1운동 진압에 나선 인물입니다. 참고로 그의 아들 우쓰노미야 도쿠마宇都宮德馬는 자민당 의원 중에서도 저명한 평화주의자로 알려져 있고 우쓰노

---

* 한국 주둔 일본군은 조선군으로 불렸고, 그 규모는 대략 2개 사단 정도였다.
** 宇都宮太郞關係資料研究會 編,《日本陸軍とアジア政策 陸軍大將宇都宮太郞日記》全3卷, 岩波書店, 2007.

미야 군축연구소 등을 이끌었던 인물입니다.

그런데 우쓰노미야 다로의 일기가 발견됐을 때 큰 소동이 일어났다고 합니다. 그때까지 한국 독립운동의 영웅으로 평가받던 여러 인물이 실은 우쓰노미야와 만났고, 자금 원조까지 받았다는 사실이 판명됐기 때문입니다. 물론 혁명가의 경우 적으로부터 정보나 자금을 빼내가는 사례가 있기 때문에 일기에 등장했다고 해서 바로 매국노가 되지는 않지만 말입니다.

일기에 나타나는 우쓰노미야 다로는 분별력 있는 군인이었습니다. 일기에서 그는 수천에서 1만 명 이상의 군중이 "독립선언서를 뿌리고 독립 만세를 부르짖으면서 거리를 누비는" 모습을 묘사했습니다. 우쓰노미야는 3·1운동의 주도 세력이 천도교도, 그리스도교도, 학생을 비롯한 엘리트 한국인이라고 판단했는데, 이것은 오늘날의 연구에 비추어보아도 옳은 판단입니다. 또 우쓰노미야는 독립운동의 요인이 일본이 무리하게 강행한 합병, 그리고 합병 후에 행해진 한국인에 대한 유형무형의 차별에 있다고 솔직하게 썼습니다. 즉 일본이 한국을 무리하게 합병한 다음 한국인을 차별했기 때문에 독립운동이 일어났다는 분석입니다.

또한 이 일기에서 '오! 그게 사실이었구나!' 하

"일본의 통치가 나빴기 때문이다."

우쓰노미야 다로
사진: 《日本陸軍とアジア政策–陸軍大將 宇都宮太郎日記 3》, 岩波書店, 2007.

고 생각되는 사건도 있었습니다. 일본군이 3·1운동을 진압할 때 일으킨 사건 중에 '제암리 학살사건'이 있습니다. 우쓰노미야의 일기에는 이 사건에 대한 자세한 내용이 쓰여 있습니다. 특히 조선총독부와 조선군사령부가 이 사건과 관련해서 정부에 어떻게 변명할 것인지, 어디까지 진상을 은폐할 것인지에 대해 의견을 조정했다는 것이 쓰여 있습니다.

제암리 학살사건의 개요는 다음과 같습니다. 1919년 4월 15일 한국의 수원군 제암리 마을에서 일본 군경이 그리스도교도, 천도교도 30여 명을 교회의 예배당 안으로 모이게 했습니다. 그리고 몇 가지 문답을 거쳐 32명을 죽이고, 그 교회 예배당과 민가 20여 채를 불태웠습니다.

조금 더 자세히 설명하면 이렇습니다. 일본 군경은 제암리에서 독립운동에 관여했다고 생각한 그리스도교도, 천도교도를 포함한 마을 사람 30여 명을 교회 안에 가두었습니다. 그리고 독립운동 관련성을 심문했는데 아무도 자백을 하지 않았습니다. 애초에 그들은 독립운동과는 아무 상관이 없었을 수도 있습니다. 그러자 군경은 마을 사람 전원을 총검으로 찔러 죽이고 교회를 통째로 불태웠습니다. 마을 사람은 무기도 없었고 저항하지도 않았습니다. 그런데도 마을 사람을 죽이고 시체를 불태운 것입니다. 조선총독부와 조선군은 이 사건이 알려지면 큰 문제가 될 것을 알았습니다. 그래서 학살·방화를 은폐하고, 단지 진압 방법에 문제가 있었다는 식으로 의견을 조정했다고 합니다. 일기를 통해 알게 된 사실입니다.

3·1운동은 마침 파리강화회의 와중에 일어났습니다. 그래서 파리강화회의, 심지어 워싱턴의 미국 상원에서도 일본의 한국 지배가 너무 잔혹하지 않느냐는 논쟁이 벌어졌습니다. 더구나 그런 가혹한 통치를 하는 일본에 새로운 영토, 즉 위임통치령을 맡겨도 좋은지에 대한 논의도 벌어졌습니다. 게다가 파리에서 귀국한 미국 대통령 윌슨은 의회로부터 극동 문제를 방치하는 것이 아니냐는 비판을 들어야 했습니다.

그런데 참 이상합니다. 어째서 미국은 한국 문제를 그토록 열심히 논의했을까요? 왜 윌슨은 한국 문제로 비판까지 받았을까요? 자, 그럼 파리강화회의의 상황을 자세히 살피면서 그 이유를 생각해보겠습니다.

참가자의 면면과
일본이 입은
상처

유례없는 외교전

파리강화회의에 모인 사람을 살펴보면 참으로 재미있습니다. 먼저 앞에서 언급한 월터 리프먼이 있습니다. 이 사람은 미국의 역대 대통령과(무려 4대에 걸쳐) 개인적인 이야기를 할 만큼 유명한 언론인이었습니다. 미국이 제1차 세계대전에 참전한 것은 1917년 리프먼이 하버드대학을 졸업하고 신참 언론인으로서 뜨기 시작할 무렵입니다. 미국의 참전 목적 가운데 하나는 유럽의 전쟁 종결에 미국이 참여하고, 이를 통해 유럽이 이상적으로 전쟁을 끝낼 수 있도록 미국이 이끄는 것이었습니다. 그런데 전쟁을 제대로 끝내기 위해서는 적절한 강화조약이 필요합니다. 그 강화조약문, 즉 윌슨의 '14개조 평화원칙'을 작성한 인물이 바로 리프먼입니다.

리프먼의 영향력은 제2차 세계대전 때도 여전했습니다. 일본과의 관계에서 보자면, 1939년부터 1941년에 걸쳐, 즉 제2차 세계대전이 유럽에서 시작돼 태평양전쟁으로 확대되는 과정에서 그는 '미국은 일본과 전쟁을 해서 하나도 좋을 것이 없다'는 취지의 편지를 프랭클린 루스벨트 대통령에게 보냈습니다. 또 신문 칼럼에 다음과 같은 글을 실었습니다(1939년 2월).

이번 전쟁은 자본주의 대 공산주의 전쟁이 아니라 민주주의 대 전체주의 전쟁이고, 그 정세를 결정하는 것은 첫째 일본, 둘째 미국이다. 미국이 전쟁에 참가하지 않는 한 일본도 전쟁의 위험을 무릅쓰지는 않을 것이다. 일본이 전쟁을 하지 않는다면 로마도, 베를린도 이를 본받아서 굳이 위험을 무릅쓰지 않을 것이다.

결국 리프먼의 주장은 미국이 일본과 타협해야 한다는 것입니다.

다시 파리강화회의 이야기로 돌아가 봅시다. 전후 정치가로 유명한 요시다 시게루吉田茂*도 당시 파리에 와 있었습니다. 제2차 세계대전이 끝나고 일본은 미국에 점령됩니다. 그리고 일본은 1951년 9월 8일 샌

---

* 제2차 세계대전 이전에는 주로 외교관으로 활동했다. 전후에는 정치가로 활동했고 여러 번 총리가 돼 전후 일본의 복구와 재건에 힘썼다. 보수 정치의 기틀을 잡은 정치가로도 유명하다.

요시다 시게루
사진: 마이니치신문사

프란시스코강화조약으로 독립했습니다. 이때 일본 측 전권으로 이 조약에 서명한 인물이 바로 요시다 시게루입니다. 이 무렵 그의 트레이드마크는 시가cigar였습니다. 그때도 시가를 물고 파리로 갔는지는 모르겠지만 말입니다.

당시 요시다 시게루는 중국 산둥성 지난에서 영사로 근무하고 있었습니다. 원래 파리강화회의에 갈 수 없는 낮은 지위였지요. 그러나 그는 파리강화회의의 차석 전권대사를 맡았던 장인 마키노 노부아키에게 자신을 데려가 달라고 부탁했습니다. 그렇게 그는 파리에 갈 수 있었습니다. 요시다가 당시 장인에게 보낸 편지는 아직도 남아 있습니다. 내용이 재미있으니 잠깐 읽어보겠습니다. 어려운 표현은 조금 쉽게 고쳤습니다.

어쨌든 유럽의 전쟁도 드디어 막바지에 접어들었고, 이로 인해 외교 무대에 들어갔으면 하는 생각입니다. 후학後學을 위해서라도 이 유례없는 외교전은 꼭 견학하고 싶습니다. (…) 그래서 소생으로서는 외람될지도 모르지만, 만약 지장이 없으시다면 이번에 잠깐이라도 좋으니 부탁드리고 싶습니다. 영국 근처에서 근무할 수 있도록 추천이라도 해주시기를 부탁드립니다.

'지난 영사로 부임한 지 얼마 안 됐기 때문에 외무성에서 바로 이동시켜줄 것이라고는 기대하지 않는다. 하지만 파리강화회의는 유례없는 외교전이 될 것이다. 그래서 꼭 견학을 하고 싶다. 잠시라도 좋으니 장인어른이 외무성에 힘을 좀 써서 영국 근처로 부임하도록 해주셨으면 한다.' 대략 이런 내용입니다. 정중하지만 말하고자 하는 목적이 분명한 좋은 글이네요.

결국 요시다 시게루는 파리에 가는 데 성공했습니다. 제2차 세계대전 이후 요시다는 다섯 차례나 총리를 역임하며 내각을 꾸렸고, 자민당이 장기 집권할 수 있는 토대를 쌓았습니다. 미래의 대정치가 요시다 시게루는 그렇게 성장하고 있었습니다.

젊은 학자 케인스

파리에 모인 사람 중 가장 중요한 인물은 단연 존 메이너드 케인스John Maynard Keynes*입니다. 그는 영국의 경제학자입니다. 파리강화회의 이후 10년이 흐른 1929년 10월 24일(검은 목요일), 뉴욕 월가를 시작으로 세계대공황이 발생합니다. 특히 여러 나라를 괴롭힌 것은 실업 문제였습니다. 최악의 수치를 보면 미국은 25퍼센트, 독일은 40퍼센트의 실업률을 기록했습니다.

---

* 20세기 전반을 대표하는 영국의 근대 경제학자.

그때까지는 정부가 공공투자를 줄이고 경제를 시장의 자유에 맡겨야 대공황이 해소될 거라고 생각했습니다. 하지만 케인스는 그것이 틀린 방법이라고 대담하게 주장했습니다. 그는 대공황에서 벗어나기 위해서는 정부가 적자를 감수하고라도 적극적으로 공공투자를 시행하고, 실업자가 사라질 때까지 수요를 확대해야 한다고 주장했습니다. 이것이 1936년에 케인스가 저술한 《고용, 이자 및 화폐의 일반이론》의 핵심 내용입니다. 물론 전체적으로는 결코 쉬운 책이 아닙니다.

케인스의 책이라면 무조건 경제학 책일 것이라고 생각하기 쉽습니다. 하지만 상당히 재미있는 것도 있습니다. 파리강화회의의 뒷이야기를 그린 《평화의 경제적 결과》*라는 책이 그렇습니다. 당시 케인스는 영국 대표단의 재무부 수석대표였습니다. 그런데 그는 베르사유강화조약 조인 날인 6월 28일까지 기다리지 않고 6월 7일(5일이라는 설도 있음)에 직책을 사임하고 멋대로 귀국해버립니다. 그러고는 파리강화회의의 불공정성을 널리 알리기 위해 《평화의 경제적 결과》를 썼습니다. 이 책은 발매되자마자 세계 각국에서 번역돼 베스트셀러가 됐습니다.

왜 케인스는 멋대로 귀국해버렸을까요? 그 이유는 케인스가 연합국 측, 특히 독일에 대한 미국의 정책에 크게 분노했기 때문입니다. 파리강화회의에서 연합국, 즉 전승국의 최대 관심사는 '제1차 세계대전의 배상금을 독일로부터 어떻게 받아내는가'였습니다. 그런데 독일로

* 존 메이너드 케인스, 정명진 옮김, 《평화의 경제적 결과》, 부글북스, 2016.

부터 최대한 돈을 받아낸다면 독 일 경제의 부흥은 불가능해집니 다. 그러면 배상금도 더 이상 받 을 수 없게 됩니다. 냉정하게 판 단하면 금방 알 수 있는 사실입니다.

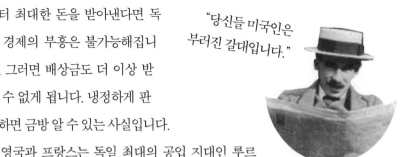

"당신들 미국인은 부러진 갈대입니다."

존 메이너드 케인스

영국과 프랑스는 독일 최대의 공업 지대인 루르 지방의 경제를 활성화하는 한편, 독일로부터 배상금 받 기를 원했습니다. 그리고 그 배상금으로 전쟁 중 미국에 서 빌린 채무를 갚으려고 했습니다. 당시 연합국이 미국에 빚진 돈은 천문학적인 액수였습니다. 영국은 42억 달러, 프랑스는 68억 달러, 이 탈리아는 29억 달러의 빚이 있었습니다. 어떤 사료에는 놀랍게도 1985 년까지의 상환 계획이 쓰여 있습니다. 60년 이상 갚아야 할 정도의 빚 이라니요! 어쨌든 연합국은 미국에 엄청난 빚을 지고 있었습니다.

그 돈의 흐름을 상상해봅시다. 만약 그 돈이 한쪽으로 쏠리게 된다 면 세계경제의 흐름이 막힐 수도 있습니다. 가장 중요한 것은 독일이 신속하게 산업을 복구하고 우수한 제품을 세계로 수출함으로써 배상 금을 계속 지불하는 것이었습니다. 핵심을 파악한 케인스는 독일에 부 과된 전쟁 배상금을 가능한 한 적게 해달라고 연합국에 요구했습니다. 또 미국에는 영국, 프랑스 등이 진 전쟁 채무의 지불 조건을 완화해달 라고 요구했습니다. 케인스의 계획안은 타당했지만 미국은 이를 거절 하고, 먼저 연합국으로부터 전쟁 채무를 받아내겠다고 답했습니다.

만약 그때 연합국이 케인스가 주장한 것처럼 독일에 관대하게 했다면, 어쩌면 1929년의 세계대공황은 일어나지 않았을지도 모릅니다. 그리고 대공황이 없었다면 제2차 세계대전도 발발하지 않았을지 모르지요. 하지만 케인스의 안은 통과되지 않았습니다. 그 결과 케인스는 "당신들 미국인은 부러진 갈대입니다"라는 편지를 남기고 파리를 떠났습니다. 그런데 케인스의 이 말은 원래 어디서 나온 말인지 아십니까?

──── 파스칼의 "인간은 생각하는 갈대다"에서 가져온 것 아닌가요?

사실은 《구약성서》〈이사야서〉 36장 6절의 "네가 믿는 이집트는 부러진 갈대에 불과하다. 그것을 지팡이처럼 믿는다마는 그것을 잡았다가는 도리어 손만 베일 것이다"에서 따온 것입니다. 부러진 갈대는 쓸모가 없습니다. 케인스는 쓸모없는 갈대라고 미국을 비판한 것입니다. 그는 또 《평화의 경제적 결과》에서 파리강화회의에 참석한 윌슨 대통령을 아주 나쁘게 묘사했습니다. 그 부분을 잠깐 읽어보겠습니다.

확실히 손이 크고 힘은 강했지만, 그는 서툴렀고 예민하지 않았다. 어떤 지위에 있는 사람이라도 대통령을 한번 보기만 하면 원래 그가 학업 또는 교양이 있는 사람이 아님을 알 수 있었다. 그뿐 아니라 (…) 일반적으로 사람들은 대통령이 대규모 고문단의 도움을 받아 국제연맹에 관한 것과 '14개조 평화원칙'을 구체화하기 위한 포괄적인 계획을 이미 세워놓았다고 믿었다. 그러나 사실 대통령은 아무런 계획도 세워놓지 않았다. (…) 그의 구상은 구름처럼 애매하고 불완전한 것이었다.

258

실제로는 말도 안 되는 평가입니다. 윌슨은 프린스턴대학 총장을 역임한 학자이자 정치가입니다. 케인스는 그런 사람을 교양이 없다고 단정지었군요. 파리강화회의에 참석한 미국을 엄청나게 싫어했던 것 같습니다. 케인스는 윌슨의 이상적인 계획에 알맹이가 없다고 비판했습니다.

로이드 조지

한편 윌슨과는 대조적으로 케인스가 호평한 정치가도 있습니다. 그가 바로 로이드 조지David Lloyd George*입니다. 로이드 조지는 영국의 총리인데요. 먼저 케인스의 평가를 보겠습니다. 케인스는 로이드 조지를 윌슨과 비교하며 칭찬했습니다.

이런 사람(윌슨 대통령)과 가까이 지내는 사람은 누구에게도 실수하지 않는, 거의 무당처럼 민감한 로이드 조지를 상대할 수 없다. 이 영국 총리는 보통 사람에게는 없는 육감, 심지어 제7의 감각을 갖고 주위 사람을 주시하며 성격, 동기, 잠재의식 속의 충동까지 판단한다. 게다가 로이드 조지는 각자 무엇을 생각하는지, 다음에 무슨 말을 하려고 하는지도 간파한다. 게다가 신

---

* 영국의 정치가. 총리가 돼 제1차 세계대전을 이끈 것으로 유명하다.

통력 같은 본능으로 가까이 이야기를 듣는 사람의 허영, 약점, 이기심에 맞추어 본인의 논의와 주장을 적절하게 전개한다. 그런 그의 모습을 보면 무능하고 불쌍한 미국 대통령은 늘 자리만 차지하는 사람처럼 보였다.

여기서 '무당'은 앉은 자리에서 누가 무슨 생각을 하는지 바로 간파하는 사람을 가리킵니다. 케인스는 로이드 조지를 무당으로 표현했습니다. 육감을 넘어서 제7의 감각을 갖고 있다는 뜻입니다. 참고로 앞에서 언급했던 카 교수도 로이드 조지를 높이 평가했습니다. 그렇다면 왜 로이드 조지는 무당 같다는 평가를 받았을까요? 그 사례를 소개하겠습니다. 1919년 4월 22일 중국과 일본의 대표가 산둥 문제로 격렬하게 대립했을 때의 일입니다. 이때 영국 총리 로이드 조지와 프랑스 총리 조르주 클레망소는 윌슨과 함께 양국의 입장을 조정하고 있었습니다.

우선 당시의 상황을 봅시다. 일본은 옛 독일령인 산둥반도 권익을 일본이 넘겨받아야 한다고 주장했습니다. 그리고 중국에는 나중에 돌려주겠다고 했습니다. 이에 대해 중국은, 중국도 독일에 선전포고해서 승리한 전승국임을 강조했습니다. 그러므로 패전국 독일로부터 산둥반도 권익을 즉각 돌려받아야 한다고 주장했습니다.

제7의 감각을 가졌다?

로이드 조지

윌슨은 이상을 추구하는 정치가였습니다. 그래서 중국의 국가적 성장을 막을 수 있는 일본과는 절대 타협하면 안 된다고 생각했습니다. 그는 태평양 지역의 평화를 위해 일본 세력을 억제할 필요가 있다고 믿었지요. 그래야 1920년대 이후 동아시아가 안전해진다고 말입니다. 쉽게 말해서 일본은 억제하고 중국을 가까이한다는 전략입니다. 그런데 문제는 윌슨이 이러한 자신의 전략을 비교적 솔직하게 밝혔다는 것입니다. 당연히 일본의 전권대사인 마키노 노부아키, 사이온지 긴모치 등은 크게 반발했습니다.

당시 국제 질서를 주도하는 국가는 연합국의 일원인 미국, 영국, 프랑스, 일본, 이탈리아였습니다. 그런데 이 5대 강국의 일원인 이탈리아는 식민지 분할 문제로 미국, 영국, 프랑스와 다투고 아예 전권 대표가 귀국한 상태였습니다. 따라서 미국, 영국, 프랑스는 일본을 자극하지 않으려고 했습니다. 이러한 상황에서 윌슨이 중국의 주장을 옹호했던 것입니다. 중국의 요구를 받아들이라는 윌슨의 설득에 마키노, 사이온지 등의 일본 전권은 그러면 우리도 강화조약에 서명하지 않고 이탈리아 전권처럼 귀국하겠다고 위협했습니다. 그래서 영국(로이드 조지)과 프랑스(조르주 클레망소)가 일본, 중국, 미국 사이에 끼어든 것이지요.

주도권을 가진 미국, 영국, 프랑스는 3자 회담을 열기로 결정했습니다. 그래서 우드로 윌슨, 로이드 조지, 조르주 클레망소가 참석한 3대 총리 회담이 열렸습니다. 클레망소는 먼저 중국 대표단의 일원인 구웨이쿼顧維鈞*을 불렀습니다. 구웨이쿼은 미국 컬럼비아대학에서 박사학위를 받았고, 영어에 능통했으며, 대단히 뛰어난 전문 외교관이었습니다. 참고로 그는 1933년 일본의 국제연맹 탈퇴 때에도 중국 전권이었습니다. 여러모로 일본과 인연이 있는 사람입니다.

클레망소는 구웨이쿼을 앞에 두고 윌슨에게 이렇게 말했습니다. "대통령님, 저는 오늘 아침 산둥 권익에 관한 일본과의 협정을 다시 한 번 읽어보고 왔습니다. 확실히 프랑스는 일본의 요구를 지지한다는 약속을 했습니다." 그러고는 계속 졸린 얼굴로 회의 내내 한마디 말도 하지 않았습니다. 중국이 말을 꺼낼 틈을 주지 않은 것입니다. 참고로 클레망소는 영어를 하지 못해서 윌슨과는 직접 대화할 수 없었습니다.

드디어 본격적으로 회의가 시작됐습니다. 우선 클레망소가 말한 '약속'은 사실이었습니다. 1917년 일본은 전후 식민지 분할에 대해서 영국, 프랑스, 이탈리아, 러시아와 서로의 식민지를 인정한다는 비밀 조약을 맺었습니다. 이 조약을 맺은 시기는 연합국이 지중해에서 병력을 안전하게 수송할 수 있게 도와달라고 일본에 요청했을 때입니다. 독일군 잠수함으로부터 수송선을 호위하는 일은 상당히 위험한 임무였습니다. 그래서 일본은 그 대가를 요구했습니다. 그것이 바로 식민지를 인정한다는 밀약이었습니다. 그래서 클레망소는 일본을 지지한 것이

---

* 중국의 정치가, 외교관. 서구에서는 웰링턴 쿠Wellington Koo라는 이름으로 많이 알려져 있다. 오랫동안 중국을 대표하는 외교관이었으며, 장제스 정권이 타이완으로 후퇴한 뒤에는 타이완에서 활약했다. 외교관에서 물러난 후에는 국제사법재판소 판사를 지냈다.

지요.

물론 구웨이쥔은 반론을
제기했습니다. '프랑스와 일
본의 밀약은 부정하지 않는

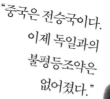

"중국은 전승국이다.
이제 독일과의
불평등조약은
없어졌다."

구웨이쥔

다. 그렇지만 일본이 중국에 관철한 21개
조 요구 중 산둥에 관한 조약은 최후통첩을 수
반한 것으로, 일본이 중국을 위협한 결과 체결된 것이
다. 최근 국제법에는 강제로 체결된 조약은 인정하지 않아도 된다는
원칙이 있지 않은가.' 이것이 구웨이쥔의 논리였습니다.

구웨이쥔이 말한 또 하나의 반론도 법리적으로 상당한 설득력이
있었습니다. 선전포고를 한 다음에 전쟁에서 승리하면 그 나라와 맺
었던 불평등조약이 완전히 없어집니다. 중국은 제1차 세계대전이 끝
나기 직전인 1917년 3월 독일에 선전포고를 했습니다. 정식으로 제1
차 세계대전에 참전한 셈입니다. 그 때문에 전후 전승국이 됐습니다.
그렇다면 중국이 청나라 때 맺었던 독일과의 불평등조약은 없어져야
정상입니다. 1898년에 청은 이 조약으로 독일에 자오저우만과 칭다오
를 빼앗겼는데, 이제 그 조약은 무효가 되는 것이지요. 독일은 패전국,
중국은 승전국이기 때문입니다. 따라서 중국은 독일에 빼앗겼던 영토
를 돌려받아야 마땅합니다. 그러면 자연스럽게 '옛 독일령 영토는 중
국의 것'이라는 결론이 나옵니다. 이 같은 구웨이쥔의 주장은 꽤나 설
득력이 있었습니다.

자, 이때 상대의 속마음을 귀신처럼 파악한다는 로이드 조지는 어떻게 대답했을까요? 그는 중국의 약점을 찌르는 한편, 미국 측에도 예리하게 맞받아쳤습니다.

(1917년의 유럽은) 대단히 힘겨운 상황이었습니다. 그리고 일본은 우리를 도와주었습니다. 그런데 이제 와서 일본에, 그때는 고마웠지만 이제는 빠져달라고 할 수 없습니다. 우리는 중국을 동정합니다. 그러나 한번 주고받은 협정을 마음에 안 든다고 종잇장처럼 찢어버릴 수는 없습니다.

그렇게 로이드 조지는 구웨이쥔의 논리를 부정했습니다. 그러자 구웨이쥔이 "아니오" 하면서 반론하려고 했습니다. 하지만 로이드 조지는 재빨리 그의 말을 막으며 다음과 같이 말했습니다.

아닙니다. 만약 독일이 이겼다면 독일이 세계의 지배자가 됐을 것입니다. 중국도 독일의 지배하에 들어갔겠지요. 그렇지·않습니까? 미국의 처지를 말하고 싶습니까? 그때의 미국은 아직 독일과 싸울 준비가 돼 있지 않았습니다.

이 말 때문에 이후 구웨이쥔과 윌슨은 입을 열지 못했습니다. 로이드 조지의 말은 단호하면서도 정확했습니다. 영국은 일본과 밀약을 맺고 중국 무역을 줄이는 한편, 프랑스와 함께 독일에 정면으로 맞서고 있었습니다. 또 그 과정에서 막대한 희생자가 나왔습니다. 그리고 중국과 미국은 각각 1917년 2월과 3월에야 연합국의 일원으로 참전했습니다. 더욱이 미국의 대규모 육군은 1918년에야 유럽 대륙에 도착했습니다. 요컨대 로이드 조지의 말은, 미국이 참전한 것은 상당히 나중이고, 가장 힘들었던 시기에 일본이 도와주었다는 것입니다. 그리고 힘든 시기에 가까웠던 나라끼리 약속을 했으니 취소할 수 없다는 것이었지요. 중국에 동정의 뜻을 표하면서도 일본 편을 든 셈입니다.

그렇게 로이드 조지는 미국을 내세우려는 중국의 속마음을 간파하고, 재빨리 그 논리를 차단한 것입니다. 국제사회는 여전히 냉혹했고, 일본은 그 혜택을 받았습니다. 로이드 조지 같은 서구 나라의 처지에서는 여전히 일본과의 협조가 중요했기 때문입니다.

거듭 비판받은 일본

앞에서 언급했듯이, 일본은 파리강화회의에서 대단한 위기감을 느꼈습니다. 그러나 파리강화회의에서 채택된 베르사유강화조약의 제156조부터 제158조를 보면 "산둥의 권익은 일본의 것이 된다"라고 규정돼 있습니다. 일본의 요구가 전부 반영된 것입니다. 그러므로 파리강화회의에서 일본의 외교가 실패했고 다른 연합국이 일본을 따돌렸다는 것은 상당히 주관적인 해석에 불과합니다. 객관적으로 당시의 일본은 권익을 챙겼습니다. 하지만 때로는 정치·경제 문제보다 의식의 문제, 정체성의 문제가 더 큰 상처를 남기기도 합니다. 일본이 파리강화회의에서 느낀 위기감은 바로 그런 것이었습니다.

자! 그럼 이제 앞에서 언급했던 3·1운동에 대해 다시 이야기해봅시다. 여러분은 세계사 시간에 다음과 같은 설명을 들어보지 않았나요? "미국은 제1차 세계대전 후에 탄생한 국제연맹에 의회의 반대로 참여하지 않았다." 이것이 중요합니다. 파리강화회의 기간 중 윌슨 대통령은 미국에 돌아와 먼로주의 사고방식으로 가득한 의회를 향해 "이제부터 탄생하게 될 국제연맹은 의회가 경계할 만한 것이 아니다. 국제연맹은 결코 선전·강화의 권한 등 미국의 주권에 관련된 문제에 대해 미의회의 권한을 저해하려 하지 않는다"라고 말하며 국제연맹의 필요성을 설득했습니다.

그러나 미국 의회는 미국이 유럽 제국주의 국가 간의 싸움에 이용당하는 것을 두려워했습니다. 그래서 윌슨의 설득에 귀를 기울이지 않고 국제연맹과 보조를 맞추는 윌슨을 강하게 비판했습니다. 미국 의회는 윌슨을 비판하기 위해 여론에 호소했습니다. 여기서 돌연 일본과 3·1운동이 등장합니다.

의회는 상당히 선동적으로 다음과 같이 주장했습니다. '윌슨 대통령은 파리강화회의에서 독일이 베르사유강화조약을 받아들이도록 열심히 노력했다. 그러나 그 베르사유강화조약이라는 것은 중국을 희생시켜서 산둥반도에 대한 일본의 요구를 전부 받아들인 부당한 조약이다.

일본은 산둥을 식민지로 지배할 것이다. 그러나 일본의 식민 지배라는 것은 한국의 3·1운동에서 나타났듯이 상당히 가혹한 것이다. 이처럼 가혹한 식민 지배를 중국 본토에까지 시도하려는 일본과 윌슨은 타협했다. 일본을 베르사유강화조약의 조인국으로 만들기 위해서 말이다.' 대략 이런 주장이었습니다.

미국 의회의 이러한 비판을 듣고 일본은 큰 충격을 받았습니다. 일본의 식민 지배가 가혹했다는 것은 인정하지만, 단지 윌슨 대통령을 비판하기 위해 남의 나라인 일본을 비판하는 것은 부당하다는 생각이었습니다. 이상의 문제에 대해 미국 주재의 일본 해군 무관이 작성한 보고서가 오늘날에도 남아 있습니다. 어쨌든 파리강화회의에서 일본은 큰 충격을 받았고, 이것은 감정의 상처가 돼, 깊고 무겁게 남았습니다. 1930년대 이후 그 상처는 다시 모습을 드러냅니다.

4 만주사변과 중일전쟁

일본의 자멸과
중국의 역할

당시
사람들의
의식

모략으로 시작된 작전과 우발적 사건

만주사변은 1931년 9월 18일 관동군 참모가 모략을 써서 '일으킨 사건'이고, 중일전쟁은 1937년 7월 7일 작은 무력 충돌을 계기로 '일어난 전쟁'입니다. 여기서 만주사변은 '일으킨 사건'이고 중일전쟁은 '일어난 전쟁'이라고 표현한 것에 주목해주십시오.

만주사변은 사건 발생 2년 전인 1929년부터 관동군 참모 이시와라 간지石原莞爾*가 착실히 준비한 사건이었습니다. 참고로 관동군이란 어

---

* 1930~1940년대에 활약한 육군 군인. 만주사변을 주도했고, 중일전쟁 당시에는 참모본부 작전부장으로서 소련에 대비한 군사전략을 수립했다. 일본이 미국과 최후의 전쟁을 준비해야 한다는 '세계최종전쟁론'으로도 유명하다.

떤 군대를 가리킬까요? 관동군은 러일전쟁 후 일본이 러시아로부터 획득한 관동주(중심 지역은 뤼순과 다롄)의 방비, 그리고 역시 러시아로부터 넘겨받은 중둥 철도의 남쪽 지선(남만주철도)을 보호하는 군대를 말합니다.

관동군은 일본 측 철도(남만주철도)의 선로 일부를 스스로 폭파하고 이를 중국 소행으로 뒤집어씌워 중국을 공격했습니다. 중국의 동북부(만주)를 공격한 관동군은 랴오닝성 펑톈에 있는 장쉐량의 군사 근거지 등을 단숨에 점령했습니다.

장쉐량은 동북 3성의 정치·군사적 지배자로서 난징을 수도로 하는 국민정부의 장제스 주석과도 좋은 관계에 있는 젊은 지도자였습니다. 9월 18일 밤 장쉐량은 자신의 진영이 아닌 베이핑北平*에 있었습니다. 사실 그가 베이핑에 있었던 것도 일본군의 모략 때문입니다. 일본의 특무기관**은 화베이華北 지방에서 장쉐량에 대한 반란을 부추겼습니다. 장쉐량이 반란 진압을 위해 자신의 본거지 만주를 비우도록 유도한 것입니다. 그래서 장쉐량은 동북군의 정예병 11만 대군을 이끌고 만리장성을 넘어 화베이 지방에 와 있었던 것입니다.

---

* 베이징. 약 700년간 중국의 수도로 이어져왔다. 원 대의 이름은 대도大都였는데, 명 대에 들어와 1, 2대 황제 때는 베이핑이 됐다가 3대 황제 때 다시 베이징으로 이름을 바꾸었다. 그후 국민정부가 수도를 난징으로 옮기면서 다시 베이핑이 됐으며, 1949년 중화인민공화국이 탄생하면서 베이징으로 바뀌었다.

** 군의 정보기관.

왜 일본은 만주사변에 앞서 그런 모략을 세웠을까요? 그것은 병력 차이 때문이었습니다. 관동군은 일본 본토에서 2년 교대로 파견돼 오는 사단과 독립수비대로 구성됐는데, 모두 합쳐 약 1만 명이었습니다. 그에 비해 장쉐량이 거느린 동북군은 약 19만 명이었습니다.

제2차 세계대전 이후 이시와라 간지는 극동국제군사재판소*에 제출한 선서공술서宣誓供述書**에서 장쉐량의 군대는 무기가 우수하고 20만 명이나 되는데, 그에 비해 무기도 뒤떨어지고 1만 명 정도밖에 없는 관동군은 굉장히 불안했을 것이라고 강조하며 만주사변이 모략으로 시작됐다는 것을 숨겼습니다. 장쉐량의 병력이 19만 명이든, 20만 명이든 관동군을 수적으로 압도한 것은 사실입니다. 하지만 이시와라는 동북군 중에서 11만 명이 만주에 없었다는 사실은 일부러 언급하지 않았습니다.

여기서 이시와라 간지가 어떤 인물인지 간단히 소개하겠습니다. 이시와라는 관동군 참모로 만주사변을 계획한 사람이지만, 참모본부 작전부장이었을 때 일어난 중일전쟁에 대해서는 상반된 태도를 취했습니다. 즉 그는 중일전쟁의 확전을 반대했습니다. 이후 그는 작전부장을 그만두고 관동군의 부참모장이 돼 만주로 떠나기도 했습니다. 이시와라는 모험을 두려워하지 않는 사람이었습니다. 그래서 당시에도 인

---

* 제2차 세계대전 중에 발생한 전쟁범죄 중 극동 지역에서의 전쟁범죄를 심판했던 재판소.
** 입회인 앞에서 그 내용이 옳다고 선서한 후에 진술한 문서.

만주사변
1931년 9월 관동군은 류타오후柳條湖 부근에서 철도의 선로 일부를 폭파했다. 그리고 이를 중국군의 소행이라고 뒤집어씌워 펑톈과 그 밖의 주요 도시를 점령했다.
(성省의 경계가 변경돼 현재 하얼빈은 헤이룽장성에 속한다. −옮긴이)

기가 있었고, 지금도 여전히 인기
있는 캐릭터입니다.

짓궂고 쾌활하며
선동적이다.

이시와라는 1889년에 태어
났습니다. 공교롭게도 그해는 메이지 헌법이 공
포된 해입니다. 그의 삶은 메이지 헌법 탄생과 함
께 시작된 셈입니다. 그가 사춘기에 접어들었을 때

이시와라 간지

일본은 러일전쟁을 시작했고, 어른이 됐을 때 일본
은 쇼와 시대가 됐습니다. 이시와라와 함께 만주에서 근무했던 내무
관료 다케베 로쿠조武部六藏가 쓴 이시와라에 대한 평가는 다음과 같습
니다.

이시와라 간지 군君은 마사키 진자부로眞崎甚三郎* 대장의 무죄 판결에 대해
터무니없는 일이라고 평했고, 이런 판결을 내리는 육군 상층부가 여러 가
지 훈시를 내리는 것에 대해 종이 낭비에 지나지 않는다고 식당에서 말했
다. 그는 늘 짓궂었고 일의 진상을 파악하고 있었으며 쾌활했다. 그러나 동
시에 선동적인 면도 많았다.

이것은 1936년 2월에 일어난 육군 반란사건(2·26사건)의 판결이 내
려졌을 때, 이시와라와 함께 만주의 한 식당에 있던 다케베가 이시와

---

* 당시 일본 육군 내의 유력한 군인.

라가 하는 말을 듣고 메모해둔 것입니다. '이시와라'라는 군인의 이미지가 떠오르십니까?

이시와라는 2·26사건의 흑막으로 불린 마사키 대장에 대해 육군이 무죄 판결을 내린 것은 잘못이라고 비판했습니다. 하지만 독특한 것은 '터무니없는 일'이라는 표현입니다. 게다가 이시와라는 그런 잘못된 판결을 내리는 육군성이 진지하게 행하는 훈시가 '종이 낭비'에 불과하다고 혹평했습니다. 한편 다케베는 이시와라가 말투는 짓궂지만 일의 진상을 잘 파악하고 쾌활하면서도 사람을 선동하는 면이 있다고 적확하게 평가했습니다.

이시와라는 자주 육군 중앙부를 욕했습니다. 그래서 그가 반체제적이고 조직에서 밀려났다고 생각하지만, 실제 이시와라는 대단한 엘리트였습니다. 열두 살에 육군유년학교*에 들어가 수석으로 졸업했고, 육군사관학교와 육군대학교를 졸업했습니다. 참고로 육군대학교에서는 2등이었다고 합니다.** 성적이 우수해서 천황으로부터 군도軍刀를 받기도 했습니다.

훗날 태평양전쟁 중에는 언행으로 인해 도조 히데키東條英機*** 육군

---

* 육군 장교를 지망하는 청소년을 위한 교육기관. 육군사관학교의 전 단계에 속하며, 육군사관학교 교육을 청소년으로 확대한 것이라고 보면 된다.
** 육군유년학교, 육군사관학교, 육군대학교를 거쳤다는 것은 전형적인 엘리트 코스를 밟았다는 것을 의미한다. 이는 육군 내에서 사실상 출세가 보장되는 이력이었다.
*** 쇼와 시대의 일본 육군 군인. 태평양전쟁을 앞두고 육군대신으로서 대미 강경책을 주장했으며, 총리로서 태평양전쟁을 결단하고, 미국과의 전쟁을 이끌었다. 제2차 세계대전 후 전범

대신*의 미움을 받아 출판 직전의 저서《전쟁사 대관戰爭史大觀》이 판금 조치되기도 했습니다.

이제 조금 이야기를 되돌려보겠습니다. 앞에서 말했듯이 만주사변은 사전에 계획된 사건이었습니다. 그러나 1937년 7월 7일에 일어난 중일전쟁은 루거우차오사건을 계기로 촉발된 우발적 사건이라 할 수 있습니다. 물론 사건이 일어날 만한 구조적 요인은 이전부터 계속 쌓이고 있었습니다.

루거우차오는 12세기 말에 베이징 교외의 펑타이豐臺 지역을 흐르는 융딩허강永定河에 건설된 다리로, 마르코 폴로가《동방견문록》에서 그 아름다움을 찬양한 것으로 유명합니다. 그런데 이 다리 북쪽의 하천 부지에서 야간훈련을 하던 일본군(당시 '지나 주둔군'으로 불림)과 중국 제29군 사이에 소규모 군사 충돌이 벌어졌습니다.

충돌은 우발적이었지만, 그 이전에 구조적인 이유도 있었습니다. 그 이유에 대해 알아봅시다. 2장에서 언급한 의화단운동으로 거슬러 올라갑니다. 이 봉기는 결국 서구 열강의 연합군에 의해 진압됐고 청은 항복했습니다. 그 후 뒤처리를 위해 청과 열강 간에 베이징의정서北京議定書**라는 불평등조약이 맺어집니다. 이 조약으로 일본은 영국, 프랑스, 독일, 러시아 등의 열강과 함께 재류 일본인 보호를 위해 톈진 주변

으로 기소돼 사형 판결을 받고 처형됐다.

* 태평양전쟁 중에 도조 히데키 총리는 육군대신(육군부장관)과 육군참모총장을 겸임했다.

** 신축조약辛丑條約이라고도 한다.

에 군대를 주둔할 수 있는 권리를 인정받았습니다. 그래서 '지나주둔군'이 생긴 것이지요. 그러한 조약상의 근거로 일본군이 베이징 부근에 있었던 것입니다.

하지만 루거우차오사건이 일어나기 1년 전, 즉 1936년 6월 일본은 그때까지 1771명이었던 병력을 중국과 사전 협의도 하지 않고 5774명으로 증강했습니다. 단숨에 세 배로 늘린 것이지요. 또 새롭게 만든 주둔지도 문제가 됐는데, 그곳은 펑타이에 있는 병영이었습니다. 요충지인 펑타이는 베이징 서남부의 교외 지역으로, 철도의 분기점이었습니다. 펑타이 옆에는 중국군 병영이 있었지요. 그런데도 일본군은 펑타이에서 모의탄을 만들어 야간훈련을 행했습니다. 그러니 아무런 사건도 안 일어나는 것이 오히려 이상하겠지요?

자, 만주사변에서 중일전쟁에 이르는 과정에서 이 점을 꼭 이해해야 합니다. 당시 중국군 사이에서는 일본에 대한 미움, 항일 의식이 쌓여 가고 있었습니다. 시비를 거는 일본군, 분노한 중국군이 대치하는 상황이었습니다. 누군가가 불을 붙이면 단숨에 타오를 수 있는, 그런 조건이 이미 만들어져 있었던 것입니다.

만주사변에 대한 도쿄대학 학생의 생각

당시 사람은 만주사변과 중일전쟁을 어떻게 보았을까요? 다음에 인용하는 설문조사에 대한 내용은 교토대학에서 교육학을 오랫동안 가르쳐온 다케우치 요竹內洋 교수의 《마루야마 마사오의 시대》*에 소개된 것입니다.

1931년 7월 당시 도쿄제국대학 학생을 대상으로 여론조사를 실시했습니다. 만주사변 발발 2개월 전이었습니다. 이 조사는 우선 "만몽滿蒙(남만주와 동부 내몽골을 총칭함)에 대한 무력행사는 정당합니까?"라고 물었습니다. 여기서 만몽이란 구체적으로 무엇일까요? 자세한 것은 나중에 설명하겠습니다. 일단 '러일전쟁으로 일본이 획득한 권익이 집중된 땅'이라고만 생각해두시면 됩니다. 아무튼 "만몽에 대한 무력행사는 정당합니까?"라는 질문에 '그렇다', '아니다'의 대답이 있었는데, 결과가 어떠했을 것이라고 생각하십니까?

── 지금은 상상하기 어렵지만, 만주사변 직전이기 때문에 정당하다고 대답한 사람이 60퍼센트는 될 것 같습니다.

반은 넘었을 것이라는 의견이군요. 그런데 실제로는 더 많았습니다. 무려 88퍼센트가 '그렇다'고 대답했습니다. 저는 좀 의외였습니다. 그중에서도 "즉시 무력행사를 해야 한다"라고 대답한 강경한 사람이 52퍼센트를 차지합니다. 만주사변이 일어난 9월 이후라면 신문과 라디오에서 떠들어댔으니까 어느 정도 이해가 가겠지만, 사변 발발 전에도 이렇게 높은 수치가 나왔습니다.

* 竹內洋,《丸山眞男の時代―大學·知識人·ジャーナリズム》, 中央公論新社, 2005.

참고로 라디오 방송은 1925년에 시작됐고, 1932년 2월에는 라디오 수신 세대가 100만이 넘었습니다. 그리고 태평양전쟁 시기에는 600만 세대가 라디오를 들어서 45퍼센트의 라디오 보급률을 기록했습니다. 지금은 라디오를 크게 틀어놓기가 어렵습니다. 옆집에까지 소리가 들리면 안 되니까요. 그런데 옛날에는 누구나 라디오를 크게 틀어놓았습니다. 그러니까 45퍼센트의 세대가 라디오를 들었다고 하면, 거의 전 국민이 라디오 방송을 들었다고 할 수 있습니다. (웃음) 이런 환경에서 만주사변이 발발하고 군부를 지지하는 방송이 넘쳤다면 '무력행사도 필요하겠지'라고 생각할 여지가 있습니다. 하지만 이 조사는 만주사변 발발 전에 한 것입니다. 물론 '그렇다'고 대답한 학생 중 36퍼센트는 "외교적 노력을 다한 뒤에 무력행사를 해야만 한다"라고 대답했습니다. 반면 무력행사는 안 된다고 대답한 학생은 12퍼센트였습니다.

결론적으로 무력행사, 즉 전쟁을 각오해야 한다는 비율이 9할에 가깝습니다. 일반적으로 지적인 훈련을 받고 사회과학적 지식을 가진 사람은 외국에 대한 편견이 적고 그 시선이 너그러운 경향이 있습니다. 예를 들면 이런 식으로 생각합니다. '중국에도 여러 가지 사정이 있을 거야. 일본에도 사정이 있는 것처럼.' 하지만 당시에 가장 많이 배웠다는 도쿄대학 학생의 무려 88퍼센트가 무력행사를 지지했습니다. 솔직히 저는 놀랐습니다.

> <만주사변 발발 2개월 전 여론조사>
>
> 질문: "만몽에 대한 무력행사는 정당합니까?"
> 응답: (도쿄대학 학생의 88퍼센트) "그렇다."

　　만주사변은 1931년 9월 18일에 일어났습니다. 발발 직후에도 도쿄대학 학생을 상대로 여론조사를 했습니다. 그때나 지금이나 사람들은 도쿄대학 학생에게 주목하는 것 같습니다. 이때의 조사는 헌병이 했습니다. 같은 해 9월 30일에 헌병사령관이 그 결과를 정리해서 육군대신에게 보고했는데, 이처럼 귀중한 사료가 다행히 남아 있습니다. 그런데 여러분은 '헌병' 하면 어떤 이미지가 떠오르나요?

　　―― 군대 안의 경찰이요.

그렇습니다. 원래 헌병은 군대 내부의 범죄를 단속하기 위해 설치된 것이고, 육군대신이 관할했습니다. 그러나 일반 국민을 상대로 경찰 이상의 힘을 휘두르기도 했습니다. 당시 헌병은 군대는 물론이고 일반 국민에 대한 사법경찰권도 가지고 있었기 때문입니다. 즉 헌병은 사법대신(법무장관)의 지휘를 받으며 치안경찰법, 치안유지법 등 국민의 사상을 단속하는 권한도 갖고 있었던 것입니다. 헌병은 쇼와 시대에 언론 탄압을 자행하기도 했습니다. 그래서 전시하의 광신적인 분위기를 이야기할 때 헌병의 존재를 빼놓을 수 없습니다.

　　자, 그럼 이제 헌병이 행한 여론조사에 대해 알아봅시다. 이때의 조사는 도쿄대학에서 '국방사상 보급 및 강연회'가 열렸을 때 실시됐습니다. 강사는 육군에서 파견된 군인이었습니다.

당시 대학 등의 고등교육기관에서는 군인을 싫어했습니다. 머리가 나쁘고 체력만 자랑하는 사람이라는 인식이 있었지요. 사실 평소 학생은 '군사교련' 수업 시간에 교관인 장교에게 힘든 훈련을 받았습니다. 그 반동으로 군인을 싫어하는 이유도 있을 것입니다. 그래서 육군성에서는 도쿄대학 경제학부 등으로 파견해서 공부시킨 육군 내의 우수한 인재를 강사로 보냈습니다. 그러니까 육군에서 온 강사는 무시를 받을 만한 사람은 아니었습니다.

강사로서 육군 군인은 '왜 일본은 만주사변을 일으켰는가?'라는 설명을 한 뒤에 여론조사를 실시했습니다. 질문은 "첫째, 여러분은 만몽을 일본의 생명선生命線이라고 생각하십니까?", "둘째, 만몽 문제는 군사행동으로 해결해야 한다고 생각하십니까?"였습니다. 왠지 답이 정해져 있는 것 같은 질문이군요. 어쨌든 그 결과 854명의 학생 중 90퍼센트가 '그렇다'고 대답했습니다.

처음의 여론조사와 헌병의 여론조사를 같이 생각해봅시다. 만주사변이 발발하기 전과 후가 별로 차이가 없습니다. 참으로 흥미로운 사실입니다. 그래도 국가 정책에 대해 최소한의 비판 정신을 가질 것 같은 지성인 집단조차 위와 같이 생각한 것입니다. 이는 만몽 문제를 둘러싼 일본 국민의 응축된 감정을 잘 보여줍니다. 만몽에 대한 국민의 일치된 견해가 매우 강하게 형성돼 있었다는 뜻입니다. 그렇다면 이러한 일치된 견해는 어떠한 과정을 거쳐 일본 국민의 의식 속에 쌓여갔을까요? 이것이 오늘의 주제입니다.

전쟁이 아니라 '혁명'

이제 중일전쟁에 대해 살펴보겠습니다. 당시 중일전쟁 문제는 좋고 나쁨, 찬성과 반대의 문제가 아니었습니다. 그보다 대부분의 일본인은 이 싸움을 '전쟁'이라고 생각하지 않았습니다. 참으로 재미있는 사실입니다. 서장에서도 그러한 점을 언급했습니다. 그래서 중지나파견군사령부는 중일전쟁을 가리켜 '보상을 위한 군사행동'이라 했고, 고노에 후미마로 총리 측은 '토비전'이라고 했던 것입니다. 기억나십니까?

—— 전쟁인데도 상대를 인정하지 않았다는 사실이 놀랍고, 당시 일본이 했던 행동과 지금 미국이 하는 행동이 비슷하다는 점이 또 놀랍습니다.

네, 그렇습니다. 특히 중일전쟁을 전쟁으로 생각하지 않았다는 것이 충격적입니다. 또 하나의 예를 들어보지요. 당시 일본의 대장성 예금부預金部에서 과장으로 재직하던 엘리트 관료 모리 히데오토毛里英於菟는 중일전쟁이 무엇인지에 대해 1938년 11월 〈'동아일체東亞一體'로서의 정치력〉이라는 글을 발표했습니다. 그는 중일전쟁을 가리켜 자본주의와 공산주의가 지배하는 세계에 맞서 일본 등의 '동아' 각국이 일으킨 '혁명'이라고 해석했습니다. 여기서 동아란 타이완과 한국을 포함하는 일본 그리고 1932년에 관동군이 세운 만주국, 여기에 일본이 점령한 중국의 각 지역 등을 총칭하는 말입니다. 동아가 미국·영국으로 대표되는 자본주의 국가와 소련으로 대표되는 공산주의 국가에 맞서 혁명을 시도하는 상태, 이것이 중일전쟁이라는 것입니다. 전쟁을 전쟁이 아닌 혁명이라고 말합니다. 정말로 이상한 논리입니다.

____ 당시의 일본인이 중일전쟁을 전쟁이라고 인식하지 않았다고 하셨는데, 그런 식의 인식이 오늘날에도 존재하는 것 같습니다.

왜 이런 기묘한 논리가 나타났을까요? 그 배경을 살펴봅시다. 최소한 모리의 글을 보면 그 당시 일본의 엘리트 관료는 전쟁을 파괴적이고 나쁜 의미로 보지 않고 좀 더 적극적이고 긍정적인 의미로 보았던 것 같습니다.

만주사변은
왜
일어났을까

만몽은 우리 나라의 생명선

서장에서는 링컨의 연설과 관련해서 루소의 논문 〈전쟁 및 전쟁상태론〉을 살펴보았습니다. 이와 관련해서는 도쿄대학 법학부 하세베 야스오 교수의 《헌법이란 무엇인가》를 꼭 읽어보세요.

　루소는 "전쟁은 국가와 국가의 관계에서 주권·사회계약에 대한 공격, 다시 말해 상대국의 헌법을 공격하는 방식으로 행해진다"라고 주장했습니다. 즉 어떤 나라의 국민이 상대국에 대해 '저 나라는 우리 나라의 생존을 위협하는 일을 하고 있다' 또는 '저 나라는 우리 나라의 과거 역사를 부정하는 일을 하고 있다'고 강하게 인식하는 경우 전쟁이 일어날 수 있다는 의미입니다.

루소의 말을 떠올리면서, 만주사변 발발 이전에 도쿄제국대학 학생들이 만몽 문제에 대해 무력행사를 해야 한다고 답했던 것을 되새겨봅시다. 무려 9할에 가까운 사람이 무력행사에 찬성했습니다. 이는 당시의 일본인이 만몽 문제를 일본의 주권에 대한 위협 혹은 일본 사회의 기본 원리에 대한 도전으로 생각했다는 것을 의미합니다. 전반적인 분위기가 그랬다는 것입니다.

그런데 파리강화회의 이야기를 할 때 언급했던 마쓰오카 요스케를 기억하십니까? 외교관이던 그는 1930년 즈음 국회의원이 됐습니다. 정확히 말하면 양대 정당의 하나인 정우회 소속의 중의원 의원입니다.[*] 마쓰오카는 1930년 12월에 개회한 통상의회에서 의원으로서 첫 연설을 했습니다. 이때 그 유명한 "만몽은 우리 나라의 생명선이다"라는 말을 했지요(이것은 나중에 일본을 석권하는 유명한 구호가 됩니다). 이때는 만주사변 발발 9개월 전으로, 당시 하마구치 오사치濱口雄幸 내각의 외상 시대하라 기주로幣原喜重郎[**]가 미국·영국과의 관계를 중시하는 협조 외교를 추진하고 있었습니다. 바로 이 협조 외교를 비판하기 위해 마

---

[*] 일본의 국회는 양원제다. 근대 일본의 국회는 상원에 해당하는 귀족원과 하원(국민의 선거로 구성됨)에 해당하는 중의원으로 이루어졌다. 제도상으로 양원의 위상은 동등했다. 그러나 정당정치의 발달에 따라 중의원이 정치를 주도하게 됐다. 따라서 마쓰오카가 중의원 의원이 됐다는 것은 직업 정치가로서 국회의원이 됐다는 것을 의미한다.

[**] 일본의 외교관. 1920년대의 일본 외교를 주도했다. 미국·영국과의 협조를 골자로 한 국제협조주의를 지향했다. 그러나 시데하라의 외교는 군부와 우익 강경파로부터 유약하다는 비판을 받았고, 이후 만주사변 발발로 폐기됐다.

쓰오카는 "만몽은 우리 나라의 생명선이다"라고 말한 것입니다.

마쓰오카의 주장은 첫째 경제적·군사적으로 만몽은 일본의 생명선이라는 것, 둘째 일본 국민의 요구는 "생물로서의 최소한의 생존권"이라는 것이었습니다. 즉 만몽을 일본이라는 국가의 생존권 및 주권과 관련지어서 말한 것입니다.

──── 생명선이란 슈타인이 언급한 주권선, 이익선의 다음 단계를 가리키는 것인가요?

마쓰오카가 말한 생명선은 슈타인이 말한 이익선과 같은 의미입니다. 하지만 생명선이라고 하면 더 강한 호소력을 갖습니다. 루소의 주장을 떠올리면 상당히 위험한 징후입니다. 그런데 만몽이란 무엇일까요? 만몽은 남만주와 동부 내몽골을 합한 지역으로, 1932년 세워진 만주국의 남쪽 절반에 해당합니다.

일본의 영토 확장을 생각해봅시다. 메이지 시대에 일본이 중요하게 여긴 곳은 한반도였습니다. 그래서 청일전쟁과 러일전쟁을 벌였습니다. 이후 다이쇼 시대에는 산둥반도에 관심을 보였고, 그 결과 제1차 세계대전에 참전했습니다. 만주에는 아무 신경도 쓰지 않았습니다. 그런데 왜 1930년대에 들어와 별안간 만몽이 생명선으로 떠올랐을까요? 물론 일본의 관점에서 말입니다. 이 변화에 대해서 살펴봅시다.

만몽은 남만주와 동부 내몽골을 합친 지역입니다. 그런데 만주가 정확히 어디인지 아십니까? 만주는 원래 만주족이 살았던 지역을 가리킵니다. 유럽인과 일본인은 그 발음에 한자음을 가져와서 '만주滿洲'라고 썼고, 그것이 관용적으로 쓰이면서 일본에서는 해당 지역을 만주라고 표기하게 됐습니다. 그래서 제2차 세계대전 이전의 일본에서는 거의 만주라는 표기가 통용됐습니다. 지금부터는 관용적인 쓰임에 따라 해당 지역을 그대로 만주라고 칭하겠습니다(물론 엄밀한 의미에서는 잘못된 표기입니다).

만주는 청 지배하에서는 동북 3성(랴오닝성, 지린성, 헤이룽장성)으로 분류됐습니다. 그래서 만주를 중국 동북부 또는 동북 3성이라고 말하기도 합니다. 이 지역은 러일전쟁을 계기로 북쪽은 러시아, 남쪽은 일본으로 그 세력 범위가 나뉘었습니다. 전쟁이 끝나자 양국은 오히려 협력하게 됐습니다. 그래서 1907년 제1차 사이온지 내각*은 만주의 철도와 전신電信을 러시아와 일본이 어떻게 나눌지에 대해 협상을 진행했습니다. 그 결과 만주의 북쪽은 러시아, 남쪽은 일본의 세력권으로 하고, 이를 제1차 러일협약의 비밀 조항으로 두었습니다. 참으로 야만적인 시대입니다. 청, 즉 중국의 땅을 러시아와 일본이 제멋대로 나누었으니 말입니다.

자, 다음의 지도를 보십시오. 이 지도에서 '훈춘琿春'이라는 지명을 찾아보세요. 현재는 중국 지린성의 옌볜延邊조선족자치주인데, 여기를 기점으로 펜을 들었다고 생각하고 왼쪽의 지린 위를 지나서 더 왼쪽으

---

* 유력 정당인 정우회의 총재였던 사이온지 긴모치가 총리가 돼 이끈 첫 번째 내각. 기간은 대략 1906년 1월부터 1908년 7월까지다.

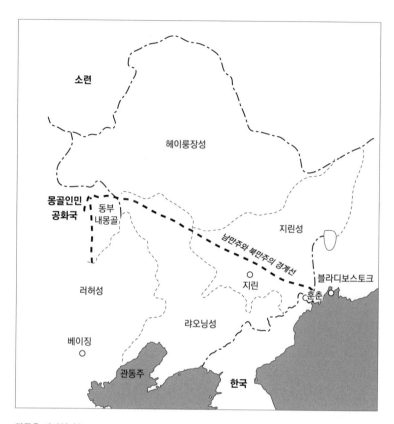

만몽은 어디인가?
만몽이란 남만주와 동부 내몽골을 합친 지역이다. 훈춘에서부터 몽골인민공화국까지 이어지는 점
선 아래 지역이 남만주이고, 세로 점선의 오른쪽이 동부 내몽골이다.

로 나아가 외몽골(현재의 몽골)과 내몽골(현재의 중국 네이멍구자치구) 경계
선에 닿는 곳까지 선을 그어보십시오. 지도에서 진한 점선으로 표시된
가로선이 러시아와 일본의 세력 범위를 나누는 경계선입니다. 즉 이

경계선의 아랫부분(지도에서 남쪽 절반)이 남만주입니다.

그럼 만몽의 '몽蒙' 부분, 즉 동부 내몽골은 어디일까요? 1912년 제2차 사이온지 내각*은 제3차 러일협약을 맺었습니다. 이때도 비밀 조항을 두었습니다. 중국의 수도 베이징을 통과하는 그리니치 동경 116도 27분에서 동쪽 내몽골 지역을 일본의 세력 범위로, 서쪽 지역을 러시아의 세력 범위로 정한다는 내용이었습니다. 베이징을 통과하는 경도를 기준으로 삼아 기계적으로 러시아와 일본의 세력 범위를 정해버린 것입니다. 이 경계선을 정한 것도, 만주의 남북 경계선을 정한 것도 참으로 야만적인 행동입니다. 당시 일본에서는 이렇게라도 정해두지 않으면 동부 내몽골과 서부 내몽골, 외몽골이 전부 러시아의 세력 범위가 될 것이라고 생각했던 것 같습니다.

당시 중국에서는 청이 무너지고 새로운 국가가 탄생하려는 중이었습니다. 앞으로 이 새로운 중국에 어떻게 돈을 빌려주고 자본을 투자할지에 대해서 영국은 미국, 프랑스, 독일 3개국과 협력을 도모하며 중국에서의 리더십을 유지하려고 했습니다. 이러한 영국의 움직임에 러시아와 일본은 반발했습니다. 러시아와 일본은 지리적으로 중국과 가장 가까운 나라입니다. 그러나 영국을 비롯한 미국, 프랑스, 독일 등의 강력한 자본주의 국가와 달리 자본력과 기술력은 뒤떨어져 있었습니다. 그러한 공통점을 가진 양국은 러일전쟁 이후 제1차 세계대전 때까

* 사이온지 긴모치가 이끈 두 번째 내각. 기간은 대략 1911년 8월부터 1912년 12월까지다.

지 중국 문제에 관해서 서로의 세력 범위를 인정하며 공조했습니다.

그런데 1917년에 러시아에서 혁명이 일어났습니다. 제정러시아는 공산주의 소련으로 바뀌었습니다. 이후 소련 정부는 제정러시아 때 일본과 맺었던 비밀 조약을 폭로했습니다. 물론 일본뿐 아니라 다른 나라와 맺었던 비밀 조약도 함께 말이지요. 일본으로서는 남만주와 동부 내몽골 전체를 일본의 세력 범위라고 인정해주던 상대가 없어진 셈입니다. 물론 당시 국제법적인 관례상 전쟁으로 맺은 조약과 권익은 여전히 효력이 있었습니다. 그래서 일본은 러일전쟁으로 맺은 조약과 그로 인한 권리, 일본이 중국 정부와 맺은 '만주에 관한 청일조약'의 여러 권리를 여전히 보유했습니다. 제정러시아가 없어진 뒤에도 말입니다.

한편 중국에서는 청이 무너지고 중화민국이 성립했습니다. 러시아뿐 아니라 중국도 정치체제가 변했습니다. 이제 일본의 처지에서는 중국과 맺은 조약상의 권리 중 일부가 바뀔 수도 있었습니다. 예를 들어 뤼순과 다롄의 조차지, 중둥 철도의 남쪽 지선 양도 등의 큰 항목은 별문제 없이 안전했습니다. 그러나 체결 당시부터 제대로 합의되지 않았던 항목은 그 해석에 따라서 견해 차이가 벌어지게 됐습니다. 그 해석의 차이를 회색지대라고 부르기로 합시다.

> 청과 제정러시아의 붕괴 → 러일전쟁으로 체결된 조약의 해석을
> 두고 중국과 일본 간에 견해 차이가 벌어졌다.

조약의 회색지대

그렇다면 만몽 문제의 회색지대는 무엇이었을까요? 크게 두 가지가 있었습니다. 첫째는 일본이 남만주철도(중동 철도의 남쪽 지선)의 연선에 철도수비대를 두는 권리입니다. 둘째는 만철(남만주철도의 약칭)의 병행선(평행선)이 될 수 있는 간선과 지선을 중국이 부설할 수 없다는 결정입니다. 즉 철도수비대를 설치할 권리와 만철의 병행선 금지 조항이 핵심이었습니다. 특히 철도수비대는 훗날 관동군의 중요한 토대가 되는 군대이기 때문에 매우 중요한 사항이었습니다.

그러나 중국은 일본이 이 두 권리를 갖는 것에 동의하지 않았습니다. 중국은 러일전쟁 직후부터 그와 같은 권리는 애당초 러시아에도 주지 않았기 때문에 러시아로부터 일본에 권리가 양도됐다는 것은 근거가 없다고 강력하게 주장했습니다. 이에 일본은 중국의 주장은 잘못된 것이고, 러시아와 일본이 서로 철도수비대를 두는 권리를 조약으로 인정했다고 반박했습니다. 그리고 이미 러시아와 조약을 체결했기 때문에 중국은 이의를 제기할 수 없다고 맞섰습니다. 또한 만철의 병행선 금지 조항에 대해서도 양국은 대립했습니다. 일본은 병행선 금지 조항이 청일조약의 비밀의정서에 적혀 있다고 주장했습니다. 그러나 실제로는 비밀의정서라는 형식이 아니라, 양국 간 회의록에 있는 문언文言에 불과했습니다.

이러한 회색지대는 국가 간 조약에서 흔히 있는 일입니다. 그래서 양국 정부가 그때그때 대화를 나누고 협의함으로써 의견을 조정합니다. 전문 외교관의 역할과 업무의 묘미는 바로 이런 회색지대를 해결하는 데 있다고 해도 과언이 아닙니다.

사실 만주사변이 일어나기 전까지는 일본 정부에서도 외무 관료를 중심으로 그 나름의 외교적인 자각이 있었습니다. 만몽에 대한 일본의 특수 권익이 다른 나라로부터 제대로 승인받지 못했다는 자각입니다. 예를 들어 외무성의 아시아 담당 국장(대중국 외교를 다루었음)이었던 아리타 하치로有田八郎는 1928년 7월의 문서에서 다음과 같이 말했습니다.

> 동삼성東三省*에서 일본이 특수 이익을 가진다는 점에 대해서는 원래 각국의 이론異論이 있었다. 오늘날까지 각국은 이를 승인한 일이 없고, 최근 영국의 외무장관도 하원에서 노동당 의원의 질문에 답하면서 영국은 일본이 만주에서 특수한 이익을 가지는 것을 인정할 수 없다고 진술했을 정도다.

아리타는 일본이 만몽에 특수 권익을 가지고 있다는 주장은 실제로 다른 나라에 의해 승인된 적이 없다고 솔직하게 인정했습니다. 그리고 영국 외무장관의 말, 즉 만몽에 일본의 특수 권익이 있다고는 생각하지 않는다는 말을 인용했습니다. 이렇게 분석한 다음 그는 일본은 동북 3성의 권력자 장쉐량 정권을 통해서 이제까지 했던 것처럼 만몽 권익

---

* 동북 3성을 가리킨다.

을 경제적으로 지키면 (평화적으로) 된다고 결론 내렸습니다.

당시 육군 내에는 난징의 국민정부와 우호 관계에 있는 장쉐량 정권을 타도해서 국민정부로부터 만몽을 분리하려는 세력이 등장하고 있었습니다. 그러므로 아리타의 주장은 군부의 만몽분리론을 견제하기 위한 것이라고 생각됩니다.

마쓰오카 요스케가 의회에서 '만몽은 우리 나라의 생명선'이라고 말한 지 얼마 안 된 1931년 3월 3일 참모본부 제2부(정보 취급 부서) 부장 다테카와 요시쓰구建川美次는 다음과 같이 연설했습니다.

메이지 38년(1905) 12월의 일청조약 비밀의정서에 따라 만철에 병행하는 선은 만철의 이익을 침해하기에 부설하지 않는다는 엄격한 결정이 있는데, (중국은) 그것을 무시하고 우리 나라의 항의를 받으면서도 이것을 만들었습니다.

여기서 다테카와는 만철 병행선 금지에 대한 약속을 중국이 지키지 않는다고 분개했습니다. 서로 논의할 생각은 하지 않고, 나는 결백한데 너는 조약을 위반했다는 흑백논리가 엿보입니다. 당시 육군의 재향군인회는 만몽 문제를 주제로 강연회를 열어 국민을 선동했습니다. 이를 통해 다테카와의 연설은 더욱 널리 유포됩니다. 강연회의 열기는 뜨거웠습니다. 만주사변이 발발한 지 한 달이 채 안 되는 기간 동안 (열심히 선전하는 육군의 노력도 있어서) 전국 인구 6500만 명 중 165만 5410명

294

이 1866회의 강연회에 참석했다는 헌병의 기록이 있습니다. 이 통계는 미국의 뛰어난 연구자인 루이즈 영Louise Young의《총동원제국*Japan's Total Empire*》*에 실려 있습니다.

　군부의 논리는 간단합니다. 중국이 조약으로 인정받은 일본의 권리를 침해한다는 것입니다. 그리고 중국의 조약 침해로 일본의 생존권이 위협받고 있다는 것입니다. 이 논리를 적용하면 중국과 일본의 대립은 상대의 주권·사회계약을 공격하는 대립이 돼버립니다. 당시 일본 사회의 인식은 '목숨과 돈을 들여서 싸운 전쟁→그 전쟁에 간신히 이겨서 체결한 조약→그 조약에 쓰인 일본의 권익→이를 지켜야 한다'라고 정리할 수 있습니다. 예를 들어 관동청關東廳(포츠머스조약으로 러시아로부터 넘겨받은 관동주의 통치, 만철 부속지의 경찰권을 관할하는 기관)에서 제작한 책에도 그러한 내용이 나옵니다. 관동청은《만몽권익요록滿蒙權益要錄》을 1931년 12월에 편찬했습니다. 그 시기는 만주사변이 발발한 지 3개월이 흐른 시점으로, 국제연맹이 만주사변 문제를 조사하기 위해 조사단원을 뽑고 있던 시기입니다.

　관동청은《만몽권익요록》서문에서 "본서의 주된 목적은 만몽에서 시시각각 발생하는 대외관계에 대해 위정자가 사건마다 조약상의 기초를 즉시 인식"할 수 있게 하기 위해서 편찬했다고 밝혔습니다. 글자

---

*　ルイーズ ヤング, 加藤陽子·川島眞·高光佳絵·千葉功·古市大輔 譯,《總動員帝國-滿洲と戰時帝國主義の文化-》, 岩波書店, 2001.

가 매우 작고, 무려 633쪽이며, 내용은 전부 중국 관련입니다. 주요 내용은 열강(일본을 포함)과 중국이 체결한 조약 중에서 중요한 부분을 발췌한 것입니다. 예를 들어 군사 관계의 '베이징 주병권北京駐兵權'이란 항목을 보면, 그것은 1901년 9월 7일에 조인된 〈의화단사건 최종의정서〉 제7조에 쓰여 있다고 돼 있습니다. 또 철도 관계의 '만철 병행선 금지'라는 항목을 보면, 그것은 1906년 12월 22일에 조인된 〈만주에 관한 일청조약 부속 비밀의정서 요령要領〉 제3조에 쓰여 있다고 나옵니다. 주제와 관련된 조약 내용을 바로 찾을 수 있다는 점에서 그 나름대로 굉장한 책입니다.

육군과 외무성 그리고 상사商社

여기까지 이야기를 듣고 나면 '왜 이렇게 육군이 나서는 거야!'라는 생각이 들 수 있습니다. 어쨌거나 일본은 러시아와 함께 만몽 지역에서의 세력 범위를 협의했습니다. 당시에는 세력 범위가 '특수 권익'과 거의 같은 의미로 사용됐습니다. 이를테면 일본의 특수 권익은 '주로 조약으로 인정받고 다른 나라에는 동등하게 적용되지 않는 일본의 독점·우선이 인정되는 권리며, 일본이 시설을 설치하고 경영함으로써 정치·경제적으로 발전한 현상이나 상태'를 의미합니다. 이것은 당시의 국제법학자 시노부 준페이信夫淳平 교수가 정의한 내용입니다. 이해하기가 조금 어렵긴 하네요.

남만주와 동부 내몽골, 즉 만몽은 일본의 세력 범위이긴 했지만, 당시 열강의 인정을 받으려면 일본이 실제로 광산을 개발한다는 실적이 필요했습니다. 광산에 이르는 도로를 정비하고 땅을 파는 일 같은 것 말입니다. 그것이 바로 '일본이 시설을 설치하고 경영'하는 것입니다. 그러한 실적이 있어야 러시아 외의 다른 열강으로부터 일본의 특수 권익을 인정받을 수 있었습니다. 그래서 일본은 열강을 의식해서 종종 경영 실적을 날조했습니다.

이때 활약한 것이 육군의 참모본부, 외무성, 국가를 대신해 자금을 융통했던 상사商社입니다. 사실 육군을 포함한 각 기관이 만몽의 특수 권익과 관련해 기를 쓰고 매달렸던 데에는 이유가 있습니다. 특수 권익으로 설정되면 해당 지역의 개발과 경영에 가담할 수 있었기 때문입니다. 즉 그들은 스스로가 이해당사자였습니다.

그럼 일본은 구체적으로 어떻게 동부 내몽골을 특수 권익으로 만들려고 했을까요? 그 과정을 알아보겠습니다. 제1차 세계대전이 일어나기 2년 전으로 되돌아가봅시다. 앞에서 조선군사령관 우쓰노미야 다로의 일기를 소개했는데요, 여기서 다시 한 번 그의 일기를 살펴보겠습니다.

1912년 우쓰노미야 다로는 참모본부 제2부에서 중국 정세를 분석하는 일을 하고 있었습니다. 1911년 중국은 신해혁명으로 청 왕조가 무너진 상황이었습니다. 그러자 청의 서쪽에 있는 외몽골(현재의 몽골인민공화국)은 러시아의 지원을 받으며 독립을 시도했습니다. 한편 일본은 러시아와 협상하면서 내몽골의 동쪽 절반을 차지하려고 했습니다. 지금 살펴보는 우쓰노미야의 일기가 바로 이때의 일기입니다. 일본 외무성은 다른 나라와의 외교 협상 등 공식적이고 깨끗한 일만 한 것이 아니었습니다. 우쓰노미야의 일기를 보면 알 수 있습니다.

1912년 1월 10일 일기에는 "몽골에서의 세력 범위(일본·러시아)에서 희망하는 지역을 (…) 연구해서 (참모)차장에게 제출하고, 또한 별도로 다나카 (기이치)에게 건네주고, 외무성에 협상"을 하게 했다고 쓰여 있습니다. 쉽게 말해서 참모본부 제2부의 우쓰노미야를 중심으로 몽골의 어느 곳을 일본의 세력 범위로 할 것인지 '희망하는 지역'을 정한 다음에 참모차장*에게 물었다는 것입니다. '희망하는 지역'이라는 표현 자체가 참으로 직설적입니다.

이어서 2월 28일 일기에는 "다나카 기이치田中義一**가 '동부 내몽골에 관한 우리 제의에 대한 러시아의 회답'을 가지고 참모본부로 왔다"

---

* 육군 참모본부의 최고 책임자는 참모총장이고, 그다음이 참모차장이다. 육군의 참모총장은 육군의 총사령관에 해당한다. 육군성의 최고 책임자인 육군대신(육군장관)이 군정軍政(군사에 관한 정치)을 관장한다면, 육군 참모본부의 최고 책임자인 참모총장은 군령軍令(군의 명령권)을 관장한다. 따라서 참모차장은 육군의 부사령관으로서 병력을 지휘하는 직책이다.
** 육군 군인, 정치가. 육군의 요직을 거쳐 육군대신을 역임했다. 육군의 실력자로서 그 기반을 닦았고, 이후 정우회의 총재가 돼 정당 정치가로 변신했다. 1927년에는 총리가 돼 정우회를 여당으로 하는 내각을 조직하기도 했다. 1910~1920년대 육군을 대표하는 실력자라고 할 수 있다.

라고 쓰여 있습니다. 즉 다나카가 외무성에 가서 러시아의 의향을 물어보고 왔다는 것입니다.

그리고 3월 7일 일기에는 "몽골에 대한 차관 성립. 그 광산의 개발과 채굴권 등을 담보로 11만 엔, 이 중 8만 엔은 외무성, 3만 엔은 참모본부가 부담"한다고 쓰여 있습니다. 참고로 여기에 등장하는 다나카는 여당 정우회 소속으로, 1927년에 총리가 된 다나카 기이치입니다. 당시에는 육군성의 군무국장이었습니다. 군무국은 육군의 예산과 정책을 다루는 부서입니다.

러시아와의 협상이 마무리되자, 일본은 동부 내몽골의 광산채굴권을 획득하기 위해 내몽골의 왕족 등에게 차관을 빌려주었습니다. 일기의 다른 부분에는 외무성이 기밀비機密費(정보·모략 등을 위해 지출 내역 없이 자유롭게 쓸 수 있는 비용) 등으로 바로 자금을 융통할 수 있도록 했고, 그것이 불가능하면 상사商社인 오쿠라구미大倉組가 대신 지불했다고 적혀 있습니다. 육군, 외무성, 상사가 특수 권익을 확보하기 위해 손을 잡았던 것이 그의 일기에서 확인됩니다. 위의 사례를 보면 대외 협상을 위해 외무성뿐만 아니라 육군과 상사도 바쁘게 움직였다는 것을 알 수 있습니다. 특히 육군의 활약이 두드러집니다. 그러므로 육군에서는 자신들이 땀을 흘리며 얻은 만몽의 권익을 중국 정부가 가볍게 여기는 것을 도저히 받아들일 수 없다는 입장이었습니다.

만몽에 대한 투자와 국가의 역할

앞에서 언급했듯이 일본은 만몽 문제를 생존권 문제로 받아들이는 분위기였습니다. 즉 만몽의 특수 권익을 잃으면 일본의 생존권이 위협받는다는 것이지요. 일본에서는 '생명선'·'생존권'이라는 단어를 사용하면서 민감하게 반응했는데, 그렇다면 그 특수 권익의 실태는 어땠을까요? 만몽에 대한 일본의 투자를 살펴보면 그 실태를 잘 알 수 있습니다.

이에 대해서는 정확하고 자세한 1926년의 통계가 있으니 그것을 참고하겠습니다. 만몽에 대한 일본의 투자에는 상대 지역의 공적 기관과 사기업에 차관을 제공하는 '차관 투자', 그리고 '회사를 설립하는 투자'의 두 가지 방법이 있었습니다. 이 같은 개념으로 이루어진 대對만몽 투자는 1926년의 경우 14억 203만 4685엔입니다. 이것을 투자자의 비율로 보면 만철이 54퍼센트, 일본 정부의 차관이 7퍼센트, 민간 차관이 1퍼센트, 법인 기업이 31퍼센트, 개인 기업이 7퍼센트입니다. 만철과 일본 정부의 투자를 합하면 61퍼센트입니다. 좀 더 자세히 살펴봅시다. 법인 기업이 31퍼센트인데, 여기에는 만철로부터 유입된 자본 약 3억 700만 엔이 포함돼 있습니다. 따라서 약 3억 700만 엔을 만철의 것으로 계산하면 만철과 일본 정부의 대만몽 투자 비율은 무려 약 85퍼센트가 됩니다.

여기서 잠시 만철에 대해 알아봅시다. 만철, 즉 남만주철도주식회사는 철도를 관리하는 작은 회사가 아니었습니다. 이 회사는 1906년 6월에 철도운수업 회사로 설립됐습니다. 하지만 같은 해 8월 운수업 외에 광업, 특히 정부로부터 푸순撫順과 옌타이煙臺의 탄광 채굴, 수운, 전기, 창고 그리고 철도 부속지의 토지·가옥 경영 등의 사업을 넘겨받았습니다. 따라서 만철은 상당 부분 국가에서 관리하는 회사라고 할 수 있습니다.

결국 만몽에 대한 투자는 내부분 국가 관련 투사였습니다. 따라서 국민으로부터 비판이 제기되기 어려운 구조였지요. 미국이나 영국처럼 사기업의 투자가 활발했다면 기업인의 비판이 정책에 영향을 줄 수도 있습니다. 하지만 국가 관련 지분이 85퍼센트에 달하는 상황에서 만몽에 대한 정책은 국가가 원하는 방향으로 흐를 수밖에 없었습니다.

만몽에 대한 투자 중
85퍼센트가 국가와 관련이 있다.
즉 건전한 비판이 제기되기 어렵다.

사건을
계획한
주체

이시와라 간지의 최종전쟁론

이제 이시와라 간지의 등장부터 이야기하겠습니다. 그는 제1차 세계
대전 후 독일로 유학을 떠났습니다. 1923년부터 약 2년 반 동안 독일
에 체류했지요. 개성이 강한 그는 가문의 문장이 새겨진 하카마袴* 차
림으로 독일 거리를 활보하기도 했습니다(그 사진이 현재 남아 있습니다).
패전국 독일로 간 이시와라는 일본 육군의 모범이 된 독일이 왜 세계
대전에서 졌는지 열심히 연구했습니다. 당시 독일은 인플레이션으로
마르크화가 크게 폭락한 시기였습니다. 그래서 일본 엔을 가지고 온

---

* 일본 전통 의상의 하나로, 품이 넓은 남성의 예장용 하의.

유학생은 많은 책과 자료를 독일에서 사 모을 수 있었습니다. 아마 이 시와라도 그랬을 것입니다.

당시 많은 사람은 독일의 패전이 적의 주력을 포위·섬멸하는 단기 결전에 실패했기 때문이라고 여겼습니다. 그러나 이시와라의 생각은 달랐습니다. 그는 제1차 세계대전이 단기결전의 섬멸전이 아니라, 장기 지구형의 소모전이었다고 하면서 독일이 이 점을 인식하지 못했기 때문에 패배했다고 생각했습니다. 따라서 전쟁을 할 때는 적과의 소모전에서 밀리지 않는 것이 중요하며, 상대의 경제봉쇄 속에서도 전쟁을 이어가는 것이 중요하다는 사실에 눈을 떴습니다.

귀국한 이시와라는 나가타 데쓰잔永田鐵山, 스즈키 데이이치鈴木貞一, 네모토 히로시根本博 등 육군의 중견 막료가 1927년 11월에 도쿄에서 시작한 '목요회木曜會' 모임에 참석하게 됐습니다. 목요회는 국책國策 결정에 필요한 미래전을 연구하기 위해 조직된 모임이었습니다.

나가타, 스즈키, 네모토는 만주사변 당시 중요한 직위에 있었습니다. 나가타는 육군성 군무국의 군사과장, 스즈키는 육군성 군무국의 지나支那반장, 네모토는 참모본부의 지나반장이었습니다. 그리고 이시와라는 현지의 관동군 참모였습니다. 군사과장은 예산, 즉 자금을 장악할 수 있는 직위였고, 두 명의 지나반장은 각각 육군성과 참모본부에서 중국 문제를 관할하는 직책이었습니다. 여기에 현지의 군 참모까지 더해졌으니 모략 사건을 일으키기에 완벽했습니다.

다시 목요회 이야기로 돌아갑시다. 1928년 1월 19일 목요회의 세 번째 회합이 있었습니다. 당시 육군대학교 교관으로 근무하던 이시와라는 '우리 나라의 국방 방침'이라는 흥미로운 발표를 했습니다. 동료들 앞에서 한 아주 진지한 발표였을 것입니다.

미국과 일본이 양대 강국이 되고 다른 모든 나라도 가세해서 항공기로 단숨에 승패를 결정짓는 것이 세계 최후의 전쟁이다. (…) 일본 본토가 한 푼도 돈을 쓰게 하지 않는다는 방침으로 전쟁을 해야 한다. 대對러시아 작전은 몇 개 사단이면 충분하다. 전 중국을 근거지로 하면서 중국을 잘 이용한다면 20년이라도, 30년이라도 전쟁을 계속할 수 있다.

이시와라의 발표는 크게 두 가지 주장으로 이루어졌습니다. 하나는 미국과 일본이 각각의 진영으로 나뉘어 항공기 결전을 치르는 것이 '세계 최종 전쟁'이라는 것이고, 또 하나는 소련과의 전쟁은 중국을 근거지로 삼아 그 자원을 이용하면 20년, 30년이라도 지구전을 펼칠 수 있다는 것입니다.

이 무렵(제1차 세계대전 후) 각국은 전쟁을 하려면 막대한 돈을 들여 장기간의 총동원 준비를 해야 한다고 생각했습니다. 당연히 재정 담당자는 얼굴이 새파랗게 질릴 수밖에 없었지요. 이런 입장에서 보면 이시와라의 발표 내용은 거칠지만 굉장히 명쾌했습니다.

같은 시기에 이시와라가 육군대학교에서 강의한 노트가 남아 있는데, 이 노트에서 그는 지구전에 대해서 나폴레옹이 말한 대로 '전쟁으로 전쟁을 지속시킨다'는 주장을 합니다. 즉 점령지에 세금을 부과하고 물자와 무기는 현지에서 조달하면 된다는 것이지요. 그러나 스즈키 데이이치가 남긴 속기록에 의하면 나가타 데쓰잔은 "전쟁이 꼭 필요한 것은 아니다. 전쟁 없이 만몽을 취할 필요가 있다"라고 냉정한 반응을 보였다고 합니다.

참고로 나가타 데쓰잔은 훗날 육군 내 파벌 싸움에 휘말려 살해됩니다. 당시 일본 육군은 황도파皇道派(각 지역에 배치된 연대와 함께 있으며 병사 교육을 담당하던 장교가 많았음)와 통제파統制派(육군성이나 참모본부 등 중앙의 엘리트 장교가 많았음)의 양대 파벌이 대립했는데, 나가타는 통제파의 리더로 간주됐습니다. 파벌 싸움이 정점에 이르자 뛰어난 검도 실력을 자랑하는 황도파의 아이자와 사부로相澤三郎 중좌는 극단적인 일을 저질렀습니다. 1935년 8월 어느 날 그는 백주대낮에 육군성 군무국 국장실에 들어와 나가타를 칼로 베었습니다. 그렇게 육군 내 리더로 주목받던 나가타는 비극적인 최후를 맞았습니다.

다시 목요회 이야기로 돌아갑시다. 이시와라의 발표에 네모토는 "만몽을 취하고 시베리아를 차지하는 것이 필요하다"라고 열변을 토했고, 스즈키 역시 "30년 내에 만몽을 취해야 한다"라고 대담한 발언을 했습니다. 목요회에 모인 이들 과장급의 중견층은 훗날 거사를 일으키기에 적합한 직위에 자신들의 동지를 배치하는 한편, 만몽

나가타 데쓰잔
사진: 일본 국립국회도서관
홈페이지

을 중국의 국민정부로부터 분리하려고 모략을 꾸몄습니다.

엇갈린 의도

여러분은 어떤 느낌이 드십니까? 군이 만몽에 대해서 국민에게 호소하는 내용과 목요회의 군인들이 논의하는 내용이 서로 다르다는 것을 아시겠습니까?

—— …?

전혀 모르겠습니까? 그럼 조금 되돌아가서 기억을 더듬어나가며 정리해봅시다. 군은 뭐라고 하면서 국민을 선동했습니까?

—— 일본이 전쟁으로 획득한 조약상의 권리를 중국이 지키지 않는다고 호소했습니다.

그렇습니다. '중국은 조약을 위반했고 일본은 그 피해자다. 따라서 만몽의 특수 권익을 무법자인 중국으로부터 지켜야 한다'는 원리주의적인 분노를 쏟아냈습니다. 하지만 이시와라와 그의 동료들은 전혀 다른 것을 논의했습니다.

—— 미래전을 위해서 만몽이 필요하다고 했습니다.

네, 그렇습니다. 그들은 다가올 대소전에 대비하는 기지로서 만몽을 원했습니다. 그래서 중국 국민정부의 지배에서 만몽을 분리하려고 했습니다. 또 그들은 대소전을 수행할 때 미국이 간섭할 것을 예상했습니다. 그래서 대미 전쟁이 벌어져도 오래 버틸 수 있도록 만몽을 자원 획득 기지로 확보하려고 했습니다. 사실 그들은 중국이 국제법을 위반했는지, 중국이 일본이 가진 조약상의 권리를 침해했는지의 여부에 대해서는 별로 관심이 없었습니다. 그러면서도 "이것은 조약에 있는 사항입니다. 그런데 중국이 이것을 하나도 지키지 않고 있습니다"라면서 국민을 선동했습니다. 이처럼 그들의 진짜 의도와 그들이 대중에게 이야기하는 것 사이에는 큰 차이가 있었습니다. 물론 모략을 꾸미는 주체인 그들도 이런 사실을 잘 알았습니다. 그들은 조약과 국제법을 따지면서 국민을 부추겼지만, 실은 대소전과 대미전에 대비하는 전초기지로서 만몽을 노렸던 것입니다.

육군의 선동은 기만이었지만, 국민의 불만에 불을 붙인 결정적인 사건이 일어났습니다. 바로 1929년 10월에 시작된 세계대공황입니다. 농림성의 '농가 경제 조사'에 따르면 농가의 연평균 소득은 1929년에 1326엔이던 것이 1931년에는 무려 650엔으로, 절반 이하로 줄어들었습니다.

이 시기는 세계적인 대공황이었기 때문에 농가 소득이 줄어든 것은 일본의 외교 방침과 아무런 상관이 없습니다. 그러나 1931년 7월 정우회 본부에서 마쓰오카 요스케는 미국·영국과의 협조를 중시하는 시데하라 외교를 비판했습니다. 당시 일본은 와카쓰키 레이지로若槻禮次郎 내각으로, 외교는 시데하라 기주로 외상이 주관했습니다. 시데하라는 국제사회, 미국·영국과의 관계를 중시하는 협조 외교를 채택했습니다. 그런데 마쓰오카는 "국민의 생활, 즉 경제문제를 기본으로 우리 나라 국민이 살 수 있는 대방침을 세우고, 이것을 수행하는 것이 제일 중요한데, 그것을 하지 않고 있지 않은가"라며 시데하라 외교를 비판했습니다. 이 논리는 잘못됐지만, 생활고에 빠진 국민에게는 잘 먹혀들었습니다. 이런 기회를 목요회가 놓칠 리 없었지요. 이렇게 해서 1931년 9월 18일 이시와라와 그의 동료들은 거사를 일으켰습니다. 마치 커다란 다이너마이트에 불을 붙인 격입니다.

독단전행을 추인하는 각의

앞에서 언급했듯이 1931년 9월 18일 이시와라를 중심으로 하는 관동군은 남만주철도 일부를 폭파하며 만주사변을 일으켰습니다. 관동군은 이 사건을 중국 측에 뒤집어씌우고, 이를 구실로 중국군을 공격했습니다. 그동안 지배해왔던 조차지, 철도 연선에 만족하지 않고 힘으로 만주 전체를 점령하기 위해서였습니다.

당시 일본의 내각은 민정당民政黨을 여당으로 하는 제2차 와카쓰키 레이지로 내각이었습니다. 외상은 시데하라 기주로였습니다. 와카쓰키 내각은 대외 강경파를 억제하고 미국·영국과의 협조를 중시했습니다. 그래서 처음부터 이 사건이 관동군의 음모가 아닌가 하고 생각했습니다. 참으로 정확한 판단이었습니다.

사건 다음 날인 9월 19일 열린 각의(내각회의)에서 와카쓰키 총리는 미나미 지로南次郎 육군대신에게 "정당방어입니까? 만약 그렇지 않고 일본군의 음모라면 국제사회에서 우리 나라의 입장은 뭐가 됩니까?" 하며 화를 냈습니다. 그리고 사건 확대 불가, 즉 사건의 불확대 방침을 현지 군軍에 전하도록 지시했습니다.

자, 여기서 와카쓰키와 와카쓰키 내각에 대해 잠시 살펴보겠습니다. 와카쓰키는 구제舊制고등학교 출신인데, 특히 수재가 들어간다는 제1고등학교를 나왔습니다.* 그는 도쿄제국대학 법학부를 수석으로 졸업하고 대장성에 입사했습니다. 이후 러일전쟁 당시 총리였던 가쓰라 다로의 눈에 들어 정계에 입문한 뒤 가쓰라 다로가 창당을 준비하던 입헌동지회, 그 후계 정당인 헌정회, 민정당에 소속돼 당의 중심 정치가로 활동했습니다. 또 그는 전 정권인 하마구치 오사치濱口雄幸 내각**이 런던해군군축조약을 체결했을 때 수석 전권으로 참여했습니다. 그는 재정, 군축 문제를 비롯해 외교·군사 전반에도 정통했습니다. 그래서 와카쓰키 내각은 관동군의 폭주를 막을 수 있는 가장 이상적인 내각이라 할 수 있었습니다.

---

* 당시 일본에는 제1고등학교부터 제8고등학교까지 국가가 관장하는 여덟 개의 고등학교가 있었다. 이곳 고등학교 졸업자의 대부분은 큰 어려움 없이 제국대학에 진학했다. 특히 20세기 초까지는 거의 전원이 도쿄제국대학, 교토제국대학에 진학했다. 이곳 고등학교 출신 외에도 대학에 진학하는 사람은 적잖았지만, 다 같은 대학 진학자라고 해도 특별히 이곳 고등학교 출신은 엘리트로 인정받았다.
** 대략 1929년 7월부터 1931년 4월까지 유지된 내각.

본래 관동군에는 '사령부 조례'라는 규정이 있었습니다. 그래서 그 규정 내의 행동에는 독단전행獨斷專行(독자적인 판단에 따른 행동)이 인정됐고, 그렇지 않은 행동은 각의의 허락을 받아야 했습니다. 예를 들면 관동군을 만철의 철도선에서 멀리 떨어진 장소로 이동시키기 위해서는 각의의 허락이 필요했습니다. 어쨌든 만주는 중국 주권하의 외국 영토이기 때문입니다. 그러므로 각의에서는 관동군의 행동을 멈추는 것이 가능했습니다. 그것이 제대로 실행됐다면 만주사변은 수습됐을지도 모릅니다. 그러나 관동군 참모들은 강한 결의를 갖고 만주사변을 일으킨 이들이었습니다. 무려 3년 전부터 계획을 세웠으니 순순히 물러날 리 없었습니다. 그들은 일부러 최고 책임자이며 온건한 관동군사령관 혼조 시게루本庄繁가 펑톈을 떠나 뤼순에 있을 때 사건을 일으켰습니다. 또한 중앙정부와 연락하는 전보 등을 사령관에게 숨기고, 심지어 발신을 늦추기까지 했습니다. 그렇게 관동군 참모들은 외부와의 연락을 차단하며 사건을 더욱 확대했습니다.

특히 조선군의 독단 월경越境은 사건 확대에 결정적이었습니다. 일본의 식민지였던 한국은 동북 3성 지역의 동쪽과 국경을 맞대고 있었는데, 중국과의 접경지대에는 일본군 중에서도 최정예를 자랑하는 조선군이 배치돼 있었습니다. 당시 관동군의 병력은 1만 명 정도밖에 없었습니다. 그래서 관동군은 장쉐량의 동북군이 돌아올 때를 대비해서 조선군을 끌어들이고자 했습니다. 그것은 조선군이 일본의 주권하에 있는 한국에서 중국의 주권하에 있는 동북 3성으로 이동하는 것을 의미합니다. 즉 국경을 넘는 행위입니다. 당시 국경을 넘어 군대를 움직이기 위해서는 천황의 명령, 즉 봉칙명령奉勅命令이 필요했습니다. 봉칙명령을 내리기 위해서는 각의의 동의가 필요했고요.

물론 처음에는 현지 군도 미나미 육군대신을 통해서 각의의 동의를 얻으려고 노력했습니다. 그러나 시데하라 외상과 이노우에 준노스케井上準之助 대장상大藏相*은 조선군이 국경을 넘는 것에 반대했습니다. 그 때문에 각의 통과는 좌절됐습니다. 시데하라와 이노우에는 만주사변이 확대되는 것을 막으려고 한 것 같습니다. 그런데 조선군사령관 하야시 센주로林銑十郎가 놀라운 일을 저질렀습니다. 각의 결과를 듣고 분개한 나머지 군대를 조선에서 동북 3성 쪽으로 이동시킨 것입니다. 9월 21일의 일입니다.

다음 날인 22일 다시 각의가 열렸습니다. 이번 각의는 이전과 다른 방향으로 흘러갔습니다. 국제연맹에서 문제가 될 수 있기 때문에 출병, 즉 조선군의 월경은 인정하지 않는다고 결정했습니다. 그러나 그에 따른 경비 지출은 승인했습니다. 대단히 애매한 결정입니다.

이 같은 결정을 듣고 책임자였던 참모총장은 안도의 숨을 내쉬었습니다. 왜냐하면 혹시 각의가 출병 사실을 인정하지 않고 경비 지출도 승인하지 않았다면 참모총장은 책임을 지고 사임해야 했기 때문입니다. 한편 이 소식은 유일한 원로로서 천황에게 조언하고 총리 추천 일

---

* 대장성의 책임자. 대장대신의 약칭이다.

을 담당했던 사이온지 긴모치에게도 전해졌습니다. 그는 내각의 유약한 태도에 실망감을 감추지 못했습니다.

왜 와카쓰키 내각은 이렇게 우유부단한 태도를 보였을까요? 왜 강하게 육군을 누르지 못했을까요? 연구에 따르면 와카쓰키 내각은 현지 군의 반역에 맞설 만큼 강하게 결속돼 있지 못했는데, 이것도 이유 중 하나였습니다.

당시의 정당내각은 선거에서 승리하는 것을 대단히 중요하게 여겼습니다. 그래서 집권 여당은 공권력(특히 경찰력)을 동원해서 선거를 치르는 것이 보통이었습니다. 이른바 '선거 대책'입니다. 여당(민정당)의 선거 대책을 지휘한 인물은 내무대신 아다치 겐조安達謙藏였습니다. 그는 당시 '선거의 신'이라고 불릴 정도로 민정당의 승리에 공헌했습니다.

그런데 그 무렵 아다치는 1931년 3월에 발각된 '3월사건'* 등 군부·우익의 테러리즘에 맞설 필요성을 느꼈습니다. 그래서 그는 민정당의 단독 내각보다는 야당인 정우회와의 제휴를 꾀했습니다. 그러나 민정당 내에는 아다치의 주장에 반대하는 사람도 있었습니다. 경제·외교 정책의 방향이 다른 정우회와는 함께할 수 없다는 것입니다. 대표적으로 대장대신 이노우에 준노스케가 그랬습니다. 아다치와 이노우에의 대립 때문에 와카쓰키 총리는 내각을 제대로 통합할 수 없었습니다.

---

* 미수로 끝난 불발 쿠데타. 육군 장교의 비밀 결사 사쿠라회櫻會가 우익의 오카와 슈메이大川周明 등과 결탁해서 기도한 쿠데타였다. 원래 1931년 3월에 결행하기로 했으나, 내부 사정으로 중지됐다.

그 결과 와카쓰키 내각은 민정당과 정우회의 제휴 문제를 둘러싸고 크게 갈라지게 됐고, 결국 1931년 12월 11일 내각 불일치로 총사퇴하게 됐습니다. 이처럼 내각이 분열됐으니 육군에 단호한 태도를 취하기 어려웠던 것입니다.

이유는 이뿐만이 아닙니다. 요즘은 특정한 사상이나 신조를 가지고 있다고 해서 국가기관에 의해 피해를 입거나 구속되는 일이 거의 없습니다. 그리고 폭력 행위로 사람을 겁주는 단체라고 하면 주로 조직폭력단을 떠올리지만, 당시에는 일반적으로 육군이나 경찰을 가리켰습니다. 즉 제2차 세계대전 이전의 일본에서는 군인이나 경찰을 아주 무서운 존재로 여기며 두려워했습니다. 특히 육군의 힘은 대단했습니다. 앞에서 언급했던 '3월사건'이 대표적인 예입니다. 비록 불발 쿠데타였지만, 군 내부에서 그런 음모를 꾸몄다는 것 자체가 육군의 위세를 말해줍니다. 또한 만주사변 발발 한 달 후에도 역시 불발 쿠데타가 일어났습니다. 1931년 10월의 '10월사건'*이 그것입니다.

비록 실패했지만 불발 쿠데타는 정당 관계자를 크게 위협했을 것입니다. 그리고 이듬해에는 정말로 커다란 사건이 벌어졌습니다. 1932년 2월 이노우에 닛쇼井上日召가 이끄는 우익 단체 혈맹단이 대장대신 이노우에 준노스케를 살해한 것입니다.** 이어서 5월에는 5·15사건***으로

---

* 3월사건과 비슷한 성격의 불발 쿠데타. 주도 세력도 겹친다. 사전에 발각돼 실패했다.

** 이것이 '혈맹단사건'이다.

*** 해군 장교가 중심이 된 쿠데타. 1932년 5월 15일에 벌어졌기 때문에 5·15사건이라고 한

정우회 총재이며 총리였던 이누카이 쓰요시犬養毅가 목숨을 잃었습니다. 그 시절에는 입장을 표명하기 위해 때로는 목숨을 걸어야 했습니다. 그러한 시대에 강경한 태도로 군부에 맞선다는 것은 결코 쉽지 않은 일이었습니다.

장제스의 선택

만주사변이 일어났을 때 국민정부의 주석이자 행정원장인 장제스는 장시성江西省 난창南昌에서 공산당인 홍군紅軍과 싸우고 있었습니다. 장제스는 중국공산당의 본거지를 토벌하기 위해 수도 난징을 비운 셈입니다. 토벌의 규모는 수십 명의 홍군을 쫓는 것이 아닌, 약 30만 명의 국민당군을 동원해서 홍군을 포위·섬멸하는 것이었습니다. 아마 관동군의 이시와라 등은 장제스가 수도를 비울 것을 처음부터 계산했던 것 같습니다. 그런데 장제스의 적은 홍군뿐만이 아니었습니다. 장제스는 광동파로 불린 국민당 일파와도 싸워야 했습니다. 광동파의 군대 5만 명이 동원된 것을 보면 이것도 소규모 전투는 아니었던 것 같습니다.

그러므로 당시 장제스의 상황은 '앞에는 호랑이, 뒤에는 이리'에 포위된 형국이었는데, 게다가 관동군까지 만주사변을 일으킨 상태였습

다. 현직 총리였던 이누카이 쓰요시가 살해된 것으로 유명하다.

니다. 그러나 역경에 강한 장제스는 정신을 가다듬었습니다. 그는 생각했습니다. '일본에는 여전히 시데하라 외상이 있다. 그는 신뢰할 수 있는 외무장관이며, 중국과 일본 양국 간의 대화로 사변을 해결하려고 한다'라고 말이지요. 하지만 장제스는 알고 있었습니다. 아무리 좋은 조건으로 일본과 협상을 타결한다 해도 공산당과 광둥파가 자신을 매국노라고 비난하리라는 것을 말입니다. 그래서 장제스는 만주사변에 대한 논의와 해결을 국제적인 장소, 즉 국제연맹에 호소하기로 결정했습니다.

미국 스탠퍼드대학의 후버 연구소가 공개한 장제스의 일기에는 "공리公理에 호소한다"라고 쓰여 있었습니다. 그가 이렇듯 양국 간 논의가 아니라, 국제연맹의 중재를 요구한 이유는 두 가지였습니다. 첫째, 국제연맹이 사건을 해결할 수는 없지만, 적어도 일본의 침략을 국제 여론으로 견제할 수 있다는 것입니다. 중국에 유리한 국제 환경을 만들어두면, 나중에 예상되는 중일 협상 시에도 유리하다고 판단한 것이지요. 둘째, 국제연맹에 호소함으로써 국민의 관심을 국제연맹으로 향하게 할 수 있다고 생각했습니다. 국가 방위의 책임을 국제연맹에 일부 분담시키는 것은 정권 유지를 위해서도 중요했습니다.

"공리에 호소하기 위해 국제연맹으로!"

장제스
사진: 교도통신사

꽤 냉정하게 계산을 한 것이지요. 게다가 장제스가 만주 문제를 국제연맹에 호소해야 했던 이유는 또 있었습니다. 그것은 장제스가 이끄는 국민정부와 장쉐량이 지배하는 동북 3성이 외교권으로만 연결돼 있었기 때문입니다. 즉 군사적, 행정적으로 동북 3성의 실질적인 지배자는 장쉐량이었습니다. 따라서 혹시라도 관동군과 장쉐량이 협상을 끝내버리면 장제스의 국민정부는 개입할 수 없습니다. 이러한 이유로 장제스는 만주 문제를 국제연맹으로 가지고 갔습니다.

9월 21일 중국의 제소로 만주사변 문제는 국제연맹이 심사하게 됐습니다. 이때 중국은 국제연맹 규약 제11조를 근거로 삼았습니다. 이것은 전쟁의 위협으로 이어지는 사변이 있다고 가맹국이 호소하는 경우 국제연맹이사회를 소집한다는 조항입니다.

리턴 조사단과 그 보고서의 내용

만주 문제를 둘러싸고 일본은 양자 간 논의를 주장했습니다. 그러나 중국은 국제연맹을 통한 해결을 주장했습니다. 양국의 이견은 좁혀지지 않았습니다. 국제연맹이사회의 중심국이었던 영국도 이 문제를 두고 애를 먹었습니다. 이는 영국의 외무장관이었던 존 사이먼의 메모에서도 드러납니다.

정책: 대일對日 융화融化

중국에 대해서: 타인만을 상대하지 말고 자기 본분을 다하라.

당시 유럽에서는 '영국·프랑스'와 '독일'의 대립이 뚜렷해지고 있었습니다. 미국에서 시작된 대공황으로 독일 정부의 배상금 지불이 늦어지고 있었기 때문입니다. 이 문제만으로도 영국은 충분히 바빴습니다. 그래서 영국은 관동군과 일본이 아주 심한 일을 저지르지 않는 한, 일본을 통해서 동아시아의 질서를 유지하고 싶었습니다. 그것이 '대일 융화'라는 말로 나타난 것입니다. 그리고 중국에 대해서는 "타인만을 상대하지 말고 자기 본분을 다하라"라고 했습니다. 결국 남에게 의지하지 말고 자체적으로 해결하라는 것입니다. 보기에 따라서는 잔혹하기까지 합니다.

이런 상황에서 국제연맹은 조사단을 파견합니다. 그 유명한 '리턴 조사단'입니다. 관동군과 일본이 아주 나쁜 짓을 저지르지 않는 한, 일본에 유리한 보고서를 작성할 준비가 된 조사단이었습니다. 국제연맹 이사회는 1931년 12월 10일 리턴 조사단의 출범을 결정했습니다. 일본에서는 제2차 와카쓰키 내각이 쓰러질 무렵입니다.

조사단 구성원의 면면을 살펴보면 다음과 같습니다. 우선 위원장은 영국의 리턴Bulwer-Lytton 백작입니다. 리턴의 아버지는 이전에 인도 총독이었고, 리턴 자신도 인도의 벵골 지사를 지낸 적이 있습니다. 이것만 봐도 조사단의 인선이 식민지 경영에 초점을 둔 인선인 것을 알 수 있습니다. 그리고 국제연맹 가맹국이 아닌 미국의 프랭크 R. 매코이 소장도 있습니다. 매코이는 미국의 쿠바 점령과 통치에 관여했고, 중남미의 볼리비아와 파라과이의 국경 분쟁을 중재한 경험이 있었습니다. 그리고 프랑스의 앙리 클로델 중장이 있습니다. 클로델은 톈진 주둔 프랑스군의 참모장과 프랑스령 인도차이나군사령관을 역임했습니다. 즉 식민지의 군사 문제에 정통한 사람이었지요. 독일의 하인리히 슈네 박사와 이탈리아의 알드로반디 마레스코티 백작도 있네요. 슈네는 제1차 세계대전 이전에 독일령 동부 아프리카 총독을 역임한 식민지 정책 전문가였고, 마레스코티는 노련한 외교관이었습니다.

프로필을 보면 조사단 단원은 모두 강대국 출신입니다. 그리고 식민지의 군사·행정 경험이 있는 인물 또는 국제분쟁 전문가입니다. 조사단 일행은 1932년 2월 29일 일본 요코하마에 도착했습니다. 그리고 일본·중국·만주(동북 3성)를 시찰한 다음, 같은 해 9월에 보고서를 완성할 때까지 반년 남짓 해당 지역에 머물렀습니다. 마침내 일본과 세계의 이목이 집중된 가운데 1932년 10월 2일 스위스 제네바, 중국 베이징, 일본 도쿄에서 보고서 전문이 공개됐습니다. 내용을 살펴봅시다.

우선 경제적 권익 면에서 일본에 유리하게 배려한 부분이 보입니다. 예를 들어 리턴 조사단은 일본이 '(장쉐량 정권에 의한 동북 3성의) 무법 상태로 인해 다른 어떤 국가보다 더 많이 힘들었다'고 인정했습니다. 또 중국이 국민당의 지시 아래 일본 상품을 불법적으로 '보이콧'했다고 했습니다. 보고서는 이러한 사실을 전제로 해결 원칙을 제시했는데, 결론적으로 '충분한 비율의 일본인을 포함한 외국인 고문을 배치할 것', '대일 보이콧을 영구히 정지할 것', '일본인의 거주권·토지대차권을 전 만주로 확장할 것'을 명시했습니다. 일본의 경제적 권익을 옹호하는 결론입니다. 즉 중국이 일본의 경제적 이익을 만족시켜야 한다는 것이지요.

그런데 만약 일본이 만주에서 경제적 권익만을 노렸다면 리턴 조사단의 결론에 만족해했을 것입니다. 그러나 앞에서 언급했듯이 일본, 특히 일본 군인의 생각은 달랐습니다. 그들은 리턴 보고서의 결론에 불만을 가졌습니다.

그럼 이제 리턴 보고서의 내용 중에서 일본에 불리한 부분을 살펴보겠습니다. 일단 보고서는 일본의 행동을 국제연맹 규약 위반 또는 부전조약 위반이라고는 하지 않았습니다. 그러나 9월 18일의 군사행동을 합법적인 자위 조치로 인정할 수 없다고 밝혔습니다. 또 만주사변 이후 1932년 3월에 독립을 선언한 '만주국'에 대해서도 부정적이었습니다. 만주국이 국민의 독립 요구에 따라, 즉 민족자결의 결과로 세워진 것이 아니라, 일본 관동군의 힘을 배경에 두고 만들어진 국가라고 명시한 것입니다. 그리고 일본이 만주 지역의 '중국적 특성'을 인정할 것을 요구했습니다. 쉽게 말해서 만주가 중국 땅이라는 것을 인정하라는 것입니다.

요시노 사쿠조의 한탄

일반적으로 요시노 사쿠조는 다이쇼 데모크라시를 떠받친 지식인으로 유명합니다. 요시노는 도쿄제국대학 법학부에서 일본 정치, 유럽 정치, 중국 혁명사 등을 강의했습니다. 젊은 시절 그는 러일전쟁을 정당화하는 논고를 쓰기도 했습니다. 즉 러일전쟁은 세상을 위한 '좋은 전쟁'이라는 것입니다.

러시아는 실로 문명의 적이다. 지금 만약 러시아가 일본을 이긴다면 정부의 권력은 한층 강화되고 압제는 점점 심해질 것이다. 다행히 일본에 패한다면 자유민권론 세력이 늘어나는 이유가 될 것이다. 따라서 우리는 문명을 위해, 또 러시아 인민의 안녕과 행복을 위해 간절히 러시아의 패배를 기원한다.

요시노의 핵심 메시지는 분명합니다. '러시아가 나쁜 것은 입헌적인 헌법, 내각제도, 국민의 자유가 없기 때문이다. 그와 같은 국가는 일본에 지는 편이 러시아 국민을 위해서도 좋다. 일본이 러시아를 이기면 러시아 국내에서 자유민권론이 높아질 가능성이 있기 때문이다'라는 것입니다.

요시노 사쿠조는 일본이 국제연맹을 탈퇴한 이후인 1933년 8월에 사망합니다. 그는 시대의 변화에 따라 국제사회에서의 일본의 위치, 일본 국민의 생각이 크게 변하고 있다는 것을 알았습니다. 예를 들면 요시노는 리턴 보고서가 발표된 다음 날인 1932년 10월 3일 일기에서 냉정한 시각으로 리턴 보고서를 평가합니다.

소문 이상으로 일본에 불리하기에 신문의 논조도 험악하다. 그러나 공평하게 봐서 그 이상 일본 편을 든다면 편향됐다는 비난을 면하지 못할 것이다. 서구적 정의의 상식으로는 거의 흠잡을 것이 없다고 봐도 무방하다.

요시노의 일기는 쉽게 말해 이런 뜻입니다. '세간의 평판보다 더 일본에 엄격한 내용이 쓰여 있다. 그래서 보고서에 대한 신문의 논조가 험악하다. 그러나 공평하게 봐서, 그 보고서 이상으로 일본에 호의를 보인다면, 일본 편을 들고 있다는 말을 들어도 할 말이 없다. 서구적인 정의의 상식으로 그 보고서는 아주 훌륭하게 작성된 것이다.' 기본적으로 요시노는 리턴 보고서에 정의가 관철돼 있다고 생각했습니다. 앞에서 언급한 리턴 보고서의 내용을 생각하면 이 같은 요시노의 평가는 타당하다고 생각합니다.

요시노는 잡지 《중앙공론》 1932년 1월호에 〈민족과 계급과 전쟁〉이라는 상당히 인상적인 제목의 논문을 기고했습니다. 이 논문에서 요시노는 지금의 일본 상황이 이상하다고 썼습니다. 그는 "이전부터 러일전쟁을 보아왔다. 정당도, 메이저 신문도 전쟁 시작 전까지는 전쟁을 부추기는 정부를 맹렬히 비난했다. 늘 그래왔다. 그런데 왜 지금은 그

"'목이 말라도 남의
샘물은 마시지 마라'라고
배우지 않았던가."

요시노 사쿠조
사진: 일본 국립국회도서관
홈페이지

렇지 않은지 정말 이상하다'라고 한 것입니다.

논문에서 요시노는 먼저 토지가 좁고 자원이 부족한 일본이 '토지와 자원의 국제적 균분'을 주장하는 것은 이치에 맞는다고 했습니다. 그러나 토지와 자원의 조정은 '강력한 국제 조직의 통제'에 따라 이루어져야 한다고 말했습니다. 그리고 "일본인은 어릴 때부터 '목이 말라도 남의 샘물은 마시지 마라'라고 배우지 않았던가" 하고 한탄했습니다. 요시노 사쿠조의 한탄처럼 당시 전쟁에 반대하는 목소리는 거의 없었습니다. 국민을 대표하는 정당에서도 마찬가지였습니다.

그렇다면 왜 전쟁에 반대하는 목소리가 정당에서조차 나오지 않았을까요? 그 이유는 크게 두 가지 흐름으로 설명할 수 있습니다. 첫째, 중국에 대한 일본의 침략과 간섭을 가장 일찍부터 반대하던 일본 공산당원과 그 주변 인사가 1928년 3월 15일에 일제히 검거됐기 때문입니다. 이것이 이른바 '3·15사건'인데, 무려 488명이 기소됐습니다. 또 그 이듬해 4월 16일에는 3·15사건 당시 도망쳤던 공산당의 거물 당원 등이 검거됐습니다. 이른바 4·16사건인데요, 무려 339명이 기소됐습니다. 둘 다 다나카 기이치 내각* 당시에 일어난 일입니다.

1925년에 성립된 이른바 남자보통선거법에 따른 첫 중의원 의원

선거는 1928년 2월에 시행됐습니다. 그때 다나카 내각은 공산당이 공공연히 활동을 시작한 것에 위기감을 갖고 검거를 단행했습니다. 즉 반전反戰 세력을 치안유지법** 위반으로 모두 체포한 것입니다. 상황은 하마구치 내각*** 때도 마찬가지였습니다. 1930년 2월 민정당이 정우회에 100석 정도의 큰 의석 차이로 총선에서 승리했는데, 하마구치 내각은 2월 26일 대규모의 공산당원 검거를 단행했습니다. 무려 1500명이 검거되고, 그중 461명이 기소됐습니다. 거의 소탕 수준입니다.

둘째, 공산당에 이은 반전 세력인 무산無産 정당政黨의 내부 문제 때문입니다.**** 무산 계급의 처지를 대변하는 무산 정당은 공산당과 달리 합법적인 정당입니다. 하지만 무산 정당도 그 나름의 사정이 있었습니다. 예를 들어 전국노농대중당全國勞農大衆黨은 1931년 9월 28일 중국 출병 반대를 위한 투쟁위원회를 설치하려고 했습니다. 그러나 1932년 2월 총선에서 전국노농대중당은 갑자기 '복무 병사 가족의 국가 보장'

---

* 대략 1927년 4월에서 1929년 7월까지다.
** 1925년의 보통선거법 성립과 같은 시기에 성립됐다. 주로 천황제를 부정하고 사회주의자를 단속하기 위한 법률이다. 하지만 실제로는 폭넓게 악용돼 많은 자유주의자, 사회주의자, 노동운동가, 식민지의 독립운동가를 탄압하는 데 사용됐다. 따라서 실질적으로는 천황제 중심의 강압적인 체제를 유지하기 위해 시행된 법률이라고 봐도 무방하다.
*** 대략 1929년 7월부터 1931년 4월까지다.
**** 원래대로라면 무산 정당은 침략전쟁을 반대하는 한편, 노동자·농민을 위한 정책을 강력히 주장해야 했다. 그러나 만주사변 이후 일본의 중국 침략은 여론의 광범위한 지지를 획득하고 있었다. 그래서 무산 정당은 사회 개혁을 위한 기존의 노선을 고수할 것인가 아니면 대중적인 지지 획득을 위해 일본의 중국 침략에 찬성할 것인가를 두고 커다란 고민에 빠지게 되었다. 결국 이들의 대부분은 후자를 선택했다.

을 선거 구호로 내세우며 유세를 단행했습니다. 만주사변으로 출정한 군인, 현역으로 입대한 군인이 이전에 근무하던 회사나 일터에서 해고되지 않고 임금도 보장되도록 하자는 것입니다. 아주 의미심장한 변화입니다. 반전을 외치던 정당이 갑자기 전쟁을 위해 동원된 군인의 직장 보전, 임금 보전을 주장한 것입니다. 더구나 중요한 것은 동원된 장병의 직장 보전, 임금 보전을 주장하며 고용주를 가장 압박하던 기관이 다름 아닌 일본 육군성이었다는 사실입니다.

원래 전국노농대중당은 '제국주의 전쟁 반대'를 구호로 내세웠는데, 이와 함께 장병의 처우 개선 문제를 고려한 '복무 병사 가족의 국가 보장'도 내세웠던 것입니다. 그중 어떤 후보자는 '제국주의 전쟁 반대'에는 동조하지 않고 '복무 병사 가족의 국가 보장'만을 내세워 당선됐습니다. 불황 속 생활고 앞에서 무산 정당도, 그 지지자도 쓰라린 선택을 하게 된 것입니다.

국제연맹
탈퇴에
이르기까지

제국의회에서의 강경론과 그 속내

요시노 사쿠조는 한탄했습니다. 아마도 그가 말하고 싶었던 것은 리턴 보고서가 공표된 1932년 10월 시점의 일본 사회는 '목이 말라도 남의 샘물은 마시지 말라던 예전 좋은 시대의 상식과 여유가 없어지고 있다. 게다가 러일전쟁 때의 일본은 세계를 향해서 정정당당하다고 주장할 수 있었는데, 지금은 전쟁을 위한 정당성이 상당히 결여돼 있다'는 주장일 것입니다.

그렇다고 당시의 일본이 '일본의 주장을 국제사회가 인정하지 않으면 국제연맹을 탈퇴하겠다'고 극단적으로 생각한 것은 아니었습니다. 군부를 두려워해서 겉으로는 강경책을 주장하기도 했습니다. 예를 들면 1932년 6월 14일 중의원 본회의에서 당시 2대 정당이었던 정우회와 민정당이 만주국 승인 결의를 만장일치로 가결한 일이 있습니다. 이 무렵 리턴 조사단에서는 만주 문제에 대해 열심히 보고서를 작성하는 중이었습니다(공표는 그해 10월에 함). 국제연맹이 파견한 조사단이 뻔히 보고서를 작성 중인데도 일본이 미리 만주국 승인을 결의했다는 것은 상당히 부적절한 행동입니다. 그만큼 일본 의회가 강경책을 지지했다는 뜻으로 해석할 수 있습니다.

하지만 오늘날의 연구를 통해 강경했던 정우회의 속내가 밝혀지고 있습니다. 전후 일본의 평화헌법 제정 당시 제9조의 문구 수정을 실시한 것으로 유명한 아시다 히토시芦田均라는 외교관 출신 정치가가 있습니다. 그는 당시 정우회 소속이었습니다. 아시다는 정우회의 기관지인 《정우政友》1932년 11월호에 "일본 정부가 9월 15일 만주국을 국가로 승인했다"라는 글을 썼습니다. 사실 만주국은 일본 관동군이 만든 괴뢰국가지만, 아시다는 일본의 만주국 승인이 당연하다고 말했습니다. 그리고 "국제연맹 조사단이 일본의 주장을 무시하고 만주국을 승인할수 없다는 보고서를 낸 상황에서 일본이 그 보고서를 인정하지 않는다고 해도 국제연맹의 규약을 위반한 것은 아니다"라고 말했습니다. 외교관인 아시다는 국제연맹 규약을 잘 알고 있었습니다. 그래서 일본은 국제연맹을 탈퇴할 것이라고 떠들 필요 없이(가장 강경한 이들은 일본의 국제연맹 탈퇴를 부르짖고 있었음), 단지 '권고에 응하지 않는' 태도를 취하기만 해도 된다고 주장한 것입니다. 요시노가 한탄한 것처럼 당시 일본에서는 강경론이 힘을 얻고 있었 습니다. 하지만 아시다 히토시는 기고문을 통해 만주국 승인은 몰 라도, 국제연맹 탈퇴에는 반대했습니 다. 겉으로 강경책을 주장하는 정당도 사실 속 으로는 수위를 조절하고 있었던 셈입니다.

'초토 외교' 발언의 진의는?

우치다 야스야

일본의 국제연맹 탈퇴는 우치다 야스야內田康哉 외 상 때 이루어졌습니다. 우치다는 '초토焦土 외교'라는 발언으로 유명합 니다. 1932년 8월 25일, 무슨 생각이었는지 우치다 외상은 만주국 승 인과 관련해서 중의원에서 답변하기를, '나라를 초토화하는 한이 있어 도' 만주 문제의 양보는 없다고 강조했습니다. 단어로만 본다면 굉장 히 극단적인 발언입니다. 하지만 도쿄대학 국제관계론 전공 사카이 데 쓰야酒井哲哉 교수와 가쿠슈인대학의 이노우에 도시카즈井上壽一 교수 의 연구에 따르면, 당시에 우치다는 만주국 문제로 일본이 강하게 나 오면 국민정부의 대일유화파가 일본과의 직접 협상에 나올 것이라고 생각했습니다.

'유화'는 적대시하지 않고 협조한다는 의미인데, 이런 생각을 가진 사람 중에는 중국의 지도자 장제스도 있었습니다. 장제스는 국제연맹 이 실질적으로는 아무것도 할 수 없다는 것을 알았고, 그래서 일본과 결정적으로 대립하기 전에 먼저 국내의 중국공산당을 쓰러뜨려야 한 다고 생각했습니다. 실제로 1932년 6월 중순 중국 정부는 비밀회의를 열고 우선 국내의 공산당을 타도하고, 그 후 일본에 대응한다는 방침을 결정했습니다. 또한 장제스는 일부러 주일 공사를 불러서 '일본과 제휴한다'며 양국의 화해를 조금씩 진행해 나가기로 했다고 전했습니다. 그리고 7월에는 공산당을 포위·섬멸하기 위한 네 번째 싸움을 시작했습니다. 이것을 보면 우치다 야스야 외상의 정책이 중국 정부의 유화책을 계산에 넣은 것임을 알 수 있습니다. 즉 우치다는 전쟁을 각오하고 그런 말을 한 것이 아니라, 강하게 나가면 중국이 더 양보할 거라고 생각한 것입니다. 그래서 1933년 1월 19일 우치다는 자신만만한 태도로 쇼와(히로히토) 천황에게 "국제연맹 문제는 이제 괜찮습니다. 이제 큰 고비를 넘겼습니다. 굳이 국제연맹을 탈퇴하지 않아도 될 것 같습니다"라고 보고까지 했습니다.

마쓰오카 요스케 전권의 한탄

하지만 그러한 우치다 야스야의 보고에 대해 크게 불안을 느낀 사람이 있었습니다. 바로 마키노 노부아키 내대신(內大臣)입니다. 내대신은 천황 옆에서 정치 문제를 포함한 천황의 직무 전반을 보좌하는 직책입니다. 마키노는 일기에 "황송하게도 천황께서는 전혀 납득하신 것처럼 보이지 않았다"라고 적었습니다. 우치다의 주장에 쇼와 천황이 전혀 납득하지 않았다는 뜻입니다. 쇼와 천황은 강경한 자세로 중국을 협상 테이블로 끌어내고자 하는 우치다의 방식에 강한 불안과 불만을 느꼈습니다.

우치다의 방식에 불안을 느낀 것은 천황과 마키노뿐이 아니었습니다. 파리강화회의에서 마키노와 함께 일본의 정당성을 세계에 알리고자 했던 마쓰오카 요스케도 불안감을 느꼈습니다. 국제연맹에서 리턴 보고서가 심의되는 시기에 마쓰오카는 일본의 전권이었습니다. 마쓰오카는 우치다가 이제 슬슬 강경책을 거두기를 원했습니다. 그래야만 일본이 국제연맹에 머무르도록 영국 등과 타협할 수 있었기 때문입니다.* 1933년 1월 말 마쓰오카가 우치다에게 보낸 전보가 남아 있습니다. 그것을 읽어보겠습니다.

말씀드릴 필요도 없이 만사는 8할 정도에서 참는 게 좋습니다. 약간의 걸림돌도 남기지 않고, 말끔히 연맹으로 하여금 손을 떼게 하는 것은 기대할 수 없습니다. 그 점에 대해서는 우리 정부도 처음부터 알았을 것입니다. 일본인의 공통된 폐해는 결벽에 있습니다. (…) 한 가지 문제 때문에 나중에 탈퇴라도 하게 되면 큰일입니다. 유감스럽지만 그렇게 하지 않는 것이 좋습니다. 국가의 전도를 생각해 이번 기회에 솔직하게 의견을 말씀드립니다.

* 참고로 일본은 국제연맹 창설에 참가한 주요 강대국으로, 국제연맹의 상임이사국이기도 했다.

이 전보를 읽고 어떤 생각이 드십니까? 저는 보통 학생들에게 마쓰오카가 그렇게 엄격한 사람은 아니라고 가르칩니다. 당시 일본은 국제연맹을 탈퇴할지, 말지의 중대한 기로에 놓여 있었습니다. 그러한 상황에서 이런 편지를 외상에게 보낸 것은 훌륭하다고 생각합니다.

마쓰오카는 우치다에게 타협할 것을 권고했습니다. 여기서 타협은 영국이 일본에 제안한 두 개의 유화책으로, 하나는 국제연맹 화해위원회의 심의에서 미국과 소련 등까지 포함해 그들의 의견을 들어보는 것이고, 다른 하나는 중국과 일본 두 나라도 당사자로서 화해위원회에 참석하는 것이었습니다. 이는 1932년 12월 영국의 외무장관인 존 사이먼이 제안한 것입니다.

그러나 우치다는 이를 단호히 거절했습니다. 미국과 소련이 가세하면 일본이 한층 더 불리해질 것을 염려했기 때문입니다. 하지만 이는 우치다의 오판이었습니다. 당시 미국은 불황 때문에 다른 나라에 신경 쓸 여유가 없었습니다. 게다가 1932년 11월 미국에서는 민주당의 프랭클린 루스벨트가 대통령에 재선됐는데, 그때 일본에 엄격한 태도를 보이던 헨리 스팀슨 국무장관이 코델 헐 국무장관으로 교체됐습니다. 그리고 미국은 국내 문제에 집중하며 고립주의를 견지했습니다. 국제 문제는 미국과 관계없다는 것입니다. 소련도 마찬가지였습니다. 소련은 1931년 12월 일본에 불가침조약 체결을 제의했습니다. 내부적으로 소련은 국내 개혁을 추진하고 있었고 그 와중에 실시된 농업집단화로 엄청난 수의 아사자가 발생하는 상황이었습니다. 따라서 일본과의 전쟁을 준비할 여유가 없었습니다.

　마쓰오카만 타협하라고 이야기한 것이 아니었습니다. 예를 들면 국제연맹 회의를 위해 육군에서 파견된 다테카와 요시쓰구 역시 육군대신에게 보낸 1932년 12월 15일 자 비밀 전보에서 "이번 기회에 대범하게 그들의 가입에 동의하시는 것이 어떨까 생각합니다"라고 했습니다. 여기서 말하는 '그들의 가입'은 국제연맹 화해위원회에 미국과 소련이 가입하는 것을 말합니다. 육군의 유력한 인사마저 타협을 권유했다는 것은 주목할 만합니다.

국제연맹, 국가 모두의 적!

비록 강하게 나가긴 했지만, 우치다도 내심 중국의 타협 요청을 기다렸습니다. 그러나 우치다의 계획을 완전히 무너뜨리는 큰 사건이 일어났습니다. 이것은 우치다에게도, 사이토 마코토齋藤實*를 총리로 하는 내각에도 큰 충격이었습니다. 현재까지 알려진 많은 사료를 토대로 사이토 총리와 쇼와 천황의 반응을 살펴보겠습니다.

　우치다의 계획을 망친 것은 쇼와 전전기에 항상 말썽을 일으켰던

---

* 　일본의 해군 군인이자 관료, 정치가. 3·1운동 직후 조선 총독으로 부임해 '문화통치'를 시행한 것으로 유명하다.

문제아, 바로 육군이었습니다. 1933년 2월 육군은 만주국의 남쪽, 만리 장성의 북쪽에 있는 중국의 러허성熱河省을 침공했습니다. 사실 작전은 현지군의 독단이나 폭주가 아니었습니다. 각의를 거쳐 결정된 작전을 천황 자신이 1개월 전에 재가裁可한 것이었습니다.

당시에 육군은 만주국을 독립시키고(건국 선언은 1932년 3월 1일에 했음) 국가로서 구색을 갖추게 했습니다. 그런데 육군은 패주한 장쉐량의 군 대가 만주의 일부인 러허성으로 들어가 여전히 저항하고 있다면서, 장 쉐량의 군대를 몰아낸다는 이유로 군대를 움직였습니다. 명목상으로 는 새로 건국한 만주국을 위해서 일본군이 장쉐량의 군대를 소탕해준 다는 것이었습니다.

물론 잘 생각해보면 이상한 이야기입니다. 만주국에도 군대가 있는 데 왜 직접 일본군이 움직였을까요? 일본은 만주국을 국가로 승인하 면서 1932년 9월 15일 조약을 체결했습니다. '일만의정서日滿議定書'가 그것입니다. 일만의정서는 일본과 만주국 쌍방은 한쪽의 영토·치안 에 대한 위협을 다른 한쪽에 대한 안녕·존립의 위협으로 간주하고, 공 동으로 방위에 임한다고 규정했습니다. 또 "필요한 일본군은 만주국 내에 주둔하는 것으로 한다"라는 규정도 두었습니다. 따라서 일본군 의 개입은 조약상으로는 아무런 문제가 없었습니다. 하지만 이런 엉터 리 조문을 강요한 것 자체가 만주국이 일본의 괴뢰국가임을 잘 보여 줍니다.

그래서 일본 육군은 러허성 침공을 '만주국의 치안 유지를 위해 만주국의 일부인 러허 지방으로 군대를 움직일 뿐이다'라고 이해했습니다. 아마 천황도 그런 설명을 듣고 대수롭잖게 생각했을 것입니다. 다만, 수재로 소문난 해군 출신의 사이토 총리만이 육군이 말도 안 되는 일을 저질렀을지 모른다고 생각했습니다.

조금 세세하게 살펴보겠습니다. 1931년 9월 일본 육군은 만주사변을 일으켰습니다. 그리고 1932년 1월에는 해군이 상하이사변*을 일으켜 중국군과 전투를 개시했습니다. 중국은 만주사변 당시에는 국제연맹 규약 제11조에 따라 일본을 제소했습니다. 그런데 상하이사변이 일어나자 이번에는 국제연맹 규약 제15조 위반으로 일본을 제소했습니다. 제11조보다 강도 높은 것이 제15조에 따른 제소입니다.

제11조는 "전쟁 또는 전쟁의 위협이 될 것 같은 사변이 발생했을 때는 국제연맹 이사회를 연다"라는 것으로, 문제 해결을 위해 단지 이사회를 연다는 것입니다. 그러나 제15조는 "국교 단절의 우려가 있는 분쟁이 발생했을 때는"이라고 하여 한 단계 위의 심각한 사태에 대응하기 위한 조항이었습니다. 제15조는 또 한 단계 위의 제16조로 이어집니다. 제16조는 "제15조에 의한 약속을 무시하고 전쟁에 호소한 연맹국은 마땅히 다른 모든 연맹국에 대해 전쟁 행위를 한 것으로 간주한다"라는 무서운 규정이었습니다. 즉 국제연맹은 분쟁 해결을 위해 열

---

* 일본 해군은 모략을 세워 중국인과 일본인의 충돌을 유발하고, 이를 구실로 군대를 투입했다. 이에 따라 양 국민의 충돌이 중국군과 일본군의 전투로 확대됐다. 육군의 만주사변과 유사한 침략 행위였다.

심히 노력하고 있는데, 새롭게 전쟁을 일으키는 나라가 있다면 국제연맹 소속 국가 모두의 적으로 간주한다는 것입니다.

〈국제연맹 규약 제16조〉
제15조에 의한 약속을 무시하고 전쟁에 호소한
연맹국은 마땅히 다른 모든 연맹국에 대해
전쟁 행위를 한 것으로 간주한다.

사이토 총리는 사태의 심각성을 점차 깨닫게 됐습니다. 육군은 러허작전(일본 육군의 러허성 침공)이 만주사변의 연속에 지나지 않는다고 생각했지만, 사실은 그렇지 않았습니다. 왜 그런지 아십니까?

── …? 국제연맹 규약에 관련된 것인가요?

그렇습니다. 당시 국제연맹의 조치와 육군이 실행한 러허작전과의 관계입니다.

── 국제연맹은 만주국을 인정하지 않고 중국의 영토라고 했습니다. 그러므로 일본이 아무리 만주국 내에서 군대를 움직인다 해도, 국제연맹으로서는 그것이 중국에 대한 침략이겠네요.

그렇습니다. 1933년 2월, 국제연맹은 중재안을 제시하며 일본에 마지막 타협을 촉구하고 있었습니다. 그런데도 일본군이 어엿한 중국 영토인 러허 지역을 침공한다면, 이는 국제연맹 규약 제16조 "제15조에 의한 약속을 무시하고 전쟁에 호소한 연맹국은 마땅히 다른 모든 연맹국에 대해 전쟁 행위를 한 것으로 간주한다"에 해당합니다. 국제연맹이 분쟁 해결을 위해 노력하는 와중에 새로운 전쟁을 시작했기 때문입니다. 그렇게 되면 일본은 국제연맹 소속 국가 모두의 적이 되고 맙니다. 그러면 국제연맹 규약 제16조가 정하는 통상·금융상의 경제 제재를 받게 되고, 국제연맹에서도 제명됩니다. 대단히 불명예스러운 사태인 셈입니다. 어쨌든 사이토는 그렇게 생각하고 위기감을 느꼈습니다.

1933년 2월 8일 사이토 총리는 급히 천황을 방문해 러허작전을 승인한 각의의 결정을 취소하고, 천황의 재가도 취소해줄 것을 부탁했습니다. 천황의 말은 천황의 시종무관장侍從武官長*이었던 나라 다케지奈良武次의 일기에 다음과 같이 적혀 있습니다.

오늘 사이토 총리가 말한 바에 따르면 러허 공격은 국제연맹의 관계상 실행하기 어렵다고 한다. 그렇다면 내각으로서는 동의하지 않을 것이다. 오늘 각의를 열어서 상담할 예정이다. 지난번에 참모총장이 러허 공략은 불가피한 일이라고 해서 승인했지만, 이것을 취소하고 싶다.

천황은 시종무관장에게 앞서 참모총장에게 허가한 러허작전을 중지하고 싶다고 말한 것입니다. 이때 사이토 총리와 천황의 의도대로 일이 진행됐다면 일본의 역사는 다른 길로 흘러갔을지도 모릅니다. 그

* 천황의 옆에서 군사에 대한 일을 보좌하는 사람.

러나 시종무관장 나라와 원로 사이온지 긴모치의 생각은 조금 소극적이었습니다. 이들은 혹시나 천황이 한 번 내린 결정을 철회한다면 그 권위가 결정적으로 손상될 것이라고 생각했습니다. 나아가 이들은 육군 등의 세력이 천황에게 공공연히 반항할 것을 우려했습니다. 그래서 나라와 사이온지는 천황에게 사이토 총리의 요청을 들어주지 말라고 조언했습니다.

천황은 깊은 고민에 빠졌습니다. 2월 11일 자 나라의 일기에는 "심기, 아주 좋지 않다"라고 적혀 있습니다. 그리고 천황은 시종무관장에게 "통수 최고 명령으로 이것(러허 공격)을 중지시키지 않으면 안 된다며 약간 흥분하신 상태로" 재차 물어보았다고 합니다. 어쨌든 천황은 흥분하면서 러허작전을 멈추려고 했던 것입니다.

결국 사이토 총리의 의도는 쿠데타를 두려워하는 원로와 천황의 측근에 의해 막혔습니다. 할 수 없이 사이토 총리는 2월 20일 각의에서 중대한 결정을 내립니다. 일본이 러허작전을 실행한 후에 그대로 국제연맹에 남아 있으면 경제 제재를 받을 우려가 있고, 국제연맹으로부터 제명당할 수도 있기 때문에 일본에 대한 권고안이 국제연맹 총회에서 채택된다면 일본 스스로 국제연맹을 탈퇴하기로 결정한 것입니다. 이 결정이 이루어지고 이틀 뒤, 일본군은 러허를 침공했습니다. 마쓰오카가 국제연맹 총회 회의장에서 퇴장한 것은 다시 이틀이 지난 2월 24일입니다. 그리고 3월 27일 일본은 국제연맹에서 탈퇴한다는 조서를 공표했습니다.

지금까지의 설명이 이해되십니까? 원래 우치다 외상은 강경한 태도를 취하면서 상대가 협상 테이블로 나오기를 기다렸습니다. 그리고 일본이 국제연맹을 탈퇴할 필요는 없다고 생각했습니다. 그러나 그다지 영향을 미치지 않을 거라고 여긴 러허작전이 일본과 국제연맹의 관계를 결정적으로 망쳐놓았습니다. 일본 육군은 만주 지역의 치안 활동일 뿐이라고 생각했는데, 국제연맹은 러허작전을 새로운 전쟁이라고 판단했습니다. 일이 커지자 천황도, 총리도 당황했지만, 결국 일본은 국제연맹으로부터의 제명과 경제 제재를 피하기 위해 스스로 국제연맹에서 탈퇴했습니다. 일련의 사건이 연쇄반응을 일으킨 셈입니다.

전쟁의
시대로

육군의 슬로건에 매료된 국민

드디어 중일전쟁 이야기로 들어갑니다. 만주사변은 1931년에 발발했고, 중일전쟁은 1937년에 시작됐습니다. 이 6년 사이에 무슨 일이 일어난 것일까요? 그 큰 흐름을 살펴봅시다. 먼저 주의 깊게 생각해야 할 것이 있습니다. 그것은 당시 사회가 군부를 어떻게 보았는가, 하는 것입니다. 사실 입헌제를 채택한 국가에서는 군대의 정치 개입을 금합니다. 특히 물리적인 힘으로 정치에 개입하는 것은 부당한 것, 옳지 않은 것으로 간주됩니다.

그런데 여기서 문제가 생깁니다. 원래 정치에 관여해서는 안 되는 집단이 많은 사람이 요구하지만 좀처럼 실현되지 않는 정책, 그러니까 정치권에서는 좀처럼 제시하지 않는 정책을 실현하려고 한다면 어떨까요? 그런 일이 만주사변에서 중일전쟁 사이의 6년 동안 벌어졌습니다.

1930년 당시 일본에서 농사에 종사하는 사람은 46.8퍼센트였습니다. 국민의 약 절반이 농민인 셈이었지요. 일본에서는 1928년부터 보통선거권에 의한 선거가 세 번 있었습니다. 정당내각하에서 25세 이상 남자가 모두 선거권을 행사하는 보통선거가 세 차례나 있었던 것입니다. 그러나 농민이 바라는 정책은 여간해서 실현되지 않았습니다. 예를 들어 소작인의 권리를 보장하는 소작법 같은 법률은 모든 농민의 바람이었지만 제국의회를 통과하지 못했습니다.

게다가 1929년에 시작된 세계대공황이 일본에도 영향을 미쳐 농촌을 덮쳤습니다. 하지만 정우회도, 민정당도 농민의 부채에는 냉담했습니다. 예를 들어 생사를 만들어내는 누에는 뽕잎을 먹는데 뽕밭이 해충 피해를 입었다고 합시다. 이때 저금리로 돈을 빌릴 수 있으면 농가는 타격에서 회복할 수 있습니다. 그러나 고리대금이라면 파산할 것입니다. 그런데 농민에게 저리로 돈을 빌려주는 금융기관을 만들라는 요구는 정우회, 민정당 등 기존 정당에서 외면을 받았습니다.

바로 이때 '농산어촌農山漁村의 피폐 구제는 가장 중요한 정책'이라고 단언한 집단이 등장했습니다. 바로 군부였지요. '농산어촌의 피폐 구제는 가장 중요한 정책'이라는 슬로건은 육군의 통제파가 1934년 10월에 발행한 〈국방의 본의와 그 강화의 제창〉이라는 팸플릿에 실린 말입니다.

농촌은 장병의 가장 중요한 공급원이었습니다. 당시에는 '징집유예' 제도가 있어서 국공립 중등학교와 고등학교, 대학 등에 다니는 사람은 징병검사를 받아도 실제로는 군대에 가지 않는 구조였습니다. 또한 대기업, 중화학공업 공장에서 일하는 숙련 노동자도 군대에 가지 않았습니다. 그렇게 되면 징병 대상자는 주로 상급 학교에 진학할 수 없는 계층, 특히 도시가 아닌 농촌에 사는 사람들이 되기 마련입니다.

그러니까 농촌의 위기는 국가의 위기가 될 수 있었습니다. 군부에서는 이를 심각하게 받아들였습니다. 당시 일본 육군에는, 앞에서도 언급했듯이 황도파와 통제파가 있었는데, 황도파에는 야전에 근무하는 장교가 많았습니다. 그들은 농민 출신 병사와 함께 생활했습니다. 반면 통제파에는 육군사관학교나 육군대학교를 졸업하고 육군성이나 참모본부처럼 육군 중앙부의 중견 간부로 일하는 사람이 많았습니다.

참고로 육군 팸플릿은 통제파 군인 나가타 데쓰잔이 육군성 군무국장으로 있을 때 작성한 것으로, 그 내용을 조금 소개하려고 합니다. 꽤나 읽을 만합니다. 이 팸플릿은 전쟁을 '창조의 아버지, 문화의 어머니'라고 소개합니다. 또 국방은 군비 증강뿐 아니라 '국가의 생성과 발전의 기본이 되는 활력'이라고 정의합니다. 그리고 가장 중요한 것으로 국민의 생활을 꼽으면서 '국민 생활의 안정을 도모해야 하고, 그중에서도 근로자의 생활 보장, 농산어촌의 피폐 구제가 가장 중요'하다고 주장합니다. 왠지 오늘날의 선거 슬로건과 비슷합니다.

> "농산어촌의 피폐 구제가 가장 중요한 정책이다."
> – 육군 팸플릿

또한 통제파가 1934년 1월에 작성한 계획서 〈정치적 비상사태 발발에 내처하는 내책 요강〉에도 농민 구제책이 마련돼 있었습니다. 참고로 정우회의 선거 슬로건에는 농민 구제, 국민 보건, 노동 정책 항목이 없었습니다. 반면 육군의 정책은 굉장했습니다. 예를 들면 농민 구제 항목에는 의무교육비의 국고 부담, 비료 판매 국영화, 농산물 가격유지, 경작권 보호 등이 있었습니다. 노동 문제에 관해서는 노동조합법 제정, 적정한 노동쟁의 조정기구 설치 등이 있었습니다. 물론 일본이 전쟁을 시작한다면 이러한 육군의 '아름다운 슬로건'은 그림의 떡이되고 농민과 노동자의 생활은 매우 힘들어질 것입니다. 그런데도 많은 사람은 정치, 사회의 변혁을 위해 육군에 기대를 걸었습니다.

독일의 패전 이유에서

육군 통제파가 국민 생활 보호 등을 적극적으로 주장한 데는 그 나름의 이유가 있었습니다. 가장 큰 이유로는 군부의 미래전 분석과 그 결론을 꼽을 수 있습니다. 육군 팸플릿에는 독일이 어째서 제1차 세계대전에서 패했는지를 분석한 내용이 담겨 있는데요. 무력 면에서 독일은 연합국을 마지막까지 압도했다고 합니다. 그렇다면 왜 졌을까요? 육군 팸플릿은 "열강의 경제봉쇄에 견디지 못하고, 국민은 영양실조에 빠졌으며, 항전을 위한 기력은 쇠약해졌다"라고 설명한 다음, 그 외에 '사상전에 의한 국민의 전의 상실, 혁명 사상의 대두' 등으로 국민이 내부에서 무너졌기 때문이라고 분석했습니다. 육군 팸플릿은 미래전에서 승패를 결정짓는 것은 '국민 조직'이라고 결론지었습니다. 특히 군부는 '취업 인구의 반수를 차지하고 장병의 주요 공급원인 농민을 어떻게 잘 조직할 것인가?'에 승리의 열쇠가 있다고 보았습니다. 그러한 연장선상에서 군부는 국민을 조직하기 위해서는 정당 중심의 의회정치로는 안 된다는 생각했습니다.

이 같은 이유에서 통제파는 육군 팸플릿을 통해 국민 생활 보호를 주장하며 국민의 조직화를 꾀했던 것입니다. 이대로는 안 된다는 위기의식이 반영된 결과입니다. 군부, 특히 육군의 정치 개입은 국민 생활 보호(농촌 진흥도 포함함)와 같은 슬로건에 국한되지 않았습니다. 그들은 외교와 안보 등 국정 전반의 방향을 바꾸려고 했습니다. 그리고 이것은 중국과 일본의 관계에 중대한 영향을 미치게 됩니다.

육군 통제파가 우려한 것은 농촌의 피폐 같은 국내 문제만이 아니었습니다. 외부의 적인 소련의 성장도 커다란 걱정거리였습니다. 만주사변 당시 소련은 아직 농업집단화의 후유증으로 고통받고 있었습니다. 그러나 이후 소련은 중화학공업화를 추진하면서 5개년 계획에 성

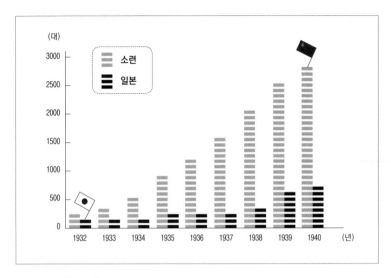

소련과 일본의 병력 차이
소련과 일본의 항공기 수.
출처: 加藤揚子,《滿洲事變から日中戰爭へ》, 岩波書店, 2007, 182쪽.

공헸고, 극동의 군사력도 늘리기 시작했습니다. 1934년경의 일본과 소련의 항공기 수를 비교해봅시다. 육군 팸플릿이 작성된 바로 그해, 일본의 항공기 수는 소련의 3분의 1 이하였습니다. 일본으로서는 참기 힘든 상황이었습니다.

만주국이라는 괴뢰국가를 만들고 북만주까지 만주국의 영토로 편입했지만 육군은 안심할 수 없었습니다. 소련이 다시 일어서고 있었기 때문입니다. 그럼 어떤 대비책이 있었을까요? 육군은 만주국과 소련의 국경 지대에서 소련군을 효율적으로 격퇴하면 된다고 생각했습니다.

그래서 만주국의 서쪽이며 만리장성 이남인 화베이 지역에 주목했습니다. 그곳에 안전한 장소를 만들려는 생각이었습니다. 쉽게 말해서 육군은 엄연한 중국 영토인 화베이 지역을 일본의 영향 아래 둔 다음, 그곳 비행장에 일본군 전투기를 배치하려고 생각했습니다. 화베이 지방은 허베이성河北省, 차하얼성察哈爾省, 산둥성, 산시성山西省, 쑤이위안성綏遠省 지역을 말합니다.*

육군은 화베이 지방을 중국의 국민정부로부터 분리하고자 했습니다. 그래서 일본의 꼭두각시 정권을 세운 다음, 별도의 정치·경제권을 만들려고 했습니다. 이것이 육군이 1935년 무렵에 추진했던 '화베이 분리 공작'입니다. 이것으로 일본은 중국과 결정적으로 대립하게 됐습니다. 중국 정부 내에도 대일유화파가 있었지만, 화베이 지역을 분리하려는 일본 육군을 보고 절망하지 않을 수 없었습니다. 결국 일본은 중국의 국민정부로부터 화베이 지방을 강제로 떼어놓습니다. 앞에서 일본은 안전보장상의 이익을 최우선으로 해서 식민지를 확장했다고 언급했는데요. 화베이 분리 공작 역시 군사적 안전보장을 우선시한 결정이었습니다.

그런데 이와 같은 화베이 지역의 분리는 중일 간 경제 문제에도 큰 영향을 미쳤습니다. 일본이 만주국을 세운 후 만리장성 이남의 중국 본토와 일본 간의 무역이 크게 감소한 것이지요. 원래 중국의 화중 지

* 그 후 개편됐기 때문에 성省의 분포가 오늘날과는 조금 다르다.

만주국과 화베이의 5개 성

화베이 지방은 허베이성, 차하얼성, 산둥성, 산시성, 쑤이위안성의 다섯 성을 가리킨다. 일본 육
군은 화베이 지역을 중국에서 분리해 경제를 독점하려고 했다.

역, 상하이, 항저우 등은 만주, 화베이 지역과의 밀접한 경제 관계 속에서 번영하고 있었습니다. 중국의 유명한 저장浙江 재벌도 상하이, 항저우 등의 풍요로운 지역을 기반으로 했지요. 참고로 군사 지도자였던 장제스를 경제적으로 떠받친 것도 화중의 저장 재벌이었습니다.

그런데 화베이가 일본의 영향력 아래 놓이게 되자 화중의 경제력이 약화됐습니다. 그 여파로 일본의 대중 무역도 크게 감소했습니다. 중국의 주요 수입국 비율을 보면 1929년에는 영국이 9.4퍼센트, 일본이 25.5퍼센트, 미국이 18.2퍼센트였던 것이, 1937년에는 각각 11.7퍼센트, 15.7퍼센트, 19.8퍼센트가 됐습니다. 영국과 미국이 약간 늘어난 것에 반해, 일본만 10퍼센트 가까이 떨어졌습니다. 그렇다면 어느 나라가 이익을 얻었을까요? 바로 독일과 소련이었습니다. 독일과 소련은 제1차 세계대전의 패전국입니다.* 따라서 전승국인 중국의 처지에서 보면, 처음으로 완전하고도 평등한 무역협정을 맺을 수 있는 나라였습니다. 그래서 독일과 소련은 중국의 좋은 무역 상대국으로 떠올랐습니다.

이런 배경을 잘 살펴보면 일본의 대중 무역이 감소한 것은 일본 스스로의 정책이 나빴기 때문입니다. 그러나 일본 정부는 그 같은 배경은 설명하지 않고 '무역이 10퍼센트나 줄었다. 이것은 중국 정부가 일

---

* 소련은 제1차 세계대전의 패전국은 아니었지만, 공산화 이후 서구 국가로부터 거의 패전국과 같은 취급을 받았다.

본 제품을 막고 있기 때문'이라고 선전하며 중국에 압력을 넣었습니다.

암담한 각오

중일전쟁은 우발적인 전투에서 시작됐습니다. '왜 중일전쟁이 확대됐는가?' 이것을 설명하기 위해서는 여러 가지 방법이 있습니다. 우선 중국의 외교 전략부터 알아봅시다.

장제스는 군부의 지도자로서 국민정부를 이끌었습니다. 그는 군사 분야는 직접 챙겼지만 외교 등의 분야에서는 전문 관료뿐 아니라 우수한 재능을 가진 인물을 잘 발탁한 것으로도 유명했습니다. 예를 들면 1938년에 주미 대사가 된 후스胡適가 있습니다. 후스는 베이징대학 교수로서 사회사상 전문가였습니다. 그는 엄청나게 머리가 좋은 사람이었다고 합니다. 후스의 편지는 지금도 많이 남아 있는데, 덕분에 우리는 당시 중국의 외교 전략을 잘 알 수 있습니다. 참고로 후스는 1941년 12월 8일 일본이 진주만 공격을 실행했을 때 주미 대사로 워싱턴에 있었습니다.

중일전쟁이 시작되기 전인 1935년에 후스는 '일본의 할복, 할복을 도와주는 중국'이라는 주장을 전개했습니다. 표현이 재미있습니다. 일본의 할복자살을 중국이 도와준다는 말인데, 원래 할복자살을 할 때는 도와주는 사람이 필요합니다. 당사자가 칼로 자신의 배를 베면, 뒤에서

후스
사진: 마이니치신문사

"일본의 할복,
할복을 도와주는 중국."

도와주는 사람이 그 사람의 목을 베어 떨어뜨립니다. 그럼 이제 당시의 국제 정세에 대한 후스의 견해를 살펴보겠습니다.

우선 후스는 중국이 세계 2대 강국이 될 미국과 소련의 힘을 빌리지 않으면 살아날 수 없다고 보았습니다. 일본이 중국에 횡포를 부릴 수 있는 것은 미국의 해군력 증강과 소련의 제2차 5개년 계획이 충분히 완성되지 않았기 때문이라고 생각했지요. 즉 그는 해군과 육군 둘 다 풍부한 군비를 가진 일본의 기세를 누를 수 있는 것은 미국의 해군력과 소련의 육군력밖에 없다고 판단한 것이지요. 그러므로 미국과 소련의 군비가 완성되기 전에 중국에 결정적 타격을 입히기 위해 일본이 전쟁을 걸어올 것으로 예상했습니다. 즉 미일전쟁이나 소일전쟁이 시작되기 전에 중국과 일본의 전쟁이 시작될 것이라는 말이지요. 오늘날 생각해보면 맞는 관측입니다. 실제로 중일전쟁은 1937년 7월에 시작됩니다. 그리고 태평양전쟁은 1941년 12월에 발발하고, 소련과 일본의 전쟁은 태평양전쟁의 마지막 시기인 1945년 8월에 시작됩니다.

후스는 대략 이렇게 생각했습니다. '지금까지 중국은 미국이나 소련이 일본과의 분쟁, 예를 들어 만주사변이나 화베이 분리 공작 등에 간섭해주기를 원했다. 그렇지만 미국도, 소련도 일본을 적으로 돌리면 피해를 입기 때문에 씨름판 밖에서 중국이 고통스러워하는 것을 보고만 있을 뿐이었다. 그렇다면 미국, 소련이 중국과 일본의 분쟁에 개입하도록 하기 위해서는, 즉 씨름판 안쪽으로 그들을 끌어들이기 위해서는 어떻게 해야 하는가?' 여러분이 그때의 중국인이라면 어떻게 하겠습니까?

―― 미국, 소련이 일본과 싸우게 하기 위한 방법 말인가요?

그렇습니다. 일본을 할복으로 향하게 하기 위한 방책입니다. 일본인인 우리로서는 마음이 무거워지는 질문입니다만.

―― 국제연맹에 좀 더 강한 개입을 요구하고, 여러 가지 방법으로 일본의 가혹함을 알립니다.

음, 장제스가 취한 방법을 더욱 진전시킨다는 것이군요. 그러나 국제연맹은 그다지 힘이 되지 않았고 미국과 소련은 국제연맹 회원국이 아니었습니다. 조금 약한 것 같습니다.

―― 혹시 독일과의 관계를 이용할 수 있지 않을까요?

자세한 것은 뒤에서 이야기하겠지만, 독일은 일시적으로나마 중국을 도와줍니다. 하지만 중국은 독일보다도 미국과 소련에 직접적으로 연결됩니다.

―― 우선 영국을 끌어들인 다음에 영국을 통해서 미국을 끌어들이는 방법이 있습니다.

미국이 영국을 중시했다는 것은 맞습니다. 그러나 영국은 당시 독일과 대립하고 있었으므로 중국에 신경 쓸 여유가 없었습니다. 그럼 이제 후스의 생각을 말해보겠습니다. 상당히 과격한 주장이라서 여러분도 놀랄 것입니다.

후스는 "미국과 소련을 끌어들이기 위해서는 중국이 일본과의 전쟁을 정면으로 버티면서 2~3년간 계속 패배해야 한다"라고 주장했습니다. 후스는 이것을 장제스, 왕자오밍汪兆銘(왕징웨이) 앞에서 단언했습니다. 굉장하지 않습니까? 일본인이라면 각의나 어전회의御前會議*에서 그런 말을 할 수 있을까요? 죽어도 할 수 없었을 것입니다. 어쨌든 그는 일본과의 전쟁을 각오한 사람이었습니다.

중국과 일본의 싸움이 1935년까지는 대규모 전쟁으로까지 번지지 않았습니다. 만주사변, 상하이사변, 러허작전과 같은 전투는 비교적 빨리 종결됐습니다. 특히 만주사변 당시 장제스는 장쉐량에게 일본군의 도발에 말려들지 말라고 지시하면서 군대를 퇴각시켰습니다. 그러나 후스는 앞으로 중국은 절대로 도망쳐서는 안 된다고 말했습니다. 또 막대한 희생을 치르더라도 중국은 전쟁에 응해야 하며, 오히려 중국이 먼저 전쟁을 일으킬 정도의 각오를 해야 한다고 주장했습니다. 일본의 위정자 중에 이렇게 암담한 각오를 말할 수 있는 사람이 있을까요? 구체적으로 그는 이렇게 말했습니다.

중국은 아주 큰 희생을 치를 결심을 해야 한다. 특히 다음의 세 가지를 각오하지 않으면 안 된다. 첫째, 중국 연안의 항만이나 창장강長江(양쯔강) 하

---

* 근대 일본에서 국가의 중대사를 논의하기 위해 천황 참석하에 열렸던 최고회의.

350

류 지역이 전부 점령된다. 이를 위해서 적국은 대규모로 해군을 동원할 것이다. 둘째, 허베이·산둥·차하얼·쑤이위안·산시·허난과 같은 여러 성이 함락돼 점령된다. 이를 위해 적국은 대규모의 육군을 동원할 것이다. 셋째, 창장강이 봉쇄되고 재정이 붕괴되며 톈진과 상하이도 점령된다. 이를 위해 일본은 서구와 직접 충돌하지 않으면 안 된다. 우리가 이처럼 곤란한 상황에서도 절대 뒤를 돌아보지 않고 힘든 싸움을 계속한다면 2~3년 내에 다음의 결과를 기대할 수 있다. (…) 만주에 주둔한 일본군이 서쪽이나 남쪽으로 이동할 것이고, 그러면 소련은 개입할 기회가 왔다고 판단할 것이다. 그리고 세계인이 중국을 동정하게 된다. 미국·영국과 홍콩·필리핀이 절박한 위협을 느끼게 되고, 극동에서의 이익과 거류민을 지키기 위해 미국·영국은 군함을 파견할 수밖에 없게 된다. 그렇게 태평양에서의 해전이 가까이 다가올 것이다.

- 〈세계화하는 전쟁과 중국의 '국제적 해결' 전략〉, 石田憲 編,
《膨脹する帝國, 擴散する帝國-第2次大戰に向かう日英とアジア》,
東京大學出版會, 2007.

물론 이러한 후스의 주장이 그대로 외교 정책이 된 것은 아닙니다. 아마 장제스나 왕자오밍 등으로부터 "자네는 아직 젊어"라는 말을 들은 정도였을 것입니다. 그러나 이렇게 당당한 주장을 한 인물이 후에 주미 대사가 돼 활약합니다. 중국 정부 내에서 행해진 이 같은 논의를 생각하면 감탄이 나올 수밖에 없습니다. '정치'라는 것이 확실히 존재했기 때문입니다. 반면 일본은 달랐습니다. 먼저 군의 과장급 인사가 작전 계획을 수립하고, 이것을 각 부처의 과장급 인사가 회의를 거쳐서 정리합니다. 그리고 이렇게 정리된 안건이 각의에서 실질적인 논의를 거치지 않은 채 결정됩니다. 그리고 어전회의에서는 각의의 결정 사항을 형식적인 문답을 거쳐 확정합니다.

중국은 일본처럼 형식적인 논의가 아니라, 후스와 같은 인물이 '3년은 버텨내라. 그렇게 하지 않으면 미국과 소련이 극동에 개입하지 않는다'는 주장을 할 정도로 각오를 다졌습니다. 후스의 주장은 1935년 당시의 예측입니다. 그럼에도 1945년까지 전개되는 역사의 흐름을 정확하게 꿰뚫고 있었습니다. 그럼 후스의 주장 중 마지막 부분을 보겠습니다.

이상과 같은 상황에 이른 다음에야, 비로소 태평양에서 세계전쟁이 실현되는 것을 촉진할 수 있다. 따라서 우리는 3~4년간은 다른 나라의 참전 없이 혼자서 힘든 싸움을 수행할 각오를 해야 한다. 일본의 무사는 할복을 자살의 한 방법으로 삼는다. 그런데 그것을 실행하기 위해서는 뒤에서 도와주는 사람이 필요하다. 오늘날 일본은 전 민족이 할복의 길을 걷고 있다. 앞의 전략은 '일본의 할복, 할복을 도와주는 중국'이라는 말로 정리할 수 있다.

왕자오밍의 선택

후스는 일본의 전 민족이 자멸의 길을 걷고 있고, 중국이 그것을 도와주는 것이라고 말했습니다. 굉장한 박력입니다. 이번에는 그에 맞먹는 박력을 갖춘, 무척이나 우수한 정치가를 한 사람 소개하려 합니다. 그의 이름은 왕자오밍입니다. 왕자오밍에 내해 일반적으로 알려진 사실은 이렇습니다. '왕자오밍은 국민정부의 2인자였는데, 일본의 모략에 넘어가 장제스를 배신했다. 그리고 1938년 말에 지금의 베트남 하노이로 탈출했다. 그 후 일본의 괴뢰정권을 난징에 만들었고, 결국 그 괴뢰정권의 주석이 돼 난징과 상하이 주변 지역을 다스렸다.'

1935년 당시 왕자오밍은 후스와 논쟁했습니다. "후스가 무슨 말을 하는지는 잘 안다. 하지만 그렇게 일본을 상대로 3~4년에 걸쳐 격렬한 전쟁을 하는 동안 중국은 공산화될 것이다"라고 반론했습니다. 왕자오밍의 우려는 훗날 현실이 됩니다.

1949년에 중화인민공화국이 탄생하기 때문입니다. 이를 예측이라도 하듯 왕자오밍은 후스가 주장하는 '일본의 할복, 할복을 도와주는 중국'의 방법으로는 안 된다고 했습니다. 그는 일본과 전쟁을 하게 되면 국민당은 패배하고, 중국은 중국공산당 천하가 될 것이라고 주장했습

"공산화를 막기 위해 일본과 타협해야 한다."

왕자오밍
사진: 교도통신사

니다. 그래서 왕자오밍은 일본과의 타협을 선택했습니다. 이것은 어쨌든 중국의 공산화를 막기 위한 왕자오밍의 궁극적인 선택이었습니다.

왕자오밍의 부인은 상당한 호걸로 왕자오밍이 중국의 적, 매국노라고 비판받을 때 "장제스는 미국·영국을 선택했고, 마오쩌둥毛澤東은 소련을 선택했다. 그리고 내 남편인 왕자오밍은 일본을 선택했다. 거기에 무슨 차이가 있는가?"라고 반론했다고 합니다.

항전을 불사하는 사람이 있었기에 일본과의 전쟁은 흐지부지하게 끝나지 않았습니다. 일본은 1938년 10월까지 우한을 함락하고 충칭을 폭격했으며 해안을 봉쇄했습니다. 보통 이 정도가 되면 대부분의 나라는 항복하기 마련입니다. 그러나 중국은 전쟁을 계속했습니다. 그리고 새로운 전쟁으로 나아갔습니다.

5 태평양전쟁

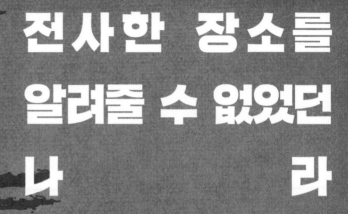

전사한 장소를
알려줄 수 없었던
나 　　　　 라

태평양전쟁에 대한
여러 가지
시각

'역사는 만들어졌다'는 생각

태평양전쟁은 1941년 12월 8일 미국과 영국에 대한 일본의 기습공격으로 시작된 전쟁입니다. 태평양전쟁이라고 하니까 모두 여러 가지를 듣고 싶어 하는 것 같군요. 우선 이 전쟁에 대한 여러분의 의문점이 무엇인지 묻고 싶습니다.

—— 일본과 미국 사이에는 압도적인 전력 차이가 있었다고 하는데, 어떻게 일본은 전쟁을 결정할 수 있었습니까? 그리고 전쟁 이전부터 일본이 미국에 뒤처져 있었다는 것을 얼마나 많은 사람이 알고 있었는지도 궁금합니다.

—— 앞에서 언급한 중국의 후스는 굉장한 것 같습니다. 그렇다면 일

본은 전쟁을 어떤 식으로 끝내려고 생각했습니까? 만주나 동남아시아 등 자원이 있는 지역을 빼앗아서 경제만 회복하면 그만이라고 생각했는지, 아니면 독일·이탈리아와 함께 세계의 패권을 잡을 때까지 싸우려고 했는지 궁금합니다. 일본의 최종 목적을 알고 싶습니다.

모두 이제까지의 이야기를 잘 듣고 질문했군요. 좋습니다. 지금 나온 두 가지 질문은 대부분 한 번쯤은 가졌던 의문일 것입니다. 첫 번째 질문부터 살펴보지요. 잠깐, 그전에 태평양전쟁 시작 당시 사람들이 느꼈던 감상과 감회를 몇 가지 소개하겠습니다.

개전 첫 소식은 대본영육해군부大本營陸海軍部(육군과 해군이 전시에 협의를 수행하기 위한 기관)가 오전 여섯 시에 발표했고, 이것을 라디오에서 임시 뉴스로 보도했습니다. 그때 발표된 "제국 육해군은 오늘 8일 미명, 서태평양에서 미국·영국군과 전투 상태에 들어갔다"라는 문장은 지금도 유명합니다.

전쟁이 시작됐다는 소식을 듣고 보통 사람이 어떻게 반응했는지에 대해서는 기록이 거의 남아 있지 않습니다. 1945년경, 즉 패전에 가까워졌을 때의 일기는 꽤 남아 있지만 말입니다. 땀 흘리며 일하는 보통 사람은 일상의 삶 외에는 좀처럼 신경을 쓰기가 어렵습니다. 충분히 이해가 가긴 합니다. 그래서 우선 직업적인 작가, 지식인의 반응을 보겠습니다. 난바라 시게루南原繁라는 학자가 있습니다. 이 사람은 패전 후 도쿄대학 총장이 된 정치학자인데, 개전 당일 다음과 같은 단가短歌를 읊었습니다.

인간의 상식을 넘고 학식을 넘어서 벌어진, 일본 세계와 싸우다.

우선 단락을 나누면 '인간의 상식을 넘고 학식을 넘어서 벌어졌다. 일본, 세계와 싸우다'가 됩니다. 해석하면 '인간의 상식을 넘어서, 학문적인 판단도 넘어서, 전쟁은 벌어졌다. 일본은 세계를 적으로 돌렸다'라는 탄식입니다. 최고의 학부에서 플라톤이나 아리스토텔레스 시대의 정치철학을 강의하던 난바라와 같은 사람에게는 미국·영국을 상대로 일본이 전쟁을 한다는 것은 놀라움, 그 자체였습니다. 학식, 즉 학문적 견지에서 본다면 미국과 일본의 국력 차이는 당시에도 잘 알려져 있었습니다. 예를 들어 개전 당시 미국의 국민총생산은 일본의 열두 배에 가까웠습니다. 또 중화학공업과 군수산업의 기초가 되는 철강은 일본의 열두 배, 자동차 보유 대수는 160배, 석유는 776배나 됐습니다. 이 같은 수치는 메이지대학의 야마다 아키라山田朗 교수가 쓴《군비 확장의 근대사》*라는 책에도 나옵니다.

일본은 미국과 일본의 절대적인 격차를 국민에게 숨기려 하지 않았습니다. 오히려 물질적 차이를 극복하는 것이 야마토 정신大和魂이라고 하면서 국력 차이를 강조하기까지 했습니다. 국민을 하나로 결집시키기 위해서는 위기를 강조하는 것이 효율적입니다. 그러므로

* 《軍備擴張の近代史》, 吉川弘文館. 한국어판으로도 출간됐다. 야마다 아키라, 윤현명 옮김,《일본, 군비 확장의 역사》, 어문학사, 2014.

'절대적인 국력 차이를 자각하는 것'과 '국력 차이가 있는 전쟁에 절대적으로 반대하는 것'은 나누어서 생각해야 합니다. 적어도 난바라 같은 지식인은 국력 차이를 자각하고 강대한 미국과 싸우는 것을 비정상이라고 인식했습니다.

자, 그렇다면 절대적인 국력 차이를 이해하면서도 개전을 적극적으로 지지하는 층이 있었다는 말이 됩니다. 그렇지 않으면 정부 당국이 국력 차이를 굳이 강조하지 않았을 테지요. 압도적인 국력 차이가 있어도 일본이 개전을 결단할 수 있었던 배경에는 이들의 지지가 있었기 때문입니다. 그런 맥락에서 소개하고 싶은 인물이 있습니다. 바로 다케우치 요시미竹內好입니다. 들어본 적이 있습니까?

──── 중문학자 아닌가요?

그렇습니다. 참고로 여성이 아니라 남성입니다. 다케우치 요시미는 만주사변이 일어난 해인 1931년 당시 도쿄제국대학 문학부 중문학 전공 학생이었습니다. 1937년부터 2년간 베이징에서 유학도 했습니다. 고국이 자신이 연구하는 나라와 전쟁을 한다는 것은 참 힘든 일입니다. 그러나 다케우치는 그렇지 않았던 것 같습니다. 그는 태평양전쟁 소식을 듣고, 어떤 의미에서는 감동하기까지 했습니다. 즉 이 전쟁이 중국만을 상대로 한 것이 아니라, 강력한 미국·영국을 주적으로 한다는 점에 의의가 있다고 여긴 것입니다. 그렇지만 일본이 미국·영국을 상대로 선전포고를 한 후 장제스가 이끄는 중국도 일본에 선전포고를 했으므로 중국 역시 일본의 주된 상대이긴 했습니다.* 개전 8일 후 다케우치는 자신이 주재하는 잡지에 〈대동아전쟁과 우리의 결의〉를 기고했습니다. 그 글이 남아 있습니다.

> 역사는 만들어졌다. 세계는 하룻밤 사이에 변모했다. 우리는 눈앞에서 그것을 보았다. 감동에 몸을 떨면서 무지개처럼 흐르는 한 줄기 빛의 행방을 지켜보았다. (…) 12월 8일 선전宣戰 조서가 내려진 날, 일본 국민의 결의는 하나로 불타올랐다. 상쾌한 기분이었다. (…) 솔직하게 말하면 우리는 지나사변(중일전쟁) 앞에서 하나가 되기 어려운 감정이었다. 의혹이 우리를 괴롭혔다. (…) **우리 일본이 동아 건설의 미명에 숨어서 약자를 괴롭히는 것은 아닌가 하고 지금껏 의심해왔다.** (…) 이 장엄한 세계사의 변혁 앞에서 생각해보면 지나사변은 하나의 희생으로서 견딜 수 있는 일이었다. (…) 대동아전쟁(태평양전쟁)은 훌륭하게 지나사변을 완수했고, 그 의의를 세계에 부활시켰다. 지금 대동아전쟁을 완수하는 것은 우리다.
>
> —《중국문학》80호, 1942년 1월 1일

어떤가요? 굉장하지 않습니까? 개전과 함께 '역사가 만들어졌다'는 감성 말입니다. 현대의 우리는 수렁에 빠진 중일전쟁이 더 나쁘게 태

---

* 그전까지, 즉 중일전쟁 중에 중국과 일본은 서로 선전포고를 하지 않았다. 당시 미국은 중립법에 의거해 교전국에 전쟁 물자를 수출하지 않았다. 따라서 중국과 일본 양국은 정식으로 선전포고를 해서 교전국이 될 경우 미국과의 무역이 제한되는 것을 두려워했다. 두 나라 다 전쟁 물자의 상당 부분을 미국에서 수입했기 때문이다.

평양전쟁으로 확대됐다고 생각하는데, 그것과는 인식이 완전히 다릅니다.

당시의 중국통 다케우치는 중일전쟁은 내키지 않는 전쟁이었지만, 태평양전쟁은 강대국인 미국·영국을 상대로 한 것이기 때문에 약자를 괴롭히는 전쟁이 아니라 밝은 전쟁이라는 감회를 말했습니다. 다케우치의 글에는 전쟁을 '상쾌한 기분'으로 받아들였다는 표현이 나옵니다. 이런 표현은 소설가이자 문예평론가였던 이토 세이伊藤整의 일기에도 나옵니다. 그는 개전 다음 날인 12월 9일 일기에 "오늘은 모두 얼굴에 희색이 만연하고 밝다. 어제와는 전혀 다르다"라고 적었습니다. 또 극동의 영국 근거지 싱가포르가 함락된 1942년 2월 15일에는 "이 전쟁은 밝다. (…) 국민이 행복과 불행을 서로 공평하게 나누고 있다. 이런 기분 때문에 지나사변 전보다도 분위기가 확실히 더 밝다. 대동아전쟁 직전의 무겁고 괴로운 기분이 사라졌다. 실로 이 전쟁은 좋다. 밝다"라고 썼습니다. 이토 세이는 태평양전쟁이 중일전쟁과 달리 밝다고 말했습니다.

그렇다면 서민은 이 전쟁을 어떻게 보았을까요? 주오中央대학의 요시미 요시아키吉見義明 교수가 쓴《민초의 파시즘》*에는 서민의 편지나 일기가 등장하는데, 이 책에서 몇 가지를 소개하겠습니다. 야마가타현山形縣 오이즈미촌大泉村의 소작농 아베 다이이치阿部太一는 개전한 날

---

* 吉見義明,《草の根のファシズム》, 東京大學出版會, 1987.

일기에 "드디어 시작된다. 몸이 바싹 긴장되는 것 같다"라고 썼고, 진주만 공격의 전과가 발표된 12월 10일에는 오후부터 농사일을 쉬고 반나절 동안 "신문을 보았다"라고 썼습니다. 화려한 전과에 마음을 빼앗긴 모양입니다.

요코하마 시내 다카시마역高島驛의 역무원 고하세 사부로小長谷三郎는 개전 당일 일기에 "역장에게서 이 소식을 듣는 순간 이미 우리는 어제까지의 나태한 기분에서 벗어났다. 있어야 할 곳에 안착된 것 같은 기분이다"라고 썼습니다. 전쟁이 시작됐다는 말을 듣고 어제까지의 느긋한 기분이 아니라, 안착된 기분이 들었다는 내용입니다. 난바라 시게루만 태평양전쟁을 부정적으로 받아들였을 뿐, 다른 사람들의 반응은 달랐습니다. 지식인 다케우치 요시미, 소설가 이토 세이, 농민 아베 다이이치, 역무원 고하세 사부로 등 모두가 태평양전쟁을 긍정적으로 받아들였습니다.

천황의 우려

자, 지금까지는 첫 번째 질문, 즉 미·일 간의 압도적인 국력 차이에도 일본이 전쟁을 감행한 이유에 대한 부분적인 설명이었습니다. 이제 1939년 9월 유럽에서 제2차 세계대전이 발발하고, 1년 뒤인 1940년 무렵부터 일본과 미국의 대립이 깊어지는 과정, 그 와중에 내려야 했던 수차례의 국책 결정에 대해서 알아볼 차례입니다. 하지만 이 부분은 조금 미루기로 하고, 지금은 일단 두 번째 질문, 일본의 전쟁 종결 계획부터 알아보겠습니다. 미국을 패배시키기 위해 일본은 어떻게 해야 했을까요? 그렇다고 독일을 따라할 수는 없었습니다. 독일은 소련을 정복하기 위해 모스크바 30킬로미터 앞까지 진격했습니다. 하지만 제아무리 무모한 일본 육군이라도 미국의 워싱턴 혹은 영국의 런던까지 공격할 엄두는 못 냈습니다. 게다가 일본은 육지로 이어진 유럽과도 사정이 다릅니다. 그래서 일본은 상대국 국민이 계속 전쟁하는 것을 싫어하게 만들어서 이 전쟁을 끝내려고 생각했습니다. 물론 이것은 냉정한 판단이라기보다는 희망 사항에 불과했습니다.

구체적으로 이 전쟁을 도대체 어떻게 하면 끝낼 수 있는지, 가장 걱정했던 사람은 쇼와 천황이었을 것입니다. 중일전쟁이 발발했을 때 군부는 전쟁은 3개월 이내에 끝난다고 천황 앞에서 호언장담했습니다. 그러나 중일전쟁은 4년이 지나도록 끝나지 않았고, 결국 중국과 전쟁을 하면서 동시에 태평양전쟁을 시작하게 됐습니다. 그 때문에 천황은 새로운 전쟁의 장기화를 우려했습니다. 1941년 9월 5일 천황은 고노에 후미마로 총리, 스기야마 하지메杉山元 참모총장, 나가노 오사미永野修身 군령부 총장 세 명을 앞에 두고 "남방작전은 예정대로 할 수 있다고 보는가?", "상륙작전은 그렇게 쉽게 된다고 보는가?"라고 반복해서 확인했습니다.

천황은 "미국·영국을 상대로 무력전이 가능한가?"라고 물으면서 우려했습니다. 따라서 군은 개전에 소극적인 천황을 설득해야 했습니다. 또 1941년 9월 군은 초조해하고 있었는데, 그 이유는 9월 6일 어전회의에서 결정된 〈제국국책수행요령帝國國策遂行要領〉이라는 문서를 보면 명확히 알 수 있습니다. 어전회의라는 것은, 천황의 면전에서 신하들이 주요 정책을 결정하는 회의입니다. 9월 회의에서, 내각에서는 고노에 총리, 하라 요시미치原嘉道 추밀원 의장, 도조 히데키 육군대신, 도요다 데이지로豊田貞次郎 외무대신, 오구라 마사쓰네小倉正恒 대장대신, 오이카와 고시로及川古志郎 해군대신, 스즈키 데이이치鈴木貞一 기획원 총재가 출석했습니다. 그리고 작전 계획과 군대의 지휘명령을 주관하는 통수부에서는 나가노 군령부 총장, 스기야마 참모총장, 쓰카다 오사무塚田攻 참모차장, 이토 세이이치伊藤整一 군령부 차장이 출석해서 결정된 사항에 서명했습니다.

육군이 이 어전회의를 위해 준비한 문서에는 이렇게 쓰여 있었습니다. "다가올 전쟁은 영·미·난(영국·미국·네덜란드)에 대한 것으로 그 전쟁의 목적은 동아시아, 즉 동아시아에서의 영·미·난의 세력을 구축하고, 제국의 자존자위自存自衛를 확립하며, 더불어 대동아의 신질서를 건설하는 데 있다."

당시 일본의 수뇌부는 다음과 같이 생각했습니다. '일본은 다른 아시아 국가와 군사적·경제적·정치적으로 긴밀한 관계를 수립하려고 했는데, 영국·미국·네덜란드가 일본의 이 계획을 반대한다. 일본이 여기서 후퇴하면 미국의 군사적 지위는 시간이 지남에 따라 유리해지고, 일본의 석유 비축량은 날로 줄어들 것이다. 개전을 1년, 2년 연장해 보았자 역사에서 보듯 우리만 불리해질 뿐이다.'

이때 군부는 역사에서 교훈을 찾습니다. 어느 시대의 역사인지 아십니까? 도요토미 히데요시와 도쿠가와 이에야스德川家康의 시대입니다. 군부는 당시에 벌어졌던 '오사카겨울전투'를 인용했습니다. 나가노 군령부 총장은 9월 6일 어전회의에서 이렇게 말했습니다.

피할 수 있는 전쟁을 반드시 해야 한다는 것이 아닙니다. 오사카겨울전투처럼 평화를 얻고 이듬해 여름에는 꼼짝달싹도 못하는 식이 되면 안 됩니다. 우리도 훗날을 도모해 다시 싸우게 된다면 그처럼 불리한 정세에서 싸워야 합니다. 그런 방책은 황국皇國의 백년대계를 위해 취할 것이 아니라고 생각합니다.

나가노는 전쟁을 꼭 해야 한다는 것은 아니지만, 오사카겨울전투를 상기해야 한다고 말했습니다. 이는 오사카성을 지키던 도요토미 씨가 공격자였던 도쿠가와에게 속았던 사실을 가리킵니다. 치열한 공방전 끝에 양측은 화평을 약속하고 휴전했습니다. 그리고 1614년 12월 20일 도쿠가와 이에야스는 도요토미 측에 '화평이 성립됐으니 오사카성의 군건한 돌담이나 해자는 필요 없지 않은가'라면서 상대를 안심시켰습니다. 그리고 재빨리 해자를 메우게 했습니다. 속임수를 써서 오사카성의 강력한 방어막인 해자를 제거한 것입니다. 이듬해 여름이 되자

도쿠가와 이에야스는 다시 대군을 일으켜 오사카성을 공격해 함락했습니다. 그렇게 도요토미 히데요시 사후 도요토미 가문은 멸망했습니다. 이 이야기는 당시에도 아주 유명한 것이어서 회의 참석자도 쉽게 이해할 수 있었습니다.

나가노는 전쟁을 하지 않은 채 헛되이 시간을 보내면 도요토미 씨처럼 무기력하게 멸망한다면서 성공할 확률 70~80퍼센트인 서전緖戰에 가능성을 걸어야 한다고 주장했습니다. 지금 전쟁을 시작해서 서전에 승리하면 위기를 타개할 가능성이 있기 때문에 그 가능성을 선택하는 것이 낫다는 것입니다. 이러한 이야기를 듣자 천황도 마음이 흔들렸습니다. 즉 미국과의 협상에서 일본이 속는 것은 아닌가 싶어 불안한 마음에 군부의 의견으로 생각이 기울어진 것입니다.*

더욱이 1941년 10월 18일 도조 히데키가 총리가 됐습니다. 그는 〈대미영란장對美英蘭蔣 전쟁 종말 촉진에 관한 복안腹案〉**이라는 문서를 육해군의 과장급 인사들에게 만들도록 명령했습니다. 천황에게 전쟁 종결 계획을 설명하기 위한 자료였습니다. 그런데 이 복안의 내용은 일본이 다른 세력에게 극도로 의지하는 것이었습니다. 대략 '일본은 이

---

* 쇼와(히로히토) 천황이 태평양전쟁 개전 당시 어떤 역할을 했는지는 연구자 사이에서도 의견이 엇갈린다. 천황의 권한 행사는 정치적 상황과 당사자의 의지에 따라 크게 달라질 수 있었다. 하지만 태평양전쟁 개전 결정에 천황의 승인이 반드시 필요했던 것만은 사실이다. 따라서 군부는 미국과의 전쟁 이전에 반드시 천황을 설득해야 했다.

** 미국·영국·네덜란드·중국에 대한 전쟁 문서. 장蔣은 장제스의 중국을 가리킨다.

미 전쟁 중인 독일과 소련 사이를 중재해서 독소 화평을 실현하고, 독일의 전력을 영국과의 싸움에 집중하도록 만든다. 그러면 영국은 독일에 굴복할 것이다. 영국이 굴복하면 미국의 전쟁 의지도 약해질 것이다. 그때 일본은 미국과 협상함으로써 전쟁을 끝낼 수 있다'는 내용이었지요. 모든 것을 독일에 의존하며 희망적인 관측을 몇 겹이나 쌓아 올린 논리였습니다.

> 일본 군부는
> 미국과의 전쟁을 설득하기 위해
> '오사카겨울전투'를 교훈으로 들었다.

1941년 6월 22일에 시작된 독소전을 어떻게 일본의 중재로 멈추게 할 수 있다고 생각했는지, 도저히 이해할 수 없습니다. 당시 일본은 미국·영국·네덜란드·중국 등이 나쁜 이유는 그들이 자유주의를 신봉하는 자본주의 국가로서 유산 계급과 자본가가 노동자와 농민을 착취하기 때문이라고 국민에게 널리 설명했습니다. 그런 관점에서 본다면, 어쩌면 일본은 소련이 사회주의 국가로서 자본주의 국가와 다르고, 특히 계획경제체제를 채택했기 때문에 반자유주의·반자본주의 국가라고 간주했을지도 모릅니다. 그래서 일본이나 독일과 공통점이 있다고 생각했을 수도 있습니다.

그릇된 통계 수치

참모본부 제2과는 육군의 작전 계획을 세우는 부서인데, 이곳에서도 천황을 설득하기 위해 문서를 만들었습니다. 1941년 10월 19일 자 〈대영미란전쟁에서의 초기 및 수년에 걸친 작전적(作戰的) 견지에 대해서〉라는 제목의 문서에는 개전 초에는 통상 파괴전과 항공전으로 상당한 피해가 나올 것으로 예상되지만, 사태는 점차 개선돼 나중에는 '싸우면서 힘을 배양하는 것이 가능'하다는 내용이 담겨 있습니다. 쉽게 말해 물자를 나르는 수송선·해군 함정·전투기를 만드는 생산력과 예상되는 손실률을 계산한 다음, 생산력이 손실률을 상회할 것이기 때문에 전쟁 수행이 가능하다는 것입니다. 그러나 이것은 빗나간 계산이었습니다.

예를 들면 당시 일본이 보유한 수송선 규모는 약 600만 톤이었습니다. 국민의 생활을 떠받치기 위한 민수용 배는 약 300만 톤이었지요. 전시라고 해도 수송선의 절반은 민수(民需)(민간 수요)에 써야 합니다. 그러지 않으면 국민의 생활이 이루어지지 않습니다. 그런데 전쟁이 시작돼 군인과 군수품을 남방으로 나르기 위해서는 민간 선박도 육해군을 위해서 사용해야 합니다. 이것을 '징용'이라고 하는데, 육해군은 개전 후 6개월 동안 민수용 선박을 빌리고 이후에는 돌려줄 것이라고 했습니다. 여기까지 이야기하면 아시겠지요? 막상 전쟁을 시작하면 6개월만 사용하고 돌려줄 수 없습니다. 오히려 배가 모자라게 되니까요.

그렇게 되면 전략물자는 물론이고 식민지 한국에서 가져오는 쌀, 식민지 타이완에서 가져오는 설탕, 중국의 화베이 지역에서 가져오는 소금 등의 생필품도 모자라게 됩니다. 물자가 모자라면 민수와 군수가 서로 경쟁하게 됩니다.

그뿐만이 아닙니다. 잠수함 등에 의해 격침돼 없어지는 배의 비율, 이것을 손실률이라고 하는데, 손실률 계산에도 상당히 문제가 많았습니다. 손실률 계산의 근거로 일본이 사용한 것은 놀랍게도 제1차 세계대전 때 독일 잠수함에 의해 격침된 영국 선박의 손실 데이터였습니다. 참으로 어이없는 일처리입니다. 유럽에서는 1939년에 제2차 세계대전이 시작됐습니다. 그런데 왜 일본은 유럽 전선에서의 데이터를 조사하지 않았을까요? 해군 군령부가 1941년 6월에 작성한 〈현 정세에서 제국 해군이 취해야 할 태도〉에서는 선박의 예상 손실을 전쟁 1년째에는 80만~100만 톤, 2년째에는 60만~80만 톤, 3년째에는 70만 톤으로 예측했습니다. 실제 수치는 어떠했을까요? 비교해보겠습니다. 전쟁 1년째인 1941년 12월부터 1942년 12월까지는 96만 톤, 전쟁 2년째에는 169만 톤, 전쟁 3년째에는 392만 톤이었습니다. 1년째의 수치는 예상이 맞았지만, 시간이 지나면서 손실은 급격히 증가했습니다.

사실 군부는 전쟁을 한다면 되도록 빨리 하려고 했습니다. 그래서 희망적인 관측을 말했습니다. 1941년 11월 5일 전쟁 여부를 최종 결정하기 위한 어전회의가 열렸습니다. 그때 문관 측을 대표해서 하라 요시미치 추밀원 의장이 "남양南洋의 적 함정 때문에 물자 수송에 영향이 생기는 일은 없다고 보아도 좋습니까?"라고 질문하자, 물자 수송 책임 자인 스즈키 데이이치 기획원 총재는 "선박 피해에 대한 수치는 육해 군 공동 연구의 결과이기 때문에 안심해도 좋습니다"라고 확실하게 대답했습니다.

이렇게 군은 되도록 유리하게 대답했습니다. 하지만 그것만으로 일 본군을 거짓말쟁이 집단이라고 간주할 수는 없습니다. 정말로 예상하지 못한 것도 있었기 때문입니다. 즉 일본은 미국의 생산력이 그토록 엄청나게 늘어나리라고는 생각하지 못했습니다.

미국은 총동원체제에 들어간 뒤 엄청난 양의 무기를 생산했습니다. 1939년만 해도 미국은 연간 전투기 2141대를 제조했고, 일본은 그 두 배가 넘는 4467대를 제조했습니다. 그러나 일본의 우위는 순식간에 무너집니다. 1941년에 미국의 제조 능력은 1만 9433대, 일본은 5088대 였습니다. 미국이 일본보다 약 네 배나 더 많이 생산한 것입니다. 그리고 이 비율은 1945년까지 변하지 않았습니다. 막상 전쟁이 닥치자 미국이라는 민주주의 국가는 엄청나게 강해졌던 것입니다. 이는 일본의 예상을 훨씬 뛰어넘는 것이었습니다.

전쟁이
확대된
이유

치열한 상하이전투

앞에서 언급했던 후스를 기억하시나요? 1935년 당시 후스는 3~4년
정도 일본이 중국을 내륙 깊숙이 침략하고 모든 해안을 봉쇄한 다음
에야 비로소 미국과 소련을 끌어들여 세계전쟁으로 바꿀 수 있다고
예견하며, 그 각오를 중국 정부에 요구했습니다. 자, 그럼 1935년 이후
전개된 중국의 싸움을 알아보겠습니다. 확실히 중국의 항전 의지는 높
았습니다.

　1937년 7월 베이징 교외의 화베이 지역에서 시작된 중일전쟁은 화
중 지역으로 확대됐습니다. 특히 1937년 8월 중순부터 본격적으로 전
투가 시작된 국제도시 상하이에서는 치열한 항공전까지 벌어졌습니

다. 상하이에서의 전투는 8월 13일부터 11월 9일까지 계속됐는데, 기록에 따르면 이 3개월간의 전투로 일본 육군 전사자는 9115명, 부상자는 3만 1257명이었습니다. 해군은 8월 13일부터 21일까지 8일간 전사자와 부상자를 합쳐서 465명의 손실을 입었습니다. 즉 중국군은 일본군에 이 정도의 피해를 입힐 만큼 강력했습니다. 전선 시찰을 위해 참모본부에서 파견된 니시무라 도시오西村敏雄는 이것을 보고 "적의 저항은 아주 완강하며, 적의 제1선 병력은 약 19만 명"이라고 보고했습니다.

또 외무성의 아시아국장이었던 이시이 이타로石射猪太郎는 8월 17일 일기에 "지나(중국)는 대군을 상하이에 쏟아부어 육전대의 섬멸을 꾀하고 있다, 며칠이나 버틸 수 있을까? 혹시 육전대 본부가 함락되지는 않을까?"라고 걱정했습니다. 여기서 육전대는 육상 전투를 위한 일본 해군의 병력으로, 정식 명칭은 해군특별육전대입니다. 총병력은 약 5000명이었는데, 이들이 전멸하는 것은 아닌지 외무성 국장이 걱정한 것입니다.

일본군 사단장으로, 제101사단을 이끌던 이토 마사요시伊東政喜 장군은 상하이에서 중국군과 싸우기 전까지는 "그(장제스)는 지구전을 펼쳐 제3국의 동정 또는 노국(소련)의 연락, 협력을 구하고 있다. 남에게 의지하는 장제스의 태도는 실로 불쌍하다"라고 일기에 썼습니다. 중국이 상하이에 견고한 진지를 만들고 필사적으로 방어전을 전개하는 것은 어차피 소련이나 다른 제3국의 지원을 끌어내기 위한 것이라고 혹평한 것입니다. 그러나 중국군과 교전한 후 그의 평가는 완전히 바뀌었습니다. 이토는 러일전쟁에도 참가했던 고령의 군인입니다. 그는 10월 10일 일기에 "적의 완강한 움직임은 일러전에서 있었던 (러시아군의) 뤼순에서의 그것과 큰 차이가 없다. 오히려 어떤 부분은 (러시아군) 이상으로 훌륭하다. 아무리 포격해도 전멸할 때까지 진지를 고수하는 경향이 있다"라고 썼습니다. 즉 러일전쟁 당시 뤼순 공방전에서 완강하게 싸웠던 러시아군에 비해서도 중국군이 결코 뒤떨어지지 않으며, 오히려 그때의 러시아군보다 강하다는 것입니다.

중국군이 강했던 이유는 무엇이었을까요? 물론 1931년의 만주사변 이후 중국의 항일 의식이 고조됐다는 점을 들 수 있습니다. 그 밖의 이유는 무엇일까요? 기억하십니까? 어떤 국가가 일시적으로 중국을 도와준다고 이야기했습니다.

—— 독일인가요?

그렇습니다. 독일은 1940년 9월 27일 일본과 함께 삼국동맹을 결성하지만, 1938년 5월 12일 만주국을 승인하며 명확하게 일본과 손을 잡을 때까지는 중국에 가장 많은 무기를 팔던 나라였습니다. 무기와 군수품을 팔았을 뿐만 아니라 장제스 측에 군사고문단까지 파견했습니다. 이를테면 독일인 군사고문단의 지도를 받은 중국군은 벤츠사의 트럭으로 이동했습니다. 일본군이 운용하던 국산 군용 트럭보다 훨씬 성능이 좋았을 것입니다.

이 같은 중국과 독일의 관계는 무기를 사고파는 관계였습니다. 중국은 현금으로 대금을 지불하거나 독일이 원하는 텅스텐 같은 희소성 지하자원을 독일에 보냈습니다. 즉 비즈니스 관계였던 것이지요. 그런데 중국과 소련은 군사적인 관계였습니다. 양국은 1937년 8월 21일 중소불가침조약을 맺었습니다. 이 조약의 내용은 무기 원조였습니다. 소련은 중국에 전투기 924대, 자동차 1516대, 대포 1140문, 기관총 9720정, 지원병 형태의 소련인 조종사를 보냈습니다. 소련은 일본과의 군사적 대립을 피할 수 없다고 생각했습니다. 그래서 대일전 준비가 끝날 때까지 시간 벌기용으로 군사원조를 단행한 것 같습니다.

소련의 군사원조와 동등하거나 좀 더 도의적인 원조를 시작한 것이 미국과 영국입니다. 미국과 영국은 중국의 각 도시에 거액의 경제적 권익을 갖고 있었습니다. 그래서 일본의 중국 무역 독점을 참을 수 없었지요. 1938년 12월 미국은 중국에 2500만 달러의 차관을 제공했습니다. 이 금액 한도 내에서 원하는 물자를 미국으로부터 구입할 수 있었습니다. 중국은 일본에 의해 해안이 봉쇄됐지만 홍콩 등을 통해 물자를 얻을 수 있었습니다.

한편, 1939년 1월 미국은 일본에 항공기와 그 부품 수출을 금지하고, 같은 해 7월 26일에는 미일통상항해조약의 폐기를 통고했습니다. 이것은 '일본은 동아신질서를 주장하면서 동아시아를 경제적으로 독점 지배하려는 정책을 정말로 시행할 작정인가? 이런 식의 정책을 계속한다면 미국은 일본과 대립하게 될 것'이라는 미국의 경고였습니다.

일본은 상하이·난징·우한을 함락했습니다. 일본의 실질적 점령지는 중국의 산업·문화의 중심인 창장강 하류와 중류 유역까지 확대됩니다. 영국은 우한이 함락된 1938년 10월경부터 '중국이 일본과의 전쟁에서 지는 것은 아닐까', '국토를 이렇게까지 잃으면 일본의 꼭두각시가 되지는 않을까' 하고 두려워하게 됐습니다. 그래서 1939년 3월 영국은 화폐가치 하락으로 인해 중국의 경제가 약화되지 않도록 차관을 제공했습니다. 중국의 통화를 안정시키기 위해서였습니다. 또한 영국은 광저우, 홍콩, 프랑스령 인도차이나(현재의 베트남 지역) 루트를 통해 중국에 물자를 공급했습니다. 이 루트는 후에 '원장援蔣 루트'라고 불리게 됩니다. '장제스를 원조하기 위한 물자를 나르는 길'이라는 의미입니다.

남진의 주관적 이유

어떤 나라의 국민성을 단정하는 것은 좋지 않은 일입니다. 그렇지만 당시 일본인은 조금 비뚤어진 면이 있었습니다. 아마도 기분이 나빴을 것입니다. (웃음) 소련과 미국, 그리고 영국이 모두 중국을 도왔으니까요. 이것을 보고 "왜 모두 중국만 도와주는 거야!" 하며 화가 머리끝까지 났던 것 같습니다. 물론 이 모든 것이 일본이 중국을 침략하는 바람에 생긴 일입니다. 하지만 일본은 이를 자각하지 못했습니다.

자, 지도를 보면서 일본이 중국을 얼마나 점령했는지, 작전 범위는

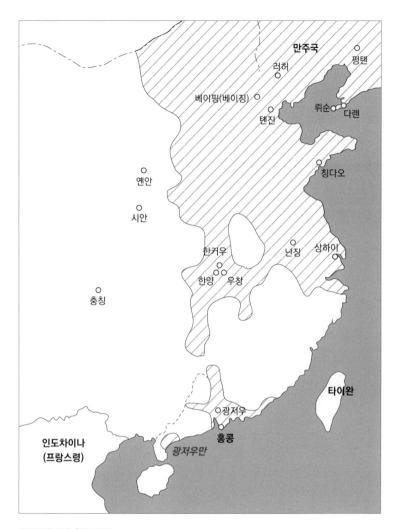

일본군의 최대 침공 범위

사선 부분은 1944년 말을 기준으로 한 일본군 점령 지역.

출처: 防衛廳防衛硏修所戰史室,《戰史叢書 42 昭和二十年の支那派遣軍 (1) 三月まで》, 朝雲新聞社, 1971.

어디까지였는지 알아보겠습니다. 상당히 넓습니다. 보통 이 정도 영토를 잃으면 항복한다고 해도 이상하지 않습니다. 그런데 중국은 항복하지 않았습니다. 일본은 그 이유가 미국·영국·소련이 중국을 원조하기 때문이라고 판단했습니다. 그래서 원장 루트를 막아야 한다고 생각했지요. 그리고 '원장 루트를 폐쇄하기 위해서는 프랑스령 인도차이나에 비행장을 확보해야 한다. 거기서 물자를 나르는 차량과 선박을 폭격할 수 있고, 중국을 원조하는 영국을 최대한 두렵게 만들 수 있다'고 생각했습니다. 당시 홍콩과 싱가포르 등은 영국의 식민지였는데, 일본의 공격에 충분히 방비돼 있지 않았습니다.

그래서 일본은 '중일전쟁을 빨리 끝내기 위해서'라고 주장하면서 프랑스령 인도차이나로 진주할 계획을 세웠습니다. 1940년 9월에 일본은 프랑스령 북부 인도차이나에 진주했고, 이듬해인 1941년 7월에는 프랑스령 남부 인도차이나에 진주했습니다. 일본의 프랑스령 인도차이나 진주는 2회에 걸쳐 이루어진 셈입니다. 이처럼 일본은 중국을 침략하고, 다음에는 프랑스령 인도차이나를 침략했습니다. 중일전쟁이 아직 끝나지 않았는데도 말입니다. 왜 중국과 싸우던 일본은 그토록 대담하게 남진을 추진했을까요? 거기에는 이유가 있습니다.

첫째, 당시의 프랑스령 인도차이나는 일본의 침략에 상당히 취약한 상태였습니다. 1939년 9월 1일 독일은 폴란드를 침공했고, 그러자 9월 3일 영국과 프랑스는 독일에 선전포고를 했습니다. 이렇게 제2차 세계대전이 시작됐습니다. 독일군은 1940년 전반기까지 노르웨이, 덴마크,

벨기에, 네덜란드, 룩셈부르크, 프랑스 등을 급습했습니다. 그리고 같은 해 6월 13일 파리에 무혈입성하게 됐습니다. 결국 프랑스는 독일에 항복했고, 독일 점령하의 프랑스에는 비시 정권이라는 괴뢰정권이 만들어졌습니다.

이러한 시기에 일본은 프랑스령 인도차이나에 비행장을 확보하려고 진주했습니다. 1940년 9월 22일의 일입니다. 일본의 협상 상대는 인도차이나를 지배하던 프랑스였습니다. 그런데 그 프랑스가 이제 독일의 점령하에 놓이게 됐습니다. 그래서 일본은 독일의 괴뢰정부라고 할 수 있는 비시 정권과 협상을 진행했습니다. 일본이 프랑스령 북부 인도차이나에 진주했을 때 아마도 일본은 '프랑스령 인도차이나의 프랑스인 총독이 일본의 진주를 인정한다면 제3국이 이의를 제기하지 않을 것'이라고 생각했던 것 같습니다.

둘째, 일본은 스스로 동남아시아의 자원을 획득하려고 했습니다. 왕자오밍 정권을 승인한 일본은 이제 더 이상 장제스가 일본과의 화평에 응하지 않을 것이라고 판단했습니다. 전쟁을 끝내려면 장제스 정권을 무너뜨리는 수밖에 없었던 것입니다. 그래서 일본은 남진을 통해 원장 루트의 차단을 기도했고, 중일전쟁 장기화에 대비해서 동남아시아의 자원을 획득하려고 했습니다. 게다가 당시 유럽 대부분의 나라는 독일에 제압된 상태였습니다. 그래서 일본은 그곳을 주인 없는 지역으로 간주해 차지하려고 했던 것입니다. 그렇게 영토를 확대한 일본은 궁극적으로 자급자족경제권을 만들고자 했습니다.

중국의 요구

일본이 프랑스령 인도차이나에 비행장을 건설하려는 이유는 원장 루트를 막기 위해서만이 아니었습니다. 당시 미국, 영국, 소련 등의 강대국은 첩보전을 전개하며 상대국의 암호를 해독하려고 애썼습니다. 최근 연구에 따르면 일본도 의외로 많은 암호를 해독했습니다. 고타니 겐小谷賢 교수의 《일본군의 정보》*를 보면 자세히 알 수 있습니다. 굉장히 재미있으니 읽어보시기 바랍니다.

사실 육군은 1928년에 이미 장쉐량 정권의 암호 해독에 성공했습니다. 그리고 만주사변 때부터 중국 국민정부의 암호 해독에 착수했습니다. 그리하여 1936년에는 국민정부의 외교 전보를 해독할 수 있게 됐습니다. 루거우차오사건 직후 장제스는 미국, 영국, 프랑스, 소련에 주재하는 대사 앞으로 "일본과 전쟁을 시작한다면 어떤 원조를 받을 수 있는지 주재국의 의견을 타진하고, 시급히 보고하라"라는 전보를 보냈습니다. 하지만 이것은 모두 일본에 누설돼 해독됐습니다. 일본이 중국의 암호를 해독한 것은 영국의 기록에도 남아 있습니다. 영국 정보부의 조사에 따르면 런던·뉴델리·실론(스리랑카)·시드니·워싱턴 등에 주재하는 중국 무관과 중국 본국 간의 통신은 일본에 의해 누설, 해독됐습니다.

---

* 小谷賢,《日本軍のインテリジェンス-なぜ情報が活かされないのか》,講談社, 2007.

문제는 중국이 주고받은 내용입니다. 일본이 무엇을 해독했느냐가 중요한 것이지요. 일본의 최대 관심사는 '세계 제일의 해군력을 자랑하는 미국이 중국에 어느 정도로 원조를 해주는가'였습니다. 일본이 걱정하는 것도 무리는 아닙니다. 장제스의 처남이며 중국의 국민정부를 떠받치는 저장 재벌의 중심인물인 쑹쯔원宋子文은 워싱턴을 방문해서 좀 더 많은 차관과 군사원조를 요청했습니다. 그는 1940년 6월 미국을 방문해 군수품을 원조하지 않는 미국 정부에 직접적인 군사원조를 요청했습니다. 미국 역시 같은 해 9월에 이루어진 일본의 프랑스령 북부 인도차이나 진주를 보고 세 번째 차관에 해당하는 2500만 달러의 원조를 제공하기로 결의했습니다. 그러나 중국에 무기를 제공하지는 않았습니다. 일본은 사실상 중국과 전쟁 중이었습니다. 그런데 중국에 무기를 제공하면 일본은 결정적으로 미국의 적이 됩니다. 그때 중국은 미국에 다음과 같이 제안했습니다. 그 내용은 미국 육군의 공식《전사戰史》에 쓰여 있습니다. 장제스는 1940년 10월 18일 이렇게 말했습니다.

　　일본의 해안 봉쇄는 중국을 약하게 하고, 중국 국민의 항전 의식을 저하시키고 있습니다. 그러면 중국 국내에 있는 공산당이 생각하는 대로 될 것입니다. 저는 일본보다 공산당이 더욱 두려워해야 할 존재라고 생각합니다. 일본은 싱가포르를 공략하고 버마를 폐쇄할지도 모릅니다. 만약 미국이 더 많은 원조, 그리고 미국인 의용병 조종사와 항공기를 제공해주지 않는다면 중국은 붕괴될 것입니다. 혹시 무사히 항공기를 공급받는다면 중국에서 출격하는 전투기가 일본의 해군기지를 파괴할 수 있고, 태평양의 현안은 근본적으로 해결될 수 있을 것입니다.

이것이 미국에 대한 장제스의 설득 또는 위협입니다. 꽤나 효과적이라고 생각합니다. 그는 먼저 중국에서 공산당 세력이 퍼지고 있다고 위협했습니다. 미국의 눈으로 보면 독일이나 일본과 같은 전체주의 국가도 싫지만, 동시에 공산주의 국가도 아주 싫습니다. 중국이 공산주의 국가가 되면 수억 명의 사람에게 물건을 팔 수 없게 됩니다. 장제스는 그다음으로 일본의 남진 가능성을 이야기했습니다. 특히 일본이 대영제국의 요충지 싱가포르로 향할 것 같다고 은근히 위협했지요.

이때 미국은 아직 제2차 세계대전에 참전하지 않았습니다. 따라서 독일과 이탈리아에 대항해 싸우는 나라는 영국과 프랑스뿐이었습니다. 그런데 얼마 못 가 프랑스도 독일에 항복했습니다. 영국만 외롭게 맞서고 있었습니다. 이러한 상황이니 영국의 동아시아 거점인 싱가포르가 함락된다면 상당히 곤란해질 것이라고 미국은 걱정했을 것입니다. 그래서 장제스는 중국에 조종사와 전투기를 지원해주면 중국의 기지에서 일본의 해군기지를 폭격할 수 있다고 말한 것입니다. 그리고 그렇게만 하면 미국이 걱정하는 일본 해군의 전력이 약화될 것이라고 했습니다. 참으로 구미가 당길 만한 제안이지 않습니까.

사실 1940년 11월에 중국은 워싱턴으로 중국 공군 작전의 대표자를 보낸 적이 있었습니다. 1941년까지 전투기 500대를 조종사와 함께 보내달라는 것입니다. 일본도 이러한 움직임을 알았습니다. 1940년 12월 1일 미국은 중국이 요구한 것 외에 1억 달러의 차관까지 제공해주기로 했습니다. 그리고 무기의 직접 구입을 인정하지 않던 이제까지의 태도를 바꾸어 1억 달러 한도로 미국제 전투기의 구입을 허가했습니다. 이뿐만이 아닙니다. 1941년 3월 루스벨트 대통령은 무기대여법을 제정해 영국과 중국에 부상으로 무기를 원조하기 시작했습니다. 같은 해 7월 28일 미국제 전투기 100대와 조종사가 중국에 도착해 활동을 개시했습니다.

이제 일본의 입장을 생각해봅시다. 일본은 이러한 미국과 중국의 협상을 알았습니다. 아마도 굉장히 초조했을 것입니다. 그래서 프랑스령 인도차이나의 비행장이 필요하다고 생각했을 테고요. 그곳은 중국과 육상으로 이어지니 중국을 노릴 수 있고, 영국과 프랑스의 권익이 집중된 동남아시아의 제공권을 장악할 수 있으니 영국과 프랑스를 견제하기 용이했기 때문입니다.

처칠의 불만

지금까지 이야기로만 보면 왠지 미국, 영국, 소련이 중국을 원조했기 때문에 중일전쟁이 태평양전쟁으로 확대된 것 같은 느낌이 듭니다. 그래서 타국이 일본을 정치적, 경제적으로 압박했기 때문에 일본이 전쟁으로 내몰렸다는 시각이 존재합니다. 그러나 그것은 사실이 아닙니다. 일본의 정치 과정을 보면 알 수 있습니다. 전쟁은 일본이 선택한 결과였습니다.

유럽에서 제2차 세계대전이 시작됐을 때 일본 정부는 아베 노부유키阿部信行 내각(1939년 8월 30일~1940년 1월 16일)과 요나이 미쓰마사米內光政 내각(1940년 1월 16일~7월 22일)이었습니다. 두 내각은 유럽의 전쟁에 개입하지 않기로 했습니다. 유럽의 전쟁에 계속 개입하지 않았다면 좋았겠지만, 독일군이 쾌속 진격을 거듭하자 일본도 욕심이 생겼습니다. 그래서 '동남아시아에는 유럽 식민지가 널려 있다. 식민지 모국이 독일에 항복한 이상 일본의 동남아시아 진출은 독일의 양해를 얻어야만 한다'고 생각하게 됐습니다. 또 나치스가 주도하는 독일식 일국일당一國一黨체제에 대한 동경심도 생겨났습니다. 쉽게 말해서 '중의원에서는 여전히 정우회·민정당 등의 기존 정당이 다수를 차지하고 있고, 귀족원에서는 가문만 좋은 무능한 귀족이 다수를 차지하고 있다. 이래서는 안 된다'는 것이었지요.

이러한 국민적 분위기를 배경으로 고노에 후미마로(중일전쟁 발발 당시 총리)는 신체제운동에 착수했습니다. 1940년 7월 22일 고노에는 다시 총리 자리에 오릅니다. 그리고 2개월 후 일본은 독일, 이탈리아와 삼국동맹을 체결했습니다.

이 무렵 육군에서는 일본의 진로를 두고 의견이 갈렸습니다. 참모본부의 작전부장 다나카 신이치田中新一는 장제스가 화평에 응하지 않으면 앞으로 지구전이 될 것이 확실한 중일전쟁을 끝까지 수행하기 위해 경제적 기반을 구축해야 한다고 생각했습니다. 그리고 이를 위해 남방의 자원 획득을 중요하게 여겼습니다. 특히 네덜란드령 인도네시아의 석유를 중요시했지요. 그러니까 독일군의 영국 본토 상륙이 성공하면 무력으로 동남아시아를 점령해 자급자족할 수 있는 경제권을 얻는다는 계획이었습니다. 그전까지 참모본부는 소련과의 전쟁만 중요하게 여겼습니다. 그런데 이제는 남진을 고민할 정도로 생각이 바뀐 것입니다.

그러나 육군성 군무국(의회 대책과 예산을 담당하는 부서)의 의견은 달랐습니다. 군무국장 무토 아키라武藤章 등은 미국과의 협상으로 중일전쟁 해결의 실마리를 만들고자 했습니다. 1941년 4월 육군성 군무국은 미일 협상의 육군 측 인사로 군사과장 이와쿠로 히데오岩畔豪雄를 파견했습니다.

문제는 당시 미국이 중일전쟁을 진짜로 중개하려고 했는지의 여부입니다. 이미 언급했듯이 1941년 3월에 루스벨트 대통령은 영국, 중국에 대한 무기 원조를 위해 무기대여법에 서명했습니다. 이 같은 움직임을 보면 미국은 중국에 호의를 베풀었다고 볼 수 있습니다. 자, 그럼 국제관계를 다시 차분히 살펴봅시다.

미국과 일본의 협상이 시작된 1941년 4월에는 아직 독소전쟁(같은 해 6월 22일에 발발한 독일과 소련의 싸움)이 시작되지 않았습니다. 그러므로 독일군의 공격을 정면에서 막아내는 나라는 영국뿐이었습니다. 무기대여법이 제정될 때까지 영국은 돈을 지불하고 미국에서 무기를 구입했습니다. 이에 대해 영국 총리 처칠은 루스벨트 대통령에게 편지를 보냈습니다.

1940년 6월 15일, 처칠이 루스벨트 대통령께
미국이 뭔가 행동을 해야 하지 않겠습니까? 그러지 않으면 영국은 독일과 협상을 시작할 수도 있습니다. 미국의 구축함이 꼭 필요합니다.

1940년 12월 7일, 처칠이 루스벨트 대통령께
영국은 미국의 전쟁을 수행하고 있습니다. 영국은 더 이상 미국제 무기의 비용을 지불할 능력이 없습니다.

처칠도 장제스 못지않게 으름장을 놓았습니다. '미국의 전쟁을 수행하고 있다'는 말은 원래 미국이 영국과 함께 독일을 막아야 하는데 영국이 혼자서 싸우고 있다는 뜻입니다. 이러한 상황이니 루스벨트가 서둘러 무기대여법을 통과시킨 것이 이해가 갑니다.

"영국은 미국의 전쟁을 수행하고 있습니다."

윈스턴 처칠

1941년 4월은 미국이 영국에 정식으로 막대한 양의 무기를 출하한 시기이며, 대규모 함대 건조를 시작한 시기이기도 합니다.

스스로 '연합국의 병기고'가 된 미국으로서는 시간이 필요했습니다. 1941년 4월 16일 헐 국무장관은 정식으로 미일 협상에 착수했습니다. 한편 일본의 육군성 군무국은 중국과의 화평 중재를 미국에 부탁하려고 했습니다.

7월 2일 어전회의 결정의 이면

전쟁으로 가는 일련의 과정을 하나씩 확인해보면 어째서 이렇게 중요한 결정이 별 문제 없이 처리됐을까 하고 의문이 생기는 순간이 있습니다. 예를 들어 1941년 7월 2일 어전회의에서 결정된 '정세 추이에 따른 제국국책요강(이하 요강이라고 줄임)'이 그렇습니다. 이때 결정된 핵심 사항은 일본의 프랑스령 남부 인도차이나 진주였습니다. 미일 협상을 진행하던 육군성 군무국은 어째서 반대하지 않았을까요? 그리고 당시 해군은 영국 한 나라는 몰라도 미국과 영국 양쪽의 해군력·항공전력을 상대하는 것은 무리라고 생각했는데, 어째서 해군성 역시 반대하지 않았을까요? 이와 관련해 쓰쿠바筑波대학의 하타노 스미오波多野澄雄 교수는 결정에 관여했던 육군성, 해군성 과장의 일기 등을 조사해 당시의 어전회의와 그 이면을 연구했습니다. 그의 연구를 보면 당시의 결정이 어떻게 이루어졌는지 잘 알 수 있습니다.

먼저 7월 2일 이전에 무슨 일이 일어났는지 알아봅시다. 1941년 6

월 22일 독소전쟁이 발발했습니다. 일본은 그해 4월 13일 마쓰오카 요스케 외상이 모스크바로 날아가 소련과 중립 조약을 맺었습니다. 즉 일본과 소련이 서로 적대행위를 하지 않는다는 약속이지요. 마쓰오카의 처지에서 보면, 이 조약으로 소련이 중국에 대한 무기 원조를 중단했기 때문에 크게 기뻐할 만한 일이었습니다. 한편 일본은 1940년 9월에 이미 삼국동맹을 맺은 상태였는데, 마쓰오카는 삼국동맹에 소련을 더한 사국동맹을 꿈꾸기까지 했습니다. 그리고 사국동맹으로 미국, 영국 등의 자본주의 국가에 대항할 수 있지 않을까 하고 생각했습니다.

'국력 비교'라는 다음의 그래프를 보겠습니다. 연합국인 영국·프랑스·폴란드와 삼국동맹국인 독일·이탈리아·일본의 인구, 육상 병력(상비군), 전투기, 주력함 수 등을 비교한 것입니다. 인구나 육상 병력, 주력함, 구축함에서 두 그룹은 엎치락뒤치락합니다. 단 전투기 수는 삼국동맹이 압도적입니다. 또 주목해야 할 것이 미국과 소련입니다. 이 두 대국의 인구, 육상 병력, 전투기 보유량을 비교하면 소련의 육상 병력과 전투기 수가 미국보다 엄청나게 많습니다. 그렇지만 미국은 주력함, 구축함 등의 해군력이 우세합니다.

이 그래프를 보면 마쓰오카 외상이 구상했던 '삼국동맹+소련=사국동맹' 노선이 꽤나 매력적입니다. 그런데 마쓰오카의 구상은 독소전쟁 발발로 무너져버렸습니다. 마쓰오카는 독일의 소련 침공을 예상하지 못했던 것입니다. 그런데 독일의 소련 침공을 본 마쓰오카는 태도를 완전히 바꾸어 북진을 주장했습니다. 즉 독일이 소련을 공격하는 사이

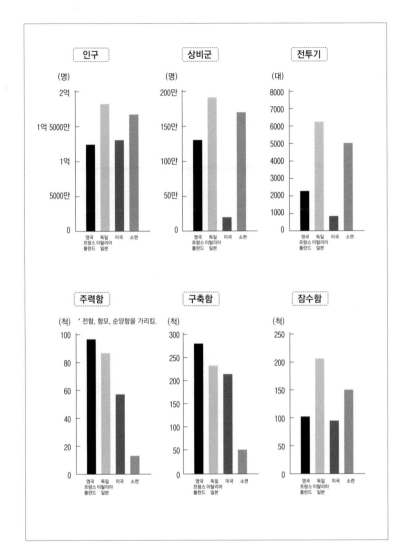

국력 비교

연합국인 영국·프랑스·폴란드, 삼국동맹을 맺은 독일·이탈리아·일본 그리고 미국, 소련의
1939년 당시의 국력. *World War II* , *Almanac 1931~1945* .

에 일본도 소련을 배후에서 공격해 독일에 호응하자는 것입니다.

육군의 참모본부 작전과는 마쓰오카의 북진론에 적극 찬성했습니다. 원래 참모본부 작전과는 대소전을 주장했는데, 그러다가 얼마 전부터 자급자족 경제권을 구축하기 위한 남진을 주장하기 시작했지요. 그런데 독소전쟁 발발과 함께 마쓰오카가 북진론을 주장하자, 다시 마쓰오카의 의견에 찬성하고 지금이야말로 소련을 공격할 때라며 북진론으로 선회합니다. 이 같은 급격한 북진론에 대해 육군성 군무국과 해군(해군성과 군령부를 포함한 해군 전체)은 당황했습니다. 이들은 지금 소련을 공격하는 것은 곤란하고 미일 협상의 가능성도 있다는 입장이었습니다. 그래서 육군성과 해군은 외무성과 참모본부의 북진론을 견제하기 위해 움직였고, 그 방책으로 프랑스령 남부 인도차이나 진주를 주장하게 된 것입니다. 그 결과 1941년 7월 2일의 어전회의에서 프랑스령 남부 인도차이나 진주를 결정했던 것이지요.

그런데 문제는 미국의 반응입니다. 육군성과 해군은 일본이 프랑스령 남부 인도차이나에 진주를 한다고 해도 미국이 강력한 보복 조치를 취할 것이라고는 전혀 생각하지 않았습니다. 어차피 그곳은 프랑스령이기 때문에 미국의 권익과는 관계가 없다고 생각했기 때문입니다. 이것은 군인들의 일기를 봐도 알 수 있습니다. 참모본부 전쟁반에서 기록한 일지에는 "프랑스령 인도차이나 진주에서 멈춘다면, 미국의 금수禁輸는 없다고 확신한다"라고 쓰여 있습니다. 그러나 일본이 프랑스령 남부 인도차이나 진주를 단행하자 미국은 신속하게 대응했습니다. 7

월 25일에는 미국 내 일본 자산을 동결했고, 8월 1일에는 대일 석유 수출을 전면 금지했습니다. 자산 동결은 어떤 나라에 대한 제재의 한 단계로, 정부나 민간이 보유한 자금과 재산의 인출 및 이동을 금지하는 행위를 말합니다.

왜 미국은 그토록 신속하게 반응했을까요? 이 점에 관해서는 미국의 하인리츠Waldo H. Heinrichs 교수의 연구가 있습니다. 그 일부가 호소야 지히로細谷千博가 편집한《태평양전쟁》*에 번역돼 실렸으니 흥미 있는 분은 읽어보십시오. 미국은 독일군 300만 명의 공격을 받고 있는 소련이 10월까지 전선을 유지하고 버티면 이듬해 봄까지는 안심할 수 있다고 생각했습니다. 왜냐하면 소련에는 동장군이라는 강력한 무기가 있기 때문입니다. 19세기 초 모스크바까지 진격한 나폴레옹이 러시아를 무너뜨릴 수 없었던 이유도 혹독한 겨울 때문이었습니다. 미국은 1942년 봄까지 소련이 버텨낸다면 소련에 무기를 제공할 수 있을 만큼 미국의 무기 생산량이 증가할 것으로 보았습니다.

1941년 9월 28일 미국과 영국은 소련과 협정을 맺고 소련에 군수물자를 보내기로 했습니다. 두 나라는 어쨌든 소련이 1942년 봄까지 전선을 지탱해주면 된다고 생각했습니다. 그래서 미국은 1941년 여름, 소련의 힘을 북돋울 수 있는 일이면 무엇이든 했던 것입니다. 결국 미국은 일본의 남진에 강력한 보복 조치를 취함으로써 소련에 힘을 실어

---

* 細谷千博 編,《太平洋戰爭》, 東京大學出版會, 1993.

준 것입니다. 일본을 걱정하지 말고 독일과의 싸움에 전념하라고 말입니다.

> 미국이 일본의 남진에
> 강경하게 대응한 이유는
> 독일과 힘겹게 싸우는 소련에 힘을 실어주기 위해서였다.

왜
서전에 승부수를
걸었을까

임시군사비특별회계

1941년 9월 6일의 어전회의에서 해군 군령부 총장이 천황을 설득하기 위해 했던 말을 생각해보십시오. 당시 나가노 군령부 총장은 평화를 얻은 후에 꼼짝달싹도 못하는 식이 되면 안 된다면서, 성공 확률 70~80퍼센트인 서전에 가능성을 걸어야 한다고 주장했습니다. 서전이란 최초의 싸움, 즉 속전속결의 첫 싸움이라는 뜻입니다. 미국과 일본의 국력 차이는 너무나 컸습니다. 오늘날의 관점으로 보면 이런 식으로 승부를 거는 것은 아주 비합리적입니다. 왜 당시의 정책 결정자는 그런 무모한 생각에 사로잡혀 있었을까요?

이 의문에 답하기 위해서는 먼저 군부가 1937년 7월부터 시작된 중일전쟁을 이용해 몰래 미국 및 소련과의 전쟁을 준비하기 위해 자금과 군수품을 모았던 실태를 살펴보아야 합니다. 1937년 9월에 고노에 내각은 중일전쟁을 치르기 위해 제국의회에 특별회계로서 임시군사비의 법률안과 그 예산안을 제출했습니다. 일명 '임시군사비특별회계'를 설치한 것입니다. 임시군사비특별회계는 정부가 전쟁 비용을 마련하기 위해 전쟁의 시작부터(개전일 기준) 끝까지(강화조약 체결일 기준)를 하나의 회계연도로 처리하는 특별회계입니다.*

중일전쟁으로 인해 1937년에 시작된 임시군사비특별회계는 1947년 3월에야 제국의회에서 결산 보고가 이루어졌습니다. 즉 태평양전쟁이 끝나고 나서야 간신히 중일전쟁에서 태평양전쟁까지의 임시군사비특별회계의 결산이 보고됐던 것입니다. 그동안 육군과 해군은 임시군사비특별회계를 통해 마음껏 임시군사비를 지출했는데, 군부로서는 너무나 편리한 제도였습니다. 그래서 군부는 중일전쟁을 수행하면서도 임시군사비를 전용해서 미국·소련과의 전쟁에 대비했습니다. 그런 식의 전용은 1941년 12월 태평양전쟁이 발발하기 전까지 계속됐습니다.

히토쓰바시一橋대학의 요시다 유타카吉田裕 교수의 연구를 봅시다. 1940년도를 예로 들면 중일전쟁을 위해 편성된 임시군사비 예산 중 중일전쟁에 사용된 금액은 약 30퍼센트에 불과했습니다. 나머지 70퍼

---

* 그러나 강화조약이 체결됐다고 해서 곧바로 임시군사비특별회계 기간이 끝나고 임시군사비 지출이 멈추는 것은 아니었다. 전후 처리 비용에도 임시군사비가 투입됐기 때문이다. 따라서 임시군사비특별회계 기간은 실제로 더 길었다.

센트는 미국·영국을 겨냥한 해군력 증강과 소련을 겨냥한 육군력 증강에 쓰였습니다. 당시 군 내부의 인사도 이것을 이상하다고 느꼈던 것 같습니다. 해군성 조사과의 다카기 소키치高木惣吉는 1937년 8월 3일 일기에 "우리 부서 사람도 무엇 때문에 그 정도의 경비가 필요한지 이해할 수 없다고 한다"라고 적었습니다. 즉 일본은 겉으로는 중일전쟁이라고 말하면서 태평양전쟁(그리고 소련과의 전쟁)에 대비해 필사적으로 군수품을 모으고 있었던 것입니다. 이러한 군사력 증강에 힘입어 군부는 아직 준비가 안 된 미국을 기습공격하면 전쟁에서 이길 수 있을지도 모른다는 환상을 품었습니다.

앞에 나온 '국력 비교' 그래프를 다시 한 번 봅시다. 전투기 수는 독일·이탈리아·일본을 합치면 연합국인 영국·프랑스·폴란드를 압도합니다. 그리고 미국의 전투기는 800대이고, 소련은 무려 5000대를 보유하고 있습니다. 그러니 '소련을 삼국동맹에 넣는다면 미국이 영국·프랑스에 붙어도 우리가 유리하지 않을까?' 일본은 어쩌면 이런 계산을 했을 수도 있습니다. 그러나 이 수치에는 함정이 있습니다. 그래프의 수치는 1939년 9월 시점이 기준입니다. 하지만 각국의 생산량은 급격하게 변하고 있었습니다. 그러한 의미에서 미국은 신기한 나라였습니다.

이번에는 '미국과 일본의 병력 차이'라는 그래프를 보겠습니다. 이 그래프는 항모(항공모함)에 싣는 함재기艦載機 생산 대수의 변화를 나타낸 것입니다. 함재기의 숫자는 곧 공군력을 의미합니다. 이것을 보면

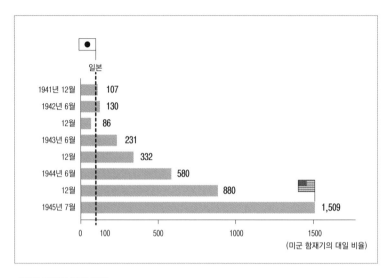

미국과 일본의 병력 차이
일본을 100으로 했을 때 미국의 제1선 항공모함의 함재기 비율. *World War II, Almanac 1931~1945.*

1941년과 1945년, 즉 전쟁을 시작한 해와 끝난 해의 미국과 일본의 격차를 알 수 있습니다. 1941년 당시 일본의 생산 대수를 100이라고 하면 미국은 기껏해야 107 정도밖에 되지 않습니다. 그러나 1945년 7월에는 일본이 100일 때 미국은 1509나 됩니다.

이 변화의 폭이 미국의 잠재력이라 할 수 있습니다. 일본은 1941년 12월 개전 직전까지 열심히 예산을 지출해서 가까스로 전투기를 마련했습니다. 그래서 그 시점에는 미국과 군사적 균형을 이룬 상태에서 전쟁을 시작할 수 있었습니다. 그러나 곧 일본은 미국의 압도적인 잠재력에 눌리게 됩니다. 특히 2년 후인 1943년부터는 미국의 우위가 결정적으로 확립됐습니다.

정리해서 말하면 다음과 같습니다. 일본은 중일전쟁으로 편성된 임시군사비를 대규모로 전용해서 군비를 확장했습니다. 그러고는 '항공기 수와 조종사의 기량, 항모 등이 미국보다 우세한 시점에서 전쟁을 시작하자'고 마음먹었던 것입니다.

기습을 통한 선제공격

임시군사비특별회계와 이를 통한 군비 확장 외에 일본의 정책 결정자가 태평양전쟁 돌입이라는 무모한 선택을 하게 된 요인으로는 기습 작전을 꼽을 수 있습니다.

기습 작전을 해군 전체, 나아가 정부의 정책이 되도록 밀고나간 인물은 연합함대 사령장관* 야마모토 이소로쿠山本五十六입니다. 일본의 기습 공격은 일본 시간으로 12월 8일 오전 2시에 육군이 영국령 말레이반도의 코타바루에 상륙을 개시하고, 오전 3시 19분(현지 시각 7일 오전 7시 55분)에 해군이 하와이 진주만에서 미군의 주력 전함을 공격하는

---

* '연합함대聯合艦隊'는 외국 해군에 맞서는 일본 해군의 통합 전력이며, 사령장관司令長官은 연합함대를 지휘하는 사령관이다.

것으로 시작됐습니다. 육군이 영국군을 공격하고 해군이 미군을 공격하는 상황에서 워싱턴에 있던 노무라 기치사부로野村吉三郎 주미 대사가 헐 국무장관에게 대미 최후통첩을 건넨 것은 공격 후 거의 한 시간이 지난 뒤였습니다. 일본은 선전포고 없이 미국과 영국에 선제공격을 가한 셈입니다.

태평양전쟁 직전 일본 해군은 미국과 영국의 해군을 동시에 상대할 힘이 없다는 사실을 두고 고민했습니다. '이것을 어떻게 해야 할까?' 야마모토는 궁리했습니다. 야마모토가 세운 계획에 대해서는 방위성 방위연구소의 아이자와 기요시相澤淳의 연구를 토대로 이야기하겠습니다.

야마모토는 적국의 주력 전함이 있는 항구를 찾아서 전투기를 이용한 어뢰 공격으로 함대를 일망타진하는 작전을 생각했습니다. 이것은 원래 러일전쟁 때의 체험에서 나온 구상입니다. 제2장에서 언급했듯이 러일전쟁 당시 러시아 함대는 뤼순항에 틀어박혀서 항구 밖으로 나오려 하지 않았습니다. 그 때문에 일본은 러시아 함대 공격에 애를 먹었습니다.

이러한 상황에서 야마모토는 항구 안에 적 함대가 흩어져 있다는 것은 기회가 아닌가, 하고 생각하게 됐습니다. 사실 당시에는 전함, 항모가 침몰하면 새로 건조하는 데 1년에서 2년은 걸린다고 생각했습니다. 따라서 야마모토는 미국이 함대를 회복하는 시간 동안 일본이 일본열도와 한반도, 타이완과 주변의 동남아시아 지역을 초계하는 데 충분한 비행장을 각지에 건설하고, 그 네트워크를 살려서 제공권을 확보하면 자연히 그 아래를 지나는 선박도 안전할 것이라고 생각했습니다. 전후 일본에서는 해군이 선단을 호위하지 않아서 선박이 미군 잠수함의 공격에 당했다는 비판이 많았습니다. 하지만 야마모토의 발상은 호위선단 방식이 아니라 제공권 확보 방식이었습니다. 제공권을 확보하면 선박은 항공기의 공격으로부터 안전해지기 때문입니다. 물론 이런 발상은 잠수함의 공격을 예상하지 못한 것이었습니다.

천황이 야마모토의 작전을 승인한 것은 1941년 11월 15일입니다. 이때 당국자들은 천황에게 진주만 공격을 포함한 모든 작전 계획을 설명했고, 특히 진주만 공격이 '오케하자마전투桶狹間の戰와도 비교할 만한' 기습 작전*이라고 설명했습니다. 또 함대결전도 충분히 승산이 있고, 지구전에 들어가도 해상교통로의 보호가 가능하기 때문에 미국과의 전쟁이 가능하다고 주장했습니다.

여기서 눈여겨볼 것은 오케하자마전투입니다. 1560년 음력 5월 19일 오다 노부나가織田信長는 이마카와 요시모토今川義元의 대군을 10분의 1 정도의 병력으로 급습해 멋지게 승리했습니다. 오사카겨울전투도 그렇고 오케하자마전투도 그렇지만, 이 같은 사실史實에 기초한 무용담에 쇼와 천황은 흔들렸던 것 같습니다. 어쩌면 해군이 일찌감치 천황의 취향을 파악하고 그런 이야기를 준비했는지도 모릅니다.

---

* 전국시대에 오다 노부나가는 약 3000명의 병력으로 2만 5000명의 적을 야간 기습해 격파했다.

어쨌든 이렇게 해서 '아카기赤城, 가가加賀, 소류蒼龍, 히류飛龍, 즈이카쿠瑞鶴, 쇼카쿠翔鶴라는 여섯 척의 항모를 한꺼번에 운용해서 그 전투기 부대를 함대의 상공으로 집중시킨 다음, 목표 지점을 일제히 집중 공격한다'는 작전이 인가됐습니다. 그 목표 지점이 하와이 오아후섬의 진주만이었습니다. 결국 일본의 정책 결정자들은 임시군사비특별회계와 이를 통한 군비 확장 외에도 기습 작전을 지렛대로 삼아 태평양전쟁이라는 무모한 선택을 했던 것입니다.

왜 진주만은 무방비 상태였나

나카다 세이이치中田整一는 NHK의 전 프로듀서로 〈다큐멘터리 쇼와〉 등 우수한 다큐멘터리를 만든 사람입니다. 그는 2·26사건 당시 진압군이 봉기군 청년 장교들의 통화 내용을 전부 도청했던 것 등을 밝혀내고, 그 레코드판을 발견하기도 했습니다. NHK에서 퇴사한 후에 그는 사료에 근거해 여러 가지 책을 쓰고 있습니다. 그가 후치다 미쓰오淵田美津雄라는 군인의 자서전을 미국에서 찾아내 출판했는데, 참으로 재미있는 책입니다.*

---

* 후치다 미쓰오·나카다 세이이치 엮음, 양경갑 외 옮김, 《진주만 공격 총대장의 회심》, 북산책, 2015.

전후 후치다는 그리스도교 선교사가 돼 미국에서 선교 활동을 했습니다. 약간 특이하지 않습니까? 후치다가 미국에서 포교하는 것이 왜 특이하냐면, 그는 일본의 진주만 공격 당시 항공대의 총지휘관이었기 때문입니다. 즉, 후치다는 300대가 넘는 전투기를 이끌고 진주만에 정박했던 전함 그리고 거기에 탔던 미군을 진주만에 가라앉힌 장본인이었습니다.

그 당시 일본 해군 조종사는 비행시간이 길고 높은 기량을 보유하고 있었습니다. 태평양전쟁이 시작되기 전까지 일본군은 중국 대륙을 향한 도양渡洋 폭격을 거듭하고 있었기 때문입니다. 또 해군은 총력을 기울여서 일명 '제로센'이라 불리는 '0식 함상전투기'를 개발하고 있었습니다. 진주만 공격으로 인한 미군 사상자는 미국의 기록에 따르면, 해군의 경우 전사자(해병대 포함) 3077명, 부상자 876명, 육군의 경우 전사자 226명, 부상자 396명이었습니다. 침몰한 배는 전함 다섯 척, 구축함 두 척이며, 파괴된 항공기는 188대에 달했습니다. 다만 다른 곳에 있었던 항모를 공격할 수 없었다는 것이 큰 문제였습니다. 공격 후 후치다는 세 시간 동안 하와이 상공을 선회하며 전과를 확인했다고 합니다. 그 정도로 주도면밀하지 않으면 항공기 피해, 전함 침몰 등을 확실하게 판명하지 못하기 때문입니다.

그런데 왜 미국은 전함을 무방비 상태로 진주만에 두었을까요? 저도 여기에 대해 의문을 품은 적이 있습니다. 왜냐하면 미국과 영국은 일본이 반드시 기습으로 선제공격할 것을 알고 있었기 때문입니다. 실제로 많은 사람이 태평양에서의 전쟁은 일본의 선제공격으로 시작될 것이라고 예측했습니다. 그리고 하와이는 선제공격에 알맞은 장소이기도 했습니다. 그런데도 미국은 어뢰 방어용 그물도 설치하지 않은 채 적절한 방비를 갖추지 않았습니다. 왜 그랬을까요?

—　…?

해군 마니아도 잘 모르시는 건가요? (웃음) 그야말로 나카다의 책 인용입니다만, 당시의 기술에 대해서 설명하겠습니다. 전투기가 전함에 접근해 폭탄을 투하하는 것은 상당히 어려운 일이었습니다. 전함에 접근해야 하기 때문입니다. 전함에는 전투기를 요격하기 위한 대공포가 붙어 있기 때문에 자칫하면 접근 도중에 격추되고 맙니다. 그럼 전투기는 어떻게 전함을 침몰시킬까요? 일단 접근을 하지 않아야 하는데, 바로 어뢰라는 무기가 있습니다. 전투기가 어뢰를 1000미터 정도 거리의 바다에 떨어뜨리면 투하된 어뢰가 전함을 향해 똑바로 전진합니다.

전투기가 고도 100미터 정도에서 어뢰를 떨어뜨리면 어뢰는 바다 60미터 정도 깊이까지 가라앉습니다. 이 가라앉을 때의 충격으로 기계가 움직이고 스크루가 회전해서 어뢰가 떠오릅니다. 그리고 어뢰는 심도 6미터를 유지하며 목표를 향해서 전진합니다. 어뢰의 목표가 되는 배의

후치다 미쓰오
사진: 《진주만 공격 총대장의 회상, 후치다 미쓰오 자서전眞珠灣攻撃總大將の回想 – 淵田美津雄自敍傳》일본어판 표지

경우 흘수吃水(떠 있는 배의 배 밑바닥에서 수면까지의 거리)가 7미터인데, 6미터로 전진해온다는 것은 배 밑바닥으로부터 1미터에 위치한 화약 창고 부분을 정확히 겨냥하는 것입니다. 어떤 의미로 어뢰는 대단히 잘 만든 무기입니다. 전투기는 안전한 곳에서 어뢰를 투하하고, 어뢰는 적함의 화약 창고를 향해서 바닷속을 전진하기 때문입니다.

그러나 진주만은 다른 곳과 다릅니다. 진주만은 수심 12미터의 얕은 만입니다. 전함은 수면에서 배 밑바닥까지 7미터 정도 여유가 있으면 정박할 수 있습니다. 그러므로 진주만은 배가 정박할 수는 있습니다. 하지만 어뢰가 가라앉는 수심 60미터의 여유는 없으니 어뢰가 떨어져도 전부 만의 바닥에 꽂히게 되겠지요. 그래서 미국은 일본의 공격을 그다지 걱정하지 않았습니다. 게다가 일본의 기술을 얕보았던 점도 있습니다. 설마 일본이 바닥에 닿지 않도록 살짝 어뢰를 떨어뜨릴 것이라고는 생각하지 않았던 것이지요.

전쟁에서 상대방을 얕볼 때는 인종 편견이 크게 작용하기도 합니다. 일본 전투기가 홍콩을 공격하자, 어떤 영국인은 일본 전투기에 틀림없이 독일인이 타고 있을 것이라고 말했다고 합니다.* 확실히 남아 있는 기록입니다.

한편 미국의 생각과 달리 후치다의 해군항공대는 '월월화수목금금'으로 제대로 쉬지도 못한 채 혹독한 훈련을 거듭했습니다. 이들은 지

---

* 당시에는 동양인은 서구인(백인)에 비해 열등하다고 생각하는 사람이 많았다.

형이 비슷한 가고시마만을 진주만으로 상정하고 어뢰 투하 훈련을 했습니다. 즉 60미터까지 가라앉지 않도록 어뢰를 투하하는 훈련입니다. 꽤 어려운 기술이었습니다.

──── 얼마 동안 훈련해서 수심 12미터 미만이 가능하게 됐나요?

이 작전을 결정한 것이 1941년 9월 하순이니까 약 3개월 만에 가능해진 것입니다.

──── 대단하네요. 기간이 짧은데.

네, 그렇습니다. 미국도 설마 일본이 그런 공격을 하리라고는 생각지 못했습니다. 그래서 안심하고 어뢰 그물도 설치하지 않았고 방비도 제대로 하지 않았습니다. 상대의 능력을 얕보는 것은 어느 나라 군대에나 있나 봅니다. 그런데 얕은 바다에서의 어뢰 공격이 일본의 독창적인 기술은 아닙니다. 진주만 공격 약 1년 전인 1940년 11월 11일, 영국 해군의 수상공격대가 이탈리아의 타란토항을 급습해서 정박 중인 이탈리아 전함 두 척을 어뢰 공격으로 격침했습니다. 타란토항의 수심은 14미터였습니다. 그러니까 일본의 노력은 14미터에서 12미터로, 2미터 차이를 더 극복하는 것이었지요. 미국 측 기록에 의하면 투하된 어뢰 중 스물일곱 발이 명중했는데 전함 웨스트버지니아에 일곱 발, 전함 오클라호마에 다섯 발이 명중했다고 합니다.

속전속결 외의 길은 없었는가

매년 여름에 보수적인 월간지가 기획하는 태평양전쟁 특집에서는 반성도, 탄식도 없는 질문을 몇 번이고 반복합니다. 이를테면 '왜 일본은 미국의 전투 본능에 기름을 붓는 것처럼 기습 공격 따위를 했는가?' 혹은 '왜 일본은 잠재적인 국력·자원이 부족한 독일, 이탈리아와 삼국동맹을 맺었는가?'와 같은 질문이 그것입니다. 그런 논의를 보면서 속전속결 외에 정말 일본은 전쟁에서 다른 계획을 세울 수 있었을까, 하는 생각이 듭니다. 단기결전 외에 다른 대안이 있었을까요? 이 문제를 생각하다 보면 사상 문제로까지 질문이 커집니다.

국토가 넓고 인적·물적 자원이 풍부한 미국, 소련, 중국 그리고 일곱 개의 바다에 식민지 제국을 구축한 영국을 제외한 국가는 전쟁이 총력전으로 접어들면 지구전 수행이 불가능하지 않을까요? 그럼 지구전을 피하고 싶은 국가, 전격전을 하고 싶은 국가는 어떤 행동을 할까요? 독일의 행동을 생각하면 일본의 움직임이 잘 보입니다. 자, 그럼 독일의 움직임을 보기 위해 제2차 세계대전이 시작되기 전으로 되돌아가보겠습니다.

1939년 당시 독일은 일본보다 금 보유량, 외화준비금이 적었습니다. 그래서 중일전쟁 시기까지 독일은 희소 자원인 텅스텐을 주면 무기를 제공하겠다면서 중국과 자주 현물거래를 했습니다. 또 독일의 전통적인 지배층인 국방군, 외무성 등의 관료는 소련이나 중국과 사이좋게 지내며 자원 획득에 노력했습니다. 이념이 아니라 경제적 합리주의에 기초한 정책을 편 것이지요. 1936년의 통계에 따르면, 독일은 무기 수출 총량의 57퍼센트를 중국에 수출하고, 일본에는 0.5퍼센트밖에 수출하지 않았습니다. 세이조成城대학의 다지마 노부오田嶋信雄 교수가 규명한 수치입니다. 자원이 풍부한 나라와 협조한다는 독일의 합리적인 정책은 1938년 6월까지 지속됩니다.

어쩌면 독일은 이 상태에서 생산력을 축적한 다음, 숙적인 영국·프랑스와 전쟁을 벌였을지도 모릅니다. 그러나 독일 내에 전혀 합리적이지 않은 다른 세력이 등장합니다. 이들은 국방군에서 첩보를 담당하는 특수한 그룹인데, 거기에 빌헬름 프란츠 카나리스라는 인물이 있었습니다. 국방군의 해군 제독입니다. 카나리스와 함께 히틀러의 신임을 받는 요아힘 폰 리벤트로프 등이 합리성을 결여한 의견을 말하기 시작했습니다. 그들은 "독일이 언제까지나 소련, 중국과 협조하며 물건과 물건만을 교환하는 것은 위험하다"라고 말했습니다. 카나리스와 리벤트로프 등은 첩보를 통해서 소련이 무엇을 생각하는지 상세하게 추적했습니다.

그들은 소련이 전 세계의 공산화를 진지하게 생각한다고 확신했습니다. 그래서 방공防共과 반공反共, 즉 공산주의 타도를 진지하게 고민하기 시작했습니다. 보통 나치스라고 하면 반유대 정책이 생각나지만, 반공도 빼놓을 수 없습니다. 그들은 공산주의를 막는 방파제를 만들지 않으면 독일이 생존할 수 없다고 말하기 시작했습니다. 그 결과

1938년 6월에 히틀러는 중국을 지지하던 정책을 극적으로 바꾸었습니다. 그리고 일본을 지지하기 시작했습니다. 그런데 생각해야 할 것이 있습니다. 과연 독일이 일본의 어떤 점을 높게 평가했는가 하는 문제입니다.

사실 독일 국방군은 일본군을 업신여겼습니다. 일본이 제1차 세계대전이라는 총력전을 경험하지 못한 이유도 있었습니다. 그렇지만 독일은 태도를 극적으로 바꾸었습니다. 지정학적으로 일본은 소련에 대한 천연의 요새였기 때문입니다. 소련이 태평양으로 나가기 위해서는 일본의 해협 세 개를 뚫어야 합니다. 쓰가루, 소야, 쓰시마해협입니다. 독일은 경제에 기반을 둔 합리적인 중국 정책을 버리고 일본을 선택한 셈입니다.

여기서 중요한 것은 독일이 중국을 버렸다는 것입니다. 이제 중국은 소련에 접근할 수밖에 없습니다. 중일전쟁이 발발했을 때만 해도 독일은 중국에 무기를 팔았습니다. 그러나 공산주의를 막아야 한다면서 이제는 극동의 일본과 손을 잡았습니다. 그러자 중국공산당의 영향력 확대를 우려하던 중국의 국민정부는 중국공산당보다 먼저 자신들이 소련에 접근해야 한다고 생각했습니다. 독일과 일본의 접근이 중국과 소련의 접근을 초래한 것입니다. 그 이면에는 '공산주의에 어떻게 대처할 것인가?'라는 이데올로기 문제와 지정학적 문제가 있었습니다. 독일과 일본은 지구전을 수행할 수 없는 국가였기 때문에 아시아와 유럽 양쪽에서 소련을 견제하려고 했던 것입니다.

결국 지구전을 수행할 수 없는 독일은 일본과 손을 잡았습니다. 이 것이 속전속결 외에 그들이 취했던 계획입니다. 아시아의 전쟁이었던 중일전쟁이 제2차 세계대전의 일부가 된 데에는 그러한 지정학적 배경이 있었습니다.

> 독일은 공산주의를 타도하기 위해
> 경제적 합리주의에 기초한
> 중국과의 거래를 버리고
> 일본을 선택했다.

일본은 전쟁할 자격이 없는 국가

지구전을 수행할 수 없기 때문에 속전속결로 싸우거나 가상적국을 지정학적으로 협공한다는 생각을 할 수밖에 없습니다. 둘 다 힘든 일입니다. (웃음) 그런데 이와 달리 일본이 지구전을 수행할 수 없다면 애당초 싸움을 할 수 없는 국가라고 스스로 인정해버리면 된다고 생각한 사람이 있었습니다. 군인이면서 평화 사상을 주장한 사람입니다. 여러분, 아십니까? 쇼와 초기에 평화 사상을 설교한 해군입니다.

—— 야마모토 이소로쿠인가요?

아닙니다. 그도 전쟁을 좋아하는 사람은 아니었지만 말입니다.

—— 요나이 미쓰마사 아닌가요?

요나이는 정말 제대로 된 군인이었습니다. 그러나 요나이도 아닙니다. 그는 1920년대에 "일본은 이러저러한 이유로 애당초 전쟁이 불가능한 나라니까 전쟁할 생각을 하지 마시오" 하고 말했습니다. 답은 미즈노 히로노리水野廣德입니다. 그는 1929년에 〈무산 계급과 국방 문제〉라는 글을 썼습니다. 이 두 개의 단어가 왜 연결되는지 이상하지 않습니까?

미즈노는 '국가의 안전이란 무엇인가'에 대해 깊이 생각한 사람이었습니다. 1929년은 아직 전투기가 초보적인 단계에 머물렀던 시기입니다. 이러한 시기에 미즈노는 "섬나라 일본이 영토 문제로 인해 위협받지 않는다면, 국가로서 일본의 불안 요인은 경제적인 불안일 것이다"라고 말했습니다. 또 그는 국가로서 일본의 생명줄은 외국과의 통상 관계라고 주장하고, 이것은 일본이 '국제적인 비리와 불법'을 저지르지 않는다면 보장될 것이라고 말했습니다.

그의 주장을 종합적으로 정리하면 다음과 같습니다. '일본에 가장 중요한 것은 경제다. 우리 나라는 주요 물자의 8할을 외국에 의존하기 때문에 통상 관계의 유지는 생명줄과도 같다. 외국과의 통상 관계는 일본이 비리와 불법을 저지르지 않는 한 유지될 것이다. 현대의 전쟁은 반드시 지구전, 경제전이 될 것이다. 그런데 일본은 물자가 부족하고 기술이 저열하며, 주요 수출 품목은 생필품이 아닌 생사다. 전쟁에서 일본은 치명적인 약점을 가진 셈이다. 따라서 일본은 무력전에는 이겨도 지구전, 경제전에는 절대로 이길 수 없다. 그러므로 일본은 전쟁할 자격이 없다.'

미즈노 히로노리

"일본은 전쟁할 자격이 없다."

군인이 이런 주장을 했습니다. 기술이 저열하다는 미즈노의 지적은 굉장히 가혹합니다. 하지만 그의 말대로 일본의 주요 수출품은 생필품도, 상대방이 사활을 걸 정도로 중요한 것도 아니었습니다. 텅스텐, 우라늄, 티타늄 등의 자원은 일본에서 산출되지 않습니다. 일본의 수출품은 기껏해야 '부잣집 아가씨'를 기쁘게 하는 명주나 면직물 정도입니다. 그렇다면 일본과의 무역이 끊겨도 곤란한 나라는 없습니다. 그래서 미즈노 히로노리는 다음과 같이 주장했습니다.

이렇게 전쟁이 기계화, 공업화, 경제화된 현대에 군수 원료의 대부분을 외국에 의지하는 국방은 마치 외국의 용병으로 나라를 지키는 것과 같다. 이것은 전쟁 국가로서 치명적인 약점이다. 극단적으로 평하면 이런 나라는 혼자 힘으로 전쟁을 수행할 자격이 없다. 그러므로 평시에 아무리 활발하게 육해군 군비를 확장해도 필경 모래 위의 누각에 지나지 않는다.

미즈노의 주장을 보면 앞에서 언급했던 중국의 후스가 떠오릅니다. 후스는 중국 국토의 적잖은 부분, 즉 해안의 대부분이 봉쇄된 후에야 비로소 미국과 소련을 전쟁으로 끌어들일 수 있다고 주장했습니다. 후스는 중국이 지구전에 강한 것과 일본이 지구전에 약한 것을 알았고,

미즈노도 마찬가지였습니다. 그래서 미즈노는 일본이 전쟁할 자격이 없다고 주장한 것입니다. 그러나 그의 주장은 탄압받았고, 국민도 그의 주장을 진지하게 받아들이지 않았습니다.

　오히려 일본의 관심사는 다른 곳으로 옮겨갔습니다. 즉 지구전은 불가능하니 독일과 함께 소련을 협공할 것인가, 아니면 어떤 방법으로 상대를 선제공격할 것인가, 하는 문제였습니다. 이 양자택일의 문제에서 일본이 선택한 것은 후자였습니다.

전쟁의
양상

필사적인 싸움

여기까지는 전쟁에서의 기술, 방법에 대한 이야기입니다. 당시의 군국軍國 소년·소녀가 설레는 마음으로 라디오에서 들었을 것 같은 그런 이야기인 셈입니다. 확실히 처음에는 그랬습니다. 불과 3일 만에 일본은 미국과 영국을 상대로 오케하자마전투에 비교해도 괜찮을 만큼 전과를 거두었습니다. 특히 해군항공대가 미국 태평양함대와 영국 극동함대의 주력부대를 하와이와 말레이 앞바다에서 일거에 괴멸시킨 것은 놀라운 일이었습니다.

그렇지만 독일, 이탈리아, 일본 3국으로 이루어진 동맹국의 국력은 영국, 프랑스, 폴란드, 소련, 미국이 모인 연합국의 국력과는 큰 차이가

납니다. 얼마 전까지는 연합국이 사실상 영국 한 나라였습니다. 그러나 1941년 6월에 소련이, 같은 해 12월에 미국이 연합국에 가담했습니다. 게다가 1937년부터 일본군을 대륙에 못박아두고 있었던 중국도 태평양전쟁이 시작되자 일본에 정식으로 선전포고를 했습니다. 그렇게 연합국은 압도적으로 유리한 지반을 쌓아갔습니다.

앞에서 언급했던 요시다 유타카 교수의 《아시아·태평양전쟁》*에는 무척 흥미로운 표가 실려 있습니다. 이와테현岩手縣의 육해군 전사자 수 추이인데, 태평양전쟁 시작부터 1945년 패전 때까지 이와테현 전체에서 3만 724명이 전사합니다. 그중에서 1944년 이후 전사자가 전체의 87.6퍼센트를 차지했습니다. 전체의 9할에 가까운 사람이 마지막 1년 반 동안 전사한 셈입니다.

전사자 중 약 9할이 마지막 1년 반 동안에 사망했다.

왜 그랬을까요? 그 이유는 태평양전쟁이 1944년 6월 19일부터 20일 사이에 벌어진 마리아나해전으로 이미 결판이 났기 때문입니다. 마리아나제도는 제1차 세계대전 후 구독일령이었던 것을 일본이 위임통치령으로 분배받은 섬으로 사이판, 괌 등이 포함된 지역입니다. 이

---

* 吉田裕, 《アジア·太平洋戰爭》, 岩波書店, 2007. 한국어판은 요시다 유타카, 최혜주 옮김, 《아시아·태평양전쟁》, 어문학사, 2012.

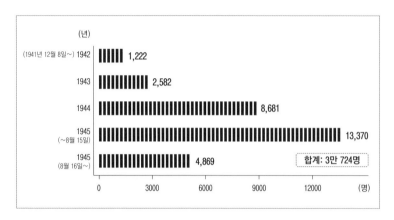

이와테현의 전사자 추이
태평양전쟁 개전부터 패전까지의 이와테현 출신 병사의 전사자 수.
출처: 吉田裕, 《アジア·太平洋戦争》, 岩波書店, 2007, 183쪽.

해전에서 미국과 일본은 항모를 주축으로 하는 기동부대끼리 싸웠습니다. 여기서 일본은 많은 항모와 항공기를 잃고 결정적으로 패배했습니다.

보통은 전쟁의 분기점으로 1942년 6월 5일의 미드웨이해전(일본 해군이 암호를 해독당해서 미군의 매복에 걸렸고, 그로 인해 항모 네 척과 모든 함재기를 잃은 해전)이 유명합니다. 하지만 1942년 당시 일본 육군은 홍콩, 필리핀, 싱가포르, 자바, 버마 등을 성공적으로 점령한 상태였습니다. 따라서 일본군의 불패 신화는 여전히 건재했습니다.

한편 이 무렵 연합국에서는 중국 전선을 담당하는 장제스와 인도·버마 방면을 담당하는 영국 사이에 마찰이 끊이지 않았습니다. 장제스

는 미국의 루스벨트 대통령에게 영국에 의한 인도 통치의 가혹함을 고
발했습니다.

**영국은 인도에 완전한 자유를 주어야 합니다. 이것은 연합국의 전쟁 목적
과 우리의 공통된 관심사이기도 하기 때문에** 침묵할 수 없습니다. 고대 중
국의 속담에 "좋은 약은 입에 쓰다"라는 말이 있습니다. 성심誠心에서 나온
조언은 분명히 영국의 기분을 나쁘게 하겠지만, 이후 취해야 하는 방향을
제시할 수 있을 것입니다.

장제스가 하고 싶은 말은 '장래에 독립을 허용한다는 결정을 영국
이 내린다면 인도 병사는 더욱 용감하게 일본군에 맞서 싸울 것이다.
인도 병사가 약하기 때문에 중국군도 상당히 고생한다'는 것입니다. 그
러나 이에 대한 처칠의 대답은 매우 쌀쌀합니다.

연합국이 따라야 할 가장 좋은 규칙은 서로의 국내 문제에 간섭하지 않는
것입니다. 영국은 중국이 공산당과 국민당으로 나뉘어 가장 격렬하게 대립
했던, 가장 위태로운 때조차 그것에 관해 어떠한 논평도 하지 않았습니다.
제가 총리로 있는 한 어떠한 영국 정부도 **대영제국의 존엄에 관련된 참견
을 절대 받아들일 수 없다**는 것을 기록해두고 싶습니다.

이런 것을 은근무례라고 합니다. 상대를 완전히 깔보는 내용입니다.

장제스가 불쌍하기까지 합니다. 사실 영국을 상대하는 장제스의 처지는 난처했습니다. 중국과 영국은 연합국의 일원이지만, 필사적으로 싸움을 걸어오는 일본군을 어느 나라가 정면에서 맞설지를 두고 내분이 끊이지 않았습니다. 처칠은 버마에서 일본군을 상대할 것을 거부하고 "일본군과 싸우기 위해 정글을 헤치고 들어가는 것은 마치 상어와 싸우기 위해서 함부로 물에 들어가는 것과 같다"라고 말하면서 영국군의 전력을 보존하려고 했습니다. 1942년 6월의 미드웨이해전 패배 이후에도 일본에는 여전히 가능성이 남아 있었습니다. 그러나 1944년 6월 이후에는 그것마저 사라졌습니다.

그런데도 일본인은 반드시 이길 것을 믿었는가

—— 많은 전사자가 나왔는데, 왜 그 상황이 일본 전국으로 전해지지 않았나요?
좋은 질문입니다. 전선의 병사는 고향과 잘 연락할 수 없었습니다. 검열도 있고 엽서를 쓸 수 있는 기회도 제한됐기 때문입니다. 그래도 살아 있으면 한 달에 한 번쯤은 반드시 엽서를 보냈습니다. 그런데 어느 때부터인가 그마저 뚝 끊깁니다. 예를 들어 뉴기니에는 제18군이 파견됐는데, 10만 명의 군인 중에 9만 명이 굶주림으로 죽었습니다. 그러면 고향에서는 점점 "이상하다. 아버지로부터 편지가 안 오네", "옆 마을의 누구네 집도 그렇대" 하는 식의 이야기가 퍼집니다. 이처럼 지극히 좁은 지역에서는 동네 사람의 이야기를 통해 아버지와 아들 혹은 형제가 전사했음을 상상할 수 있습니다.

그런데 문제는 그다음입니다. 특정 지역, 이를테면 니가타현이나 미야기현 등의 지방 신문에는 제18군 전사자의 이름과 인원수가 실립니다. 지역에서 거행하는 장례식이 중요하기 때문입니다. 그러나 해당 정보는 그 외의 지역으로는 전해지지 않습니다. 이것은 검열제도의 전문가 나카조노 히로시中園裕가 밝힌 것으로, 정부에서는 지방지가 전사자 통계를 합해서 계산하는 것을 금지했습니다.

만약 누군가가 자동차로 돌아다니며 모든 현의 신문을 조사해서 전사자 수를 합쳤다면 전국 규모의 전사자 합계를 알 수도 있었을 것입니다. 그러나 그러한 일을 할 수 있는 사람은 없었습니다. 경찰에 체포되기 때문입니다. 신문에는 자살특공대에 지원했다는 조종사의 사진은 실려도, 뉴기니에서 어느 지방의 사단 90퍼센트가 전사했다는 소식은 실리지 않았습니다. 일본은 국민이 패배를 알 수 없도록, 정보를 모을 수 없도록 단속하면서 전쟁을 계속했습니다. 이것이 1944년의 상황입니다.

그럼 당시 일본인은 어떻게 정보를 얻었을까요? 바로 앞에서 이야기했던 라디오입니다. 국민의 반이 라디오 수신 세대였기 때문에 라디오를 크게 틀어놓으면 나라에서 알리고 싶은 것은 금방 전해졌습니다. 그러면 나라에서 알리고 싶어 하지 않는 정보는 어떻게 전해졌을까요? 우선 단파 라디오로 몰래 연합국의 방송을 듣는 방법이 있습니다. 기술적으로 가능했기 때문에 영어 가능자가 헌병에 붙잡힐 것을 각오하고 듣는 일이 있었습니다. 원래 단파통신 전파를 쓸 수 있는 곳은 사전에 허가받은 통신사나 신문사, 국가기관으로 제한됐습니다. 하지만 실제로는 다양한 장소에서 여러 사람이 몰래 연합국의 방송을 들었습니다. 물론 이 사실은 전후에 밝혀진 것입니다.

그러나 국민도 여간내기가 아닙니다. 사람들은 '주가' 이야기를 듣고도 정보의 흐름을 느꼈습니다.

—— 네? 주가라니요? 전쟁 중에도 주식시장이 열렸나요?

놀랐나요? 네, 주식시장이 열렸습니다. 이것도 요시다 유타카 교수의 책에 나오는 이야기입니다만, 1945년 2월부터 군수공업 관련이 아닌, 민수 관련 주가가 올랐습니다. 예를 들어 기계로 천을 짜는 방적 관련 주식이 오르기 시작했습니다. 원래 전쟁 중에 오르지 않는 종목인데, 이런 주식에 가격이 붙기 시작한 것이지요. 이것은 해당 주식의 매수자가 늘었다는 뜻입니다. 또 다른 예를 들어보지요. 선박 침몰로 1943년 무렵부터 일본에는 민간의 배가 거의 남지 않게 됐습니다. 선박 건조에 필요한 철강도, 선박을 움직일 연료도, 발동기도 없다고 여기저기서 아우성이었지요. 그런데 선박 관련 주가가 올라갔습니다. 이것은 누군가가 전쟁이 끝나서 평시로 돌아갈 것을 예상하고 주식을 매수했다고 보는 것이 타당합니다.

전사한 장소를 알려줄 수 없었던 나라

"일본인은 독일인과 비교해 제2차 세계대전에 대한 반성이 부족하다"
라는 말이 있습니다. 자주 회자되는 말입니다. 이를테면 일본의 진주만
공격으로 일요일 아침 아직 잠자리에 있었던 3000명의 미국 젊은이가
죽었습니다. 이것 하나만 봐도 커다란 기해 행위임이 분명합니다.

중일전쟁과 태평양전쟁으로 희생된 중국인은 (수치는 통계에 따라
다르고 논란도 있습니다만) 중국이 작성한 통계로 볼 때 군인 사상자
가 약 330만 명, 민간인 사상자가 약 800만 명입니다. 그리고 타이완,
한국, 남양군도 등 일본의 식민지와 위임통치령 지역 사람들도 커다란
고통을 겪었습니다. 우리는 이들의 고통을 결코 잊어서는 안 될 것입
니다. 1938년에 제정된 국가총동원법에 근거해 1939년에 만들어진 국
민징용령이란 것이 있습니다. 이것은 국가의 명령으로 전쟁에 필요한
산업에 인원을 배치할 수 있도록 한 칙령입니다. 이 징용령 때문에 식
민지에서 많은 노동자가 동원돼 일본 내의 탄광, 비행장 건설장 등에
배치됐습니다. 한국의 경우 1944년까지 인구의 16퍼센트가 한반도 밖
으로 동원됐다고 합니다.

여기서 주목해야 할 것은 일본은 태평양전쟁에서 많은 사람이 죽은
것을 대개 수동형으로 표현한다는 점입니다. 즉 죽은 일본인도 '피해
자'라는 뉘앙스인데, 이것은 많은 일본인이 태평양전쟁을 '피해'의 이미
지로 느낀다는 것을 의미합니다. 거기에는 그 나름의 이유가 있습니다.

이와테현에서처럼 전체 전사자의 9할이 1944년부터 패전까지의 1년 반 동안에 발생했다고 합시다. 그렇다면 그 9할의 전사자는 머나먼 전장에서 죽은 셈입니다. 그런데 일본이라는 나라는 유족에게 그 병사가 언제, 어디에서 죽었는지 알려줄 수 없었습니다. 이것은 위령慰靈에 관한 당시 사람들의 생각을 감안할 때 대단히 고통스러운 일이었습니다.

전통적으로 일본인은 젊은 남성이 미혼인 채 자손을 남기지 못하고 먼 타향에서 비명횡사하면 죽은 넋에 **재앙이 깃든다고** 생각했습니다. 그래서 전쟁 등으로 외국에서 전사한 청년의 넋은 죽은 장소와 때를 알려주고 매장해야 합니다. 이 같은 일본인의 영혼, 위령에 대한 생각을 이해하는 데 가장 좋은 것은 오리구치 시노부折口信夫의 책이 아닐까요.

오리구치 시노부는 야나기타 구니오柳田國男와 함께 일본의 민속학, 국학 연구의 제1인자입니다. 그런데 오리구치의 이야기는 마음을 찡하게 만드는 점이 있습니다. 오리구치가 가장 사랑하는 제자는 후지이 하루미藤井春洋였습니다. 오리구치는 후지이를 자신의 예술·학문을 잇는 후계자로서만이 아니라, 그 이상의 마음으로 아꼈습니다.

1945년 봄에 후지이는 물도, 식량도 떨어진 절해의 고도 이오섬硫黃島, 그곳에서 벌어진 치열한 전투에서 죽었습니다. 미국과 일본 간에 치열한 지상전이 벌어졌던 이오섬전투에 관해서는 클린트 이스트우드 감독, 와타나베 겐 주연으로 2006년에 개봉한 영화 〈이오지마에서 온 편지〉를 보면 참고가 될 것입니다.

오리구치가 후지이를 생각하며 읊은 시에 "2월의 스무 날, 하늘의 달은 깊은데 아직 살아 있는 아이는 싸우고 있는가?"라는 구절이 있습니다. 2월 19일 미군은 이오섬에 상륙했습니다. 그리고 3월 17일에 이오섬의 수비대는 전멸했는데, 그 전사자가 2만 3000명에 달했다고 합니다. 2월은 음력 2월을 가리키는데, 이 시구의 뜻은 '2월 20일, 달의 정취가 깊다. 내 사랑하는 하루미는 아직도 죽지 않고, 필사적으로 싸우고 있을까?'라는 것입니다. 오리구치는 샤쿠초쿠釈迢空라는 이름으로도 시를 읊었는데, 가인歌人*으로서도 뛰어났습니다. 그가 읊은 시에는 마음을 움직이는 힘이 있습니다.

후지이를 생각하며 쓴 시에는 조용한 분노가 흐르고 있습니다. 질수밖에 없는 싸움 속으로 사랑하는 젊은이를 데려간 국가에 대한 분노입니다. 오리구치는 '정든 고향을 떠나 비명에 죽어간 자의 넋, 위로받지 못하고 전쟁에서 죽은 자의 넋은 후세에 재앙을 불러일으키는 혼령이 된다'고 생각했습니다. 이것은 많은 사람이 공유하는 생각이었습니다. 그런 생각은 전후에 어느 유족(아버지)이 쓴 편지에도 남아 있습니다. "산중에 버려진 사랑하는 아들을 구출하지 못하면 부모로서 견딜수 없고, 천리天理에도 어긋납니다." 즉 레이테든, 과달카날이든 정글에서 죽은 사랑하는 아들의 뼈를 수습하지 않으면 부모로서 마음이 편치 않고, 또 하늘의 도리에도 반하는 것이라는 뜻입니다. 이것이 오리구

---

* 일본 고유의 정형시 와카和歌를 읊는 사람.

치를 포함한 많은 일본인의 정서였습니다. 이러한 정서는 엄청난 수의 전사자와 어우러져 일본인이 태평양전쟁을 '피해'의 이미지로 느끼도록 만들었습니다.

만주의 기억

앞에서 일본인이 태평양전쟁을 피해의 이미지로 느꼈다고 했습니다. 그리고 그 이유로 엄청난 수의 전사자와 수습되지 못한 시신을 들었습니다. 그런데 두 번째 이유도 있습니다. 바로 만주에 얽힌 국민적인 기억입니다. 제2차 세계대전 당시 소련은 일본과 중립 조약을 체결한 상태였습니다. 그러나 소련은 독일이 항복한 3개월 후 대일전에 참전하겠다고 연합국에 약속했습니다. 그리고 1945년 8월 8일 일본을 공격했습니다. 독일이 5월 7일에 무조건 항복했으니까 확실히 3개월 후이긴 합니다. 그런데 8월 6일 미국이 히로시마에 원자폭탄을 투하했기 때문에 일본의 패전은 이미 시간문제에 불과했습니다. 그러한 상황에서 소련의 침공이 있었고, 개척단 이민으로 만주에 있던 많은 일본인이 소련군의 침공에 정면으로 노출됐습니다. 그래서 당시의 만주 거주 일본인은 많은 고초를 겪었고, 그 때문에 전후 일본에서는 소련에 대한 미움이 오랫동안 사라지지 않았습니다.

패전 당시 만주 지역에는 150만 명의 민간인이 있었습니다. 그리고

50만 명의 관동군 병사가 있었습니다. 즉 제2차 세계대전이 끝날 무렵 만주에는 200만 명의 일본인이 있었던 것입니다. 침공해온 소련군에 의해 시베리아 지역과 몽골 등에 억류된 일본인은 약 63만 명(1990년 발표된 러시아 사료에 따름)에 달합니다. 당시 소련은 독일과의 치열한 전쟁으로 인해 노동력이 모자랐습니다. 그래서 철도 건설, 임업 등의 작업에 일본인 포로를 동원했습니다. 억류된 63만 명 중 가혹한 환경으로 인해 사망한 사람은 6만 6400명에 이릅니다.

제2차 세계대전이 끝날 무렵 해외에 있던 일본인 민간인은 321만 명이었습니다. 여기에 육해군 군인이 대략 367만 명이었는데, 이 둘을 합치면 688만 명의 일본인이 해외에 있었던 셈입니다. 그리고 688만 명 중에 200만 명이 만주에 있었습니다. 그 200만 명 중에 소련 침공 후 사망한 사람이 모두 24만 5400명이라고 합니다(억류 도중에 사망한 사람 포함). 상당히 많은 수입니다. 사망자와 귀국하지 못한 고아나 부인 등을 제외하고 많은 일본인이 만주에서 철수했습니다. 패전 당시 일본은 총인구의 8.7퍼센트가 철수를 경험했습니다.

특히 만주에서의 철수는 남녀노소 200만 명이 동시에 체험한 역사적 사건이라는 점에서 민족적으로도 커다란 체험이었습니다. 《내일의 조》*로 유명한 만화가 지바 데쓰야千葉徹也, 2008년에 사망한 《천재 바

---

* 권투를 주제로 한 일본의 스포츠 만화. 한국어판은 《허리케인 죠》다.

카본》*의 작가 아카쓰카 후지오赤塚不二夫 이 두 사람도 만주에서 철수했던 귀환자입니다. 아쿠타가와상을 받은 작가 아베 고보安部公房도 마찬가지였습니다. 철수 체험을 기초로 한 그의 소설《짐승들은 고향을 향한다》**는 걸작이니 읽어보시기 바랍니다.

확실히 만주로부터의 철수 체험은 가혹한 것이었습니다. 따라서 그 피해와 고통이 강조되는 것은 어쩔 수 없습니다. 그러나 참화를 낳은 근본 원인은 일본 정부의 정책에 있었다는 것을 잊어서는 안 될 것입니다. 한 가지 예를 들어보겠습니다. 나가노현長野縣은 만주로의 개척 이민이 많았던 곳이었습니다. 나가노현에서도 현청 소재지인 나가노시 주변이나 마쓰모토시松本市 주변보다는 현 남부의 난신南信이라는 곳에서 개척 이민을 많이 보냈습니다. 그래서 난신에는 개척 이민을 보낸 마을이 많이 있었습니다.

패전 당시 만주에 있었던 일본인 수: 약 200만 명
그중 소련 침공 후 사망자 수: 약 24만 5400명

이다시飯田市 역사연구소가 편찬한《만주이민》***이라는 책이 있습니다. 이 책은 역사적 사건인 '만주 개척을 위한 이민 송출과 철수'를 직

---

* 赤塚不二夫,《天才バカボン》. 애니메이션과 드라마로도 제작됐다.
** 安部公房,《けものたちは故郷をめざす》, 新潮社, 1982.
*** 飯田市歷史硏究所 編,《滿洲移民》, 現代史料出版, 2009.

접 체험한 지역민이 과거의 역사를 검증한 획기적인 책입니다. 이다시 주변에서 개척 이민을 가장 많이 보낸 마을의 경우 만주 이민 비율이 18.9퍼센트에 달했습니다. 마을 사람 다섯 명 중 한 명이 만주로 간 셈입니다. 본래 이다시 주변은 양잠이 번성해서 질 좋은 미국 수출용 생사 생산으로 유명했습니다. 그러나 세계대공황으로 생사 가격이 폭락하자 농가 경제는 큰 타격을 입었습니다. 그런 와중에도 1930년대 중반부터 양잠에서 다른 작물로 전업이 잘 이루어진 마을에서는 이민이 적었습니다. 한편 전업이 잘 진행되지 않은 곳은 주로 평탄한 토지가 적고 산이 많은 지역이었습니다. 그런 지역에서는 1938년부터 정부와 농림성이 모집한 '만주분촌이민滿洲分村移民' 모집에 적극적으로 응모했습니다. 물론 응모를 했다기보다 응모를 할 수밖에 없는 상황이었지요. 경기가 너무 나빠서 자영업은 망하고 일자리가 없었기 때문입니다.

만주분촌이민의 모집 구조는 대략 다음과 같습니다. 시험적인 이민은 1932년 무렵부터 시작됐습니다. 처음에 정부에서는 만주를 '젖과 꿀이 흐르는 땅'이라고 선전했는데, 이것은 곧 틀린 것으로 판명됐습니다. 만주의 추운 겨울은 일본인에게 맞지 않았습니다.

현지의 실정이 마을 사람에게 알려지자 응모자는 1938년 무렵부터 줄어들었습니다. 그래서 국가와 지자체에서는 마을 단위로 이민하면 '특별 조성금'이나 '별도 조성금'을 지급하고 마을의 도로 정비와 산업 진흥을 지원했습니다. 이런 방식의 이민을 '분촌이민'이라고 했는데,

경제 사정이 어려운 마을은 정부의 조성금을 받기 위해 주민에게 분촌이민을 열심히 권했다고 합니다. 결국 분촌이민을 떠나는 마을이 나왔고, 이들은 철수 과정에서 많은 희생자를 냈습니다.

물론 예외적으로 식견 있는 지도자도 있었습니다. 오시모조촌大下條村의 사사키 다다쓰나佐々木忠鋼 촌장이 그런 지도자였습니다. 사사키 촌장은 마을 사람의 생명에 관계되는 문제를 조성금으로 손쉽게 처리하려고 하는 국가와 현의 방식을 비판했고, 분촌이민에도 반대했습니다. 이렇게 앞을 내다보는 현명한 인물도 있기는 했습니다.

만주로부터의 철수를 이야기할 때 보통은 가혹한 소련군과 이민자를 버려두고 도망친 관동군을 비난하기 마련입니다. 하지만 그전에 생각해야 할 것은 '분촌이민'을 권유했던 국가와 현의 행동입니다. 특별 조성금, 별도 조성금이라는 돈으로 사람들을 보내려고 한 정책, 그 자체가 커다란 문제라고 할 수 있습니다.

시모이나下伊那 지역의 정촌町村 회장이었던 요시카와 아키오吉川亮夫도 식견이 있는 사람이었던 것 같습니다. 당시에 여러 마을은 분촌이민을 위한 보조금 획득에 광분했다고 합니다. 요시카와는 이러한 움직임을 비판하며 '보조금을 받기 위한 개척민 쟁탈전'이 벌어지고 있다고 크게 꾸짖었습니다. 당시에 정부와 현은 기일 내에 일정한 수의 분촌이민을 모으면 이러저러한 예산을 배분한다고 하면서 마을마다 경쟁을 시켰습니다. 오늘날 정부가 보조금을 미끼로 지자체 간에 경쟁을 시키는 것과 비슷합니다. 이런 사실을 안다면 현대 사회와 과거의 역사를 보는 관점이 크게 달라질 것입니다.

저는《만주이민》을 쓴 향토사가 여러분을 깊이 존경합니다. 이 책에는 지역에서 생활했기 때문에 쓸 수 있는 내용이 많습니다. 현명한 개척단장이 인솔한 마을의 경우, 그들은 원래의 토지 소유자였던 중국 농민과 좋은 관계를 맺었습니다. 그래서 지요촌千代村이라는 마을은 패전 후 중국 농민 대표와 협상해서 개척단의 농장·건물을 전부 양도한다고 약속하고, 안전한 지점까지 호위를 부탁했다고 합니다. 그래서 가장 낮은 사망률로 일본으로 철수할 수 있었습니다. 이것은 필연적인 역사의 흐름 속에서 개인의 자질이 얼마나 큰 영향을 미치는지를 잘 보여주는 예입니다.

다시 이야기를 돌리면, 이러한 만주에서의 기억은 태평양전쟁을 피해의 이미지로 떠올리게 하는 데 영향을 미쳤습니다.

포로의 대우

일본인 중에는 과거를 올바르게 보는 독일인과 그렇지 않은 일본인, 이런 식의 비교는 이제 그만하라고 말하는 사람이 많을 것입니다. 물론 정확한 데이터가 있다면 저도 그것을 근거로 올바르게 보려고 노력합니다. 그중 하나가 포로의 대우입니다. 어떤 미국 단체가 미군 포로 병사 398명의 명부에서 사망한 미군 병사 비율을 지역별로 산출했습니다. 그 데이터를 보면 일본과 독일의 차이를 알 수 있습니다. 독일군의 포로가 된 미군 병사의 사망률은 1.2퍼센트에 불과했습니다. 그런데 일본군의 포로가 된 미군 병사의 사망률은 37.3퍼센트를 넘었습니다. 상당한 차이입니다. 포로를 대우하는 일본군의 방식이 굉장히 가혹했다는 것을 보여줍니다.

물론 포로 문화가 없었던 일본 병사로서는 투항한 적국 군인이 인간으로 느껴지지 않았을 수도 있습니다. 그런 면이 있었을 것입니다. 그런데 그것만이 이유는 아닙니다. 일본은 자국의 군인조차 소중히 여기지 않았습니다. 이러한 일본의 성격이 결국 포로 학대로 이어진 것입니다. 전후 도쿄대학 문학부에 들어가 근대사를 배우고 나중에 히토쓰바시대학 교수가 된 후지와라 아키라藤原彰는 전쟁 당시 육군사관학교 출신 대위로서 중국 전선에서 싸웠습니다. 이미 고인이 됐지만 그가 쓴 《아사한 영령들》*은 꼭 읽어보시기 바랍니다.

전쟁에는 식량이 필요합니다. 뉴기니 북부의 정글 등에는 자동차도로가 없습니다. 병사의 1일 주식은 600그램입니다. 최전선에서 5000명의 병사를 움직이려고 하면 거리에 따라 다르지만, 주식만 짊어지고 간다고 해도 3만 명의 인원이 필요합니다. 그러나 이런 계산으로 식량을 보급한 곳은 하나도 없었습니다. 그래서 뉴기니 전선에서 병사들은 전사가 아니라 거의 대부분 아사했다고 합니다.

---

* 藤原彰, 《餓死した英靈たち》, 靑木書店, 2001.

이 같은 일본군의 체질은 국민의 생활에도 나타났습니다. 전쟁 중의 일본은 국민의 식량에 가장 신경 쓰지 않은 국가 중 하나라고 생각합니다. 패전에 가까워질 무렵 일본 국민이 섭취하는 칼로리는 1933년 시점의 60퍼센트로 떨어져 있었습니다. 일본은 1940년을 기준으로 농민이 41퍼센트나 있었던 나라입니다. 그런데 왜 이런 일이 벌어졌을까요? 일본의 농업은 노동집약형이었습니다. 그런데도 농민에게는 징집 유예가 거의 없었습니다. 공장의 숙련 노동자에게는 징집 유예가 있었지만 말이지요. 비료 사용법, 해충 방지법 등 농업 기술을 가진 농업학교 출신자도 전부 군인이 돼야 했습니다. 그러자 농업은 기술도, 지식도 없는 사람이 담당하게 됐고, 농업 생산은 계속 떨어졌습니다. 1944년에야 정부는 농민 중에도 기술자가 있다는 것을 깨닫고 징집 유예를 시행했습니다. 물론 때는 늦었습니다.

반면 독일은 달랐습니다. 독일은 일본보다 더 심하게 국토가 파괴됐습니다. 그러나 1945년 3월, 즉 항복 2개월 전 시점에 에너지 소비량이 1933년보다 10~20퍼센트 증가했습니다. 전시체제 이전보다 좋아진 셈입니다. 독일은 국민에게 배급하는 식량을 절대로 줄이지 않았습니다. 국민이 불만을 갖지 않도록 하기 위해서 식량 확보를 우선으로 한 것입니다.

태평양전쟁은 군인에게도, 국민에게도 비참한 전쟁이었습니다. 일본의 탄광에서는 많은 중국인 포로, 연행돼온 한국인 노동자가 일했습니다. 원래 포로에게 노동을 시키기 위해서는 충분한 식량과 급료를 주어야 하고, 장교에게는 노동을 시키면 안 된다는 등의 규정이 있었습니다. 그러나 일본은 그런 규정을 지키지 않았습니다. 그래서 작업장에서는 많은 사상자가 나왔습니다. 그러나 이런 비참한 장면은 점차 잊혀갔습니다. 일본의 병사와 국민은 자기 자신의 열악한 처지와 힘든 생활만을 기억했고, 그 기억으로 포로와 식민지 주민의 비참했던 모습을 덮어버린 것입니다.

그때의 전쟁을 어떻게 평가할 것인가

긴 시간 동안 함께해주셔서 정말 감사드립니다. 5일 동안 청일전쟁부터 태평양전쟁까지 이야기해왔는데, 어떠셨습니까?

—— 전체적으로 상당히 수준이 높아서 역사연구회 회원도 많이 힘들어했습니다. 저도 내용을 쫓아가는 것이 솔직히 힘들었습니다. 그래도 개성 있고 재미있는 인물이 많이 등장해서 인물의 생각을 더듬어가며 큰 시대의 움직임을 따라갈 수 있었던 것이 재미있었습니다. 특히 후스에 대한 인상이 강렬했습니다. 또 마쓰오카 요스케의 속마음을 전혀 몰랐기에 그 사람이 쓴 편지도 인상 깊었습니다.

모두 중국의 저력에 놀랐을 것입니다. 또 과거의 일을 제대로 이해하기 위해서는 마쓰오카와 같이 강경 노선을 고집했던 사람의 내면을 보아야 한다고 생각합니다. 그 내면을 아느냐, 모르느냐에 따라서 견해가 완전히 다를 수 있습니다.

—— 역사를 이런 식으로 생각해본 적이 없었습니다. 보통 때와 다르게 생각하는 방식을 배웠습니다. 힘들었지만 꽤 의미가 있었던 것 같습니다. 태평양전쟁에 관해서는 일본이 왜 저렇게 가망 없는 전쟁을 했는지 당시 사람의 생각을 전혀 몰랐는데, 이번에 여러 가지 데이터를 알게 됐습니다. 그래서 '그런 식으로 세계의 움직임을 보면 이렇게 보이는구나' 하고 생각했습니다. 또 여러 사람의 생각과 글을 접했기 때문에 조금은 옛날 사람의 생각을 알게 됐던 것 같습니다.

의미가 있다고 해주셔서 무척 기쁩니다. 이번 강의에서 가장 고민했던 것은 지도였습니다. '여러 가지 데이터'라는 말이 나왔습니다만, 여러분이 역사를 공간적으로 이미지화할 수 있게 된다면 더 이상 제가 가르칠 것이 없을 것입니다. (웃음)

마지막으로 2005년에 《요미우리신문》이 실시한 조사를 소개하겠습니다. "중국과의 전쟁, 미국과의 전쟁은 모두 침략전쟁이었다"라고 생각하는 사람은 34.2퍼센트, "중국과의 전쟁은 침략전쟁이었지만, 미국과의 전쟁은 다르다"라고 생각하는 사람은 33.9퍼센트였습니다. 여기서 주목하고 싶은 것은 "당신은 제2차 세계대전 당시 일본의 정치 지도자, 군사 지도자의 전쟁 책임 문제에 대해서 전후 충분한 논의가 이루어져왔다고 생각하십니까, 그렇지 않다고 생각하십니까?"라는 질문에 "전혀 논의되지 않았다, 그다지 논의되지 않았다"라는 답변이 전체의 50퍼센트를 넘는다는 것입니다.

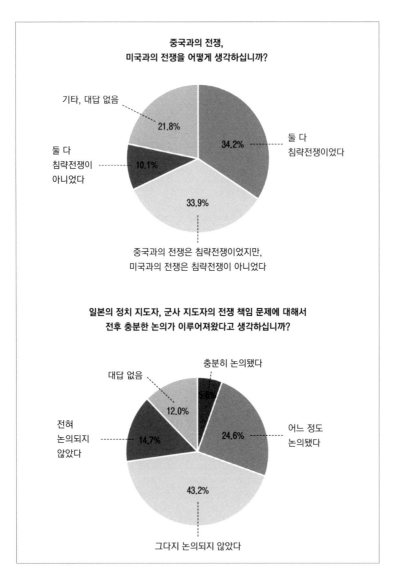

중국과의 전쟁, 미국과의 전쟁을 어떻게 생각하십니까?

기타, 대답 없음 21.8%

둘 다 침략전쟁이었다 34.2%

둘 다 침략전쟁이 아니었다 10.1%

33.9%

중국과의 전쟁은 침략전쟁이었지만, 미국과의 전쟁은 침략전쟁이 아니었다

일본의 정치 지도자, 군사 지도자의 전쟁 책임 문제에 대해서 전후 충분한 논의가 이루어져왔다고 생각하십니까?

충분히 논의됐다 5.6%

대답 없음 12.0%

어느 정도 논의됐다 24.6%

전혀 논의되지 않았다 14.7%

43.2%

그다지 논의되지 않았다

종전 60년 후 전쟁을 보는 시각

출처: 《요미우리신문》 2005년 10월 27일.

미국에 대한 전쟁과 중국에 대한 전쟁을 나누어 생각하는 견해와 둘 다 침략전쟁이라고 생각하는 견해가 서로 비슷합니다. 이것도 물론 흥미 있는 조사 결과지만, 전쟁 책임 문제가 전후에 충분히 논의되지 않았다는 생각이 전체 응답자의 반을 넘었다는 것이 가장 감명 깊었습니다. 더 나아가서 '일본의 정치 지도자, 군사 지도자'에 대한 국민의 생각에 대해 좀 더 알고 싶다는 생각이 듭니다.

우리에게는 천황을 포함해 당시의 내각, 군 지도자의 책임을 물어야 한다는 자세가 필요합니다. 또 만약 자신이 그 시대에 살았다면 정부에서 주는 조성금이 탐나서 분촌이민을 권유하는 현 공무원, 촌장 혹은 마을 사람의 편에 서지 않았을까 하고 상상해보는 자세도 필요합니다. 비판적인 시각과 처지를 바꾸어서 생각하는 것, 이 두 가지 자세를 함께 가지는 것이 가장 중요하다고 생각합니다.

후기

마지막까지 읽어주셔서 감사합니다. 저도 무척 기쁩니다(물론 여기서부터 읽기 시작한 분도 많으시겠지만).

많은 분의 협력이 없었다면 이 책은 나올 수 없었을 것입니다. 학교의 바쁜 일정은 1분 1초라도 헛되이 흘려보낼 수 없는 법입니다. 그런데도 저 같은 외부 사람에게 일정을 내주신 에이코학원의 원장님, 오시마 히로나오大島弘尚 선생님, 하야카와 히데아키早川英昭 선생님, 그 외 선생님들의 용단에 깊은 감사의 말씀을 드립니다.

그리고 인생에서 가장 빛나는 시기, 그중에서도 크리스마스와 새해 사이의 휴일이라는 1분 1초도 아까운 귀중한 시간을 내서 열심히 강의를 들어주시고, 놀랄 만큼 깊이 있는 대답과 예상치 못한 탁월한 대답을 해준 학생들에게도 진심으로 감사의 말씀을 드립니다. 강의가 책이 될 때까지 1년 반이나 걸릴 것이라고는 꿈에도 생각하지 못했습니다. 강의는 5일간이었는데, 가르친 5일이 아니라 가르침을 받은 5일이었습니다.

또 인상적이면서도 산뜻한 책으로 만들어달라는 말도 안 되는 요구에 훌륭하게 응해주신 표지 담당의 아리야마 다쓰야有山達也 씨, 어시스턴트인 이케다 지구사池田千草 씨, 감칠맛 나는 이미지 컷과 지도를 그려주신 마키노 이사오牧野伊三夫 씨께 감사의 말씀을 드립니다. 고맙습니다.

이 책의 기획·편집 총책임자라고 할 수 있는 아사히출판사 제2편집부의 스즈키 구니코鈴木久仁子 씨에게는 이루 말할 수 없을 정도로 신세를 졌습니다. 또 여러 차례 신세를 진 제2편집부장인 아카이 시게키 赤井茂樹 씨께도 감사의 말씀을 드립니다.

그때는 2005년 5월의 어느 날이었습니다. 역사가로서의 습관일지도 모르지만, 저는 지인에게 받은 편지를 모두 정리해서 보관하고 있습니다. 그래서 스즈키 씨로부터 처음 편지를 받은 날도 금방 알 수 있습니다(저는 그런 것을 잘하는 편입니다). 편지에서 스즈키 씨는 제게 책 집필을 의뢰했습니다. 그 계기는 3년 전에 제가 쓴 〈내가 쓰고 싶은 '이상적인 교과서'〉(《中央公論》 2002년 9월호)라는 글 때문이었다고 합니다. 스즈키 씨는 진정성을 갖고 〈내가 쓰고 싶은 '이상적인 교과서'〉와 같은 책을 만들고자 했습니다. 그 진정성은 로이드 조지와 같이 냉정한 사람의 마음도 움직일 것만 같았습니다.

근대 일본과 일본인이 전쟁과 혁명의 20세기에 미친 영향은 우리가 생각하는 것 이상으로 큽니다. 그래서 열심히 원고를 썼습니다. 그런데 원고를 쓰면서 가끔 이상한 이미지가 떠올랐습니다. 제 머리가 원고를 쓰는 것이 아니라, 근현대라는 '시대' 자체가 스즈키 씨를 움직이고, 제 몸을 이용해서 '역사'를 쓰고 있는 것이 아닐까 하는 이미지입니다. 물론 그런 행복감은 순식간에 사라져버리기도 했습니다.

앞으로 열심히 몸과 머리를 단련해서 다시 한 번 그 '시대'가 저를 돌아봐준다면 기회를 잡아서 좀 더 알기 쉬운 '역사'를 써보고 싶습니다. "행운의 여신에게는 앞머리밖에 없다"라는 문구를 생각해서 이렇게 썼습니다.

마지막으로 역사의 여신에 대한 이야기를 하겠습니다. 역사를 관장하는 여신인 클리오는 여신 중에서 가장 내성적이고 조심스럽게 행동해서 여간해서는 사람에게 얼굴을 보이지 않는다고 합니다. 신화를 읽다 보면 정말 이야기가 잘 짜여 있어서 감탄하게 되는데, 확실히 역사는 내성적이고 조심성이 있는 것 같습니다. 서점에 가면 '큰 거짓말', '두 번 다시 사과하지 않기 위한'이라는 자극적인 제목의 근현대사 책이 쌓여 있습니다. 특히 역사적·지리적으로 일본과 밀접한 관계에 있는 중국·한국 관련 책이 더욱 그러합니다. 이런 책을 읽으면 일시적으로는 가슴이 후련해져도 결국 나중에는 '그때의 전쟁은 뭐였지?'라는 식의 책에 손이 가기 마련입니다.

그 이유는 첫째, '가슴이 후련한' 책은 전쟁의 실태를 확인하는 적절한 '질문'을 던지지 않습니다. 둘째, 그러한 책은 사료史料와 사료에 들어 있는 잠재적 정보 모두를 공평하게 해석하지 않습니다. 그러면 결국 과거의 전쟁을 이해했다는 진정한 충족감·카타르시스를 느낄 수 없습니다. 그래서 비슷한 종류의 책을 몇 번이고 읽게 됩니다. 이러한 시간 낭비, 돈 낭비는 젊은 세대에게 맞지 않습니다.

우리는 하루하루를 살면서 주변의 일에 무의식적으로 매순간 평가를 하고 판단을 합니다. 또 현재의 사회 상황에 대해 평가하고 판단을 내릴 때도 무의식적으로 과거의 사례를 유추합니다. 나아가 미래를 예측할 때도 무의식적으로 과거와 현재의 사례를 비교합니다. 그럴 때 결정적으로 중요한 것은 생각·유추·비교를 거친 역사적 사례가 젊은 사람의 머리와 마음 속에 풍부하게 축척, 정리돼 있는지의 여부라고 생각합니다. 많은 역사적 사례를 생각하면서 과거·현재·미래를 종횡무진 비교하고 유추할 때 사람의 얼굴은 분명히 내성적이고 조심스러우며 온화한 모습이 될 것입니다.

2009년 6월
공문서관리법 성립 소식을 들으며
가토 요코加藤陽子

참고문헌

서장 일본 근현대사를 생각하다

《見る·讀む·わかる 日本の歴史》, 朝日新聞社, 1995

E. H. カ一, 井上茂 譯,《危機の二十年》, 岩波書店, 1996

_____, 清水幾太郎 譯,《歴史とは何か》, 岩波書店, 1962

ア一ネスト·メイ, 進藤榮一 譯,《歴史の教訓》, 岩波書店, 2004

エイブラハム·リンカ一ン, 高木八尺·斎藤光 譯,《リンカ一ン演説集》, 岩波書店, 1957

クラウゼヴィッツ, 篠田英雄 譯,《戰爭論》上·中·下, 岩波書店, 1968

サムエル·モリソン, 西川正身翻譯 監修,《アメリカの歴史》3, 集英社, 1997

ジョナサン·ハスラム, 角田史幸 他 譯,《誠実といぅ惡德》, 現代思潮新社, 2007

入江昭,《二十世紀の戰爭と平和》, 東京大學出版會, 1986

長谷部恭男,《憲法とは何か》, 岩波書店, 2006

1 청일전쟁

John J. Sbrega, *Anglo-American Relations and Colonialism in East Asia, 1941~1945*, Garland Publishing, Inc, 1983 → 이 책의 서문을 Warren F.

Kimball 교수가 작성했음

加藤陽子,《戰爭の日本近現代史》,講談社, 2002

岡本隆司,《世界のなかの日淸韓關係史》,講談社, 2008

岡義武,《山縣有朋》,岩波書店, 1958

大澤博明,《近代日本の東アジア政策と軍事》,成文堂, 2001

牧原憲夫,《客分と國民のあいだ》,吉川弘文館, 1998

茂木敏夫,《變容する近代東アジアの國際秩序》,山川出版社, 1997

浜下武志,《朝貢システムと近代アジア》,岩波書店, 1997

三谷太一郎,《近代日本の戰爭と政治》,岩波書店, 1997

坂野潤治,《大系 日本の歷史 13 近代日本の出発》,小學館, 1993

2 러일전쟁

マーク・ピーティー,淺野豊美 譯,《植民地》,讀賣新聞社, 1996

金文子,《朝鮮王妃殺害と日本人》,高文研, 2009

伊藤之雄,《立憲國家と日露戰爭》,木鐸社, 2000

日露戰爭硏究會 編,《日露戰爭硏究の新視点》,成文社, 2005

井口和起,《日露戰爭の時代》,吉川弘文館, 1998

川島眞,《中國近代外交の形成》,名古屋大學出版會, 2004

_____,服部龍二 編,《東アジア國際政治史》,名古屋大學出版會, 2007

千葉功,《舊外交の形成》,勁草書房, 2008

橫手愼二,《日露戰爭史》,中央公論新社, 2005

3 제1차 세계대전

NHK取材班 編,《理念なき外交 パリ講和會議》,角川書店, 1995

ジョン・メイナード・ケインズ,救仁郷繁 譯,《講和の經濟的歸結》,ぺりかん社, 1972

加藤陽子,《戰爭の論理》, 勁草書房, 2005

_____,《戰爭の日本近現代史》, 講談社, 2002

北岡伸一,《日本陸軍と大陸政策》, 東京大學出版會, 1978

伊藤隆,《大正期'革新'派の成立》, 塙書房, 1978

4 만주사변과 중일전쟁

クリストファー.ソーン, 市川洋一 譯,《滿洲事變とは何だったのか》上・下, 草思社, 1994

デービッド・J・ルー, 長谷川進一 譯,《松岡洋右とその時代》, TBS ブリタニカ, 1981

ルイーズ・ヤング, 加藤陽子 他 譯,《総動員帝國》, 岩波書店, 2001

家近亮子,《蔣介石と南京國民政府》, 慶應義塾大學出版會, 2002

加藤陽子,《滿洲事變から日中戰爭へ シリーズ日本近現代史 5》, 岩波書店, 2007

_____,《模索する1930年代》, 山川出版社, 1993

鹿錫俊,《中國國民政府の對日政策》, 東京大學出版會, 2001

伊藤隆,《近衛新體制》, 中央公論社, 1983

井上壽一,《危機のなかの協調外交》, 山川出版社, 1994

酒井哲哉,《大正デモクラシー體制の崩壊》, 東京大學出版會, 1992

竹内洋,《丸山眞男の時代》, 中央公論新社, 2005

坂野潤治,《近代日本の外交と政治》, 研文出版, 1985

5 태평양전쟁

Warren F. Kimball ed., *Churchill and Roosevelt, the Complete Correspondence*,
Princeton University Press, 1984

加藤陽子,《戰爭の論理》, 勁草書房, 2005

工藤章・田嶋信雄 編,《日獨關係史》全3卷, 東京大學出版會, 2008

吉見義明,《草の根のファシズム》, 東京大學出版會, 1987

吉田裕,《アジア・太平洋戰爭 シリーズ日本近現代史 6》,岩波書店, 2007

藤原彰,《餓死した英靈たち》,青木書店, 2001

飯田市歴史研究所 編,《満州移民》,現代史料出版, 2007

山田朗,《軍備擴張の近代史》,吉川弘文館, 1997

小谷賢,《日本軍のインテリジェンス》,講談社, 2007

淵田美津雄, 中田整一 編・解説,《眞珠灣攻撃總大隊長の回想 淵田美津雄自敍傳》,講談
　　　社, 2007

波多野澄雄,《'大東亞戰爭'の時代》,朝日出版社, 1988

＿＿＿＿＿,《幕僚たちの眞珠灣》,朝日新聞出版, 1991

옮긴이의 말

우리나라에서는 조금 의외로 여겨질 수도 있지만, 일본에서는 오랫동안 '왜 일본인은 그렇게 무모한 전쟁을 일으켰는가', '왜 전쟁을 막지 못했는가' 하는 문제가 끊임없이 제기돼왔다. 물론 여기서 '전쟁'은 미국과 싸운 태평양전쟁, 더 넓게는 만주사변과 중일전쟁을 포함한 아시아·태평양전쟁을 의미한다.

근대 일본의 외교사·군사사 연구의 권위자 가토 교수도 이 문제에 대해 많은 책을 썼는데, 이 책도 그중 하나다. 다른 책에 비해 두드러진 이 책의 특징은 다음과 같다.

첫째, 복잡한 내용을 쉽게 풀어서 설명했다.

둘째, 내용 이해를 돕기 위해 현대의 문제와 비교해서 설명했다.

셋째, 일본 내부의 문제뿐만 아니라 국제관계에 대해서도 많은 내용을 할애했다.

이 책은 청일전쟁부터 아시아·태평양전쟁까지 일본의 전쟁을 알기 쉽게 서술한다. 당시의 국제관계, 일본 내부의 정치 상황과 사회 변화, 이권을 둘러싼 열강과의 대립, 경제 문제 등 복잡한 사안을 차근차근 풀어가며 설명하는 것이다. 그래서 일본의 침략전쟁은 물론 당시 동아시아 정세에 대해서도 잘 이해할 수 있다.

한편, 이 책에서 말하는 저자의 메시지는 크게 두 가지로 정리할 수 있다.

첫째, 저자는 이 책을 통해 당시 합리적으로 생각한다는 사람들이 전쟁을 결정했고, 그들이 국민의 지지를 받았음을 설명한다. 따라서 어느 시대에나 국가적으로 잘못된 판단은 있을 수 있으니, 현대의 우리(특히 일본인)는 과거의 잘못을 되풀이하지 않도록 주의해야 한다고 강조하는 것이다.

둘째, 저자는 어떤 국가든 그 사회를 결정짓는 사회질서(헌법)는 존재하게 마련이고, 그 원리에 따라 사회가 운영된다고 설명한다. 그리고 근대 일본의 전쟁과 억압적 정책도 일본인이 선택한 사회질서에 따라 행해졌다고 말한다. 이는 현대를 살아가는 우리에게도 많은 것을 생각하게 해준다.

이 책을 통해 일본의 침략전쟁이라는 주제를 조금은 쉽게 이해했으면 좋겠다. 또 오늘날의 상황을 되돌아보는 계기가 됐으면 좋겠다. 역사는 현재를 보는 거울이 되기 때문이다.

이 책을 번역하는 데 많은 분의 도움을 받았다. 먼저 책의 출판을 허락해주신 서해문집에 감사드린다. 그리고 바쁜 와중에도 공동 번역에 응해준 이승혁 선생님에게도 감사드린다.

또 번역과 집필을 격려해주시는 큰외삼촌께도 감사의 말씀을 드린다. 큰외삼촌은 여러 차례 내게 일본의 전쟁에 대해 책을 쓰라고 권유하셨다. 그러나 역량이 부족해서 아직 시도조차 못하고 있는데, 우선 이 책으로 격려에 대한 마음을 표현하고 싶다. 마지막으로 부모님께도 감사드린다.

2017년 12월
옮긴이를 대표해 윤현명